Leben, Filmen

Film Denken

Herausgegeben von

Christiane Voss
Oliver Fahle
Lorenz Engell
Vinzenz Hediger

Eva Kuhn

Leben, Filmen

Jonas Mekas und der Wert des lichten Augenblicks

BRILL | FINK

Die Druckvorstufe dieser Publikation wurde vom Schweizerischen Nationalfonds zur Förderung der wissenschaftlichen Forschung unterstützt sowie von der Freiwilligen Akademischen Gesellschaft. Die von der Autorin angefertigten Filmstills erscheinen mit freundlicher Genehmigung des Nachlasses von Jonas Mekas (Courtesy of the Estate of Jonas Mekas).

DOI: https://doi.org/10.30965/9783846769355

Bibliografische Information der Deutschen Nationalbibliothek

Die Deutsche Nationalbibliothek verzeichnet diese Publikation in der Deutschen Nationalbibliografie; detaillierte bibliografische Daten sind im Internet über http://dnb.d-nb.de abrufbar.

Die vorliegende Arbeit ist eine Neufassung der Dissertation, die im November 2013 von der Philosophisch-Historischen Fakultät der Universität Basel angenommen wurde.

www.brill.com
E-Mail: info@fink.de

Lektorat: Isabel Zürcher
Einbandgestaltung: Evelyn Ziegler, München
Herstellung: Brill Deutschland GmbH, Paderborn

ISSN 2629-7485
ISBN 978-3-7705-6935-9 (paperback)
ISBN 978-3-8467-6935-5 (e-book)

Inhalt

Einleitung

Jonas Mekas (1922–2019) hat ein filmisches Œuvre hinterlassen, das den Begriff des Lebenswerks gleichermaßen verkörpert wie theoretisch herausfordert. Seine Film- und Videotagebücher umfassen rund fünfhundert Stunden. Mit siebenundzwanzig Jahren, in jenem mythischen Alter, in welchem viele Popstars sterben, setzt der litauische Migrant in Williamsburg, Brooklyn die erste Filmaufnahme auf dem US-Kontinent und vollzieht im Jahr 1949 jenen filmischen Akt, mit dem er sich als Handlungsträger seines Lebens mit der Kamera hervorbringt: „It's me and my Bolex – I go through this life with my Bolex."[1]

Bis zu seinem Tod blieb der Mann mit seiner Kamera untrennbar verbunden. Mekas filmte rastlos, unermüdlich, im Sinne jenes unendlichen Prozesses, der nach Michel de Certeau als Reaktion auf einen großen Verlust folgt.[2] Angesichts des radikalen Schwindens der Zeit – ein Geschehen, das seine Filme mit Bezug auf ihre eigene Medialität in aller Drastik sichtbar machen – kultiviert und propagiert Mekas mit seinem filmischen Tagebuch eine Einstellung zum Leben, die sich die Kamera selbst zum Vorbild nimmt. Er verpflichtet sich mit ihr dem sinnlich wahrnehmbaren Hier und Jetzt und der lokalen Gegenwart und setzt sich Licht und Farben aus. In einem Verfahren der spontanen Zerlegung und Synthetisierung des Sichtbaren verdichtet er mit seiner Kamera ausgewählte, unbeschwerte Augenblicke seines Alltags zu pointierten visuellen Ereignissen. Diese gestaltende Rezeption verstehe ich als Mekas' filmhistorische Errungenschaft. Durch die filmtechnisch gesteigerte Visualität und Sinnlichkeit des alltäglichen Moments gewinnt das Gewöhnliche und Unscheinbare eine neue Evidenz. Mekas' ästhetische Praxis ist Ausdruck eines philosophischen Programms, das – wie ich zeigen möchte – auf die Frage nach einem guten Leben und dessen Sinn reagiert. Die lebenslange Feier dieser lichten Augenblicke ist auch politisch zu verstehen – als subversive Reaktion auf jene totalitären Ideologien, die das 20. Jahrhundert mit Krieg, Vernichtung und politischer Gewalt geprägt und kollektive wie individuelle Traumata hinterlassen haben.

Geboren 1922 im litauischen Dorf Semeniškiai, erlebte Mekas in seiner Jugend, wie das kleine Land im Baltikum zwischen die Fronten des Nationalsozialismus und Stalinismus geriet. 1944 musste er gemeinsam mit

1 Jonas Mekas im Voice-over von As I Was Moving Ahead Occasionally I Saw Brief Glimpses of Beauty (USA 1970–1999, 2000), Chapter 7.

2 Michel de Certeau: Kunst des Handelns (L'invention du quotidien, I, Arts de faire, 1980), Berlin 1988, S. 342; vgl. ebd., S. 250–252.

seinem Bruder Adolfas (1925–2011) seine Heimat verlassen. Die Flucht und ihre Gefangennahme, die Zeit im Arbeitslager und den verschiedenen *Displaced Person Camps* beschreibt er in seinen schriftlichen Tagebüchern, die er 2017 unter dem Titel *I had nowhere to go* veröffentlicht hat – ein Zeugnis der Nachkriegsjahre in Deutschland sowie der litauischen Diaspora in New York.[3] Ab Mitte der 50er Jahre wurde Mekas zum wohl einflussreichsten Kurator und Promotor des New Yorker Experimentalfilms und schuf als Netzwerker internationaler Avantgarden Raum und Räume für Gegenkultur. Als Filmkritiker und als Initiator von Filmkooperativen prägte er den diskursiven Rahmen einer Form von Kino, die sich als radikale Alternative zum kommerziellen Film begriff. Dabei standen nicht nur die bourgeoisen Inhalte des Mainstreamkinos und die konventionellen Gestaltungsmittel in der Kritik, sondern auch die kapitalistische, arbeitsteilige Produktionsweise. Diese hätte zur Folge, dass sich das Filmprodukt von den produzierenden Menschen und ihrem Leben entfremdet und die Konsumenten ihrerseits entfremdet würden. Im vorliegenden Buch wird das *New American Cinema* und der damit verbundene New Yorker Avantgardefilm in Abgrenzung zu dem ihm vielfach zugeschriebenen unpolitischen Ästhetizismus als ethisches Projekt konturiert, das den Menschen ins Zentrum stellt und auf eine gesellschaftliche Umgestaltung zielt.

Mekas' intensive Förderung dieser heterogenen Form von Kino speist sich durch seine Überzeugung, dass die je eigenwillige filmische Arbeit an der Wahrnehmung eine Form authentischer Zeitgenossenschaft hervorbringt und zugleich Leben und soziale Strukturen positiv zu transformieren vermag. Sein filmisches Werk wird hier als kompromisslose Fassung des in diesem Kontext entwickelten Konzepts des *Personal Cinema* verstanden. Mit seinem lebenslangen Filmtagebuch antizipierte Mekas die Videoblogkultur der Zukunft und schuf zugleich eine idiosynkratische, parodistische Variante des Begriffs der *Caméra Stylo*, den Alexandre Astruc 1949 prägte.[4] Astruc verwendete diesen Begriff in seiner Reflexion über den Autorenfilm, um den Film – im Gegensatz zu seiner industriellen Produktion – als individuelle Schöpfung eines Autors auszuweisen. Mekas' Ablehnung des kapitalistischen Kinos vollzieht sich jedoch nicht im Selbstverständnis eines federführenden Autors, sondern in der Berufung auf den *Amateur* im Sinne Maya Derens – verstanden

3 Jonas Mekas: I had nowhere to go, Leipzig 2017.

4 Alexander Astruc: Die Geburt einer neuen Avantgarde. Die Kamera als Federhalter (Naissance d'une Nouvelle Avant-Garde. La Caméra-Stylo, 1948), in: Theodor Kotulla (Hg.): Der Film, Manifeste, Gespräche, Dokumente, Band 2., 1945 bis heute, München 1964, S. 111–115.

als Liebhaber.[5] Als solcher wagt er es, mit seinen Filmen die Frage nach dem Glück zu stellen – und dieses, wie ich zeigen möchte, als (ekstatisches) Gefühl der sozialen Verbundenheit zu definieren.

Im klassischen Kino erscheint das menschliche Leben als Handlung objektifiziert und der mit Lebenszeit verbundene, hervorbringende Produktionsprozess verschwindet im filmischen Produkt. Im Gegensatz dazu war es das Anliegen der Avantgardefilmer:innen, die vergegenständlichte Handlung in den Modus eines ergebnisoffenen Tuns zu übersetzen, beziehungsweise: das Leben als jenen (inter-)subjektiven und offen-dynamischen Prozess zu begreifen, der sowohl Film als auch gesellschaftliche Formen hervorbringen kann. Diese Konzeption von avantgardistischem Film wird einerseits durch die Weise nahegelegt, wie Mekas über den Neuen Amerikanischen Film geschrieben hat, andererseits durch sein eigenes filmisches Werk.

Das umfangreiche Filmmaterial, das aus der alltäglichen Praxis mit der Kamera hervorgegangen ist, konstellierte Mekas im Laufe seines Lebens immer wieder neu, und in unterschiedlichen Formaten: als lange Filme für das Kino, als kurze Videos für das Internet und schließlich auch als *Frozen Film Frames* für die Galerie. Das vorliegende Buch greift drei von Mekas' bedeutendsten Filmen heraus und zeigt auf, inwiefern sie alle in unterschiedlicher Weise von der additiven Logik des Eintrags geprägt sind und eine Autonomie der einzelnen Teile gegenüber dem Filmganzen demonstrieren. Der *Akt* des Aufnehmens im Sinne des Takes wird als zentrales Movens von Mekas' Filmen hervorgehoben und eine Konzeption von Film vorgeschlagen, die den mit dem Leben verbundenen Drehprozess gegenüber der Prä- und Postproduktion privilegiert. Durch die bewusste Einbindung des Zufalls als Operator des filmischen Handelns und Geschehens berufen sich Mekas' Filme auf das historische Versprechen der Indexikalität, das mit Mary Ann Doane als das Versprechen einer zeitlichen Rematerialisierung verstanden werden kann.[6] Dabei wird Zeit im Sinne Bergsons als radikal offene gedacht – als Dauer.[7] Mekas' Filme widersetzen sich konsequent einer klassisch-dramatischen Zeitgestaltung mit kausal-logischer Anordnung der Elemente und narrativer Geschlossenheit.

Anhand von drei ausgewählten Filmen lässt sich eine künstlerische Entwicklung nachzeichnen, die eng mit Mekas' Lebenslauf verbunden ist. Der

5 Maya Deren: Amateur Versus Professional, in: Bruce R. McPherson (Hg.): Essential Deren. Collected Writings on Film by Maya Deren, Kingston/New York 2005, S. 17–18. (Zuerst erschienen in: Film Culture 39, Winter 1965, S. 45–46.).

6 Vgl. Mary Ann Doane: The Emergence of Cinematic Time. Modernity, Contingency, the Archive, Cambridge (MA) 2002.

7 Vgl. Henri Bergson: Schöpferische Entwicklung (Évolution créatrice, 1907), Leipzig 1912.

Film Lost Lost Lost (USA 1949–1963, 1976) verzahnt Mekas' autobiografische Erzählung von Immigration und Integration in einem neuen Land mit dem Making-of eines *New American Cinema* als einer kollektiv gelebten Alternative zur arbeitsteilig strukturierten Produktionsform. Dieses Zeugnis der Entstehung eines Neuen Kinos geht in Lost Lost Lost einher mit der allmählichen Entwicklung einer persönlichen Kamera-Handschrift. Die zunächst objektivierend-dokumentarische Aufzeichnung von Mekas' Alltag als isoliertem Exilanten verwandelt sich durch die Interaktion mit der filmenden Gemeinschaft zum Tagebucheintrag, in dem sich Objektives mit Subjektivem verknüpft. Über die persönliche Lebensgeschichte hinaus greifen diese Filme die filmtheoretische Frage nach der Möglichkeit einer filmischen *Auto-bio-grafie* auf sowie die ethische Frage danach, was das menschliche Leben eigentlich schreibt beziehungsweise (aus-)zeichnet.

Im Film Walden (USA 1965–69, 1969) präsentiert Mekas sein neues Leben in der Grossstadt mit der Kamera und führt das Filmen als praktizierte Form der aktuellen Wahrnehmung und sozialen Interaktion vor. Dabei wird der Tagebucheintrag mit jenen alltäglich-populären und gemeinschaftsstiftenden Motiven verknüpft, die nicht nur die sozialen Medien durchziehen, sondern schon das frühste Kino bewegt haben. Die Verflechtung von ‚Wohnen in der Fremde' und tagebuchförmigem Schreiben legt Parallelen zu Henry David Thoreaus Buch *Walden, oder: Leben in den Wäldern* nahe.[8] Das Kapitel arbeitet die Verbindung zwischen Thoreaus und Mekas' Konzeption von „Walden" heraus und zeigt auf, wie ihre je rastlose Praxis – das Schreiben und das Filmen – die Idee der Autonomie herausfordert.

In As I Was Moving Ahead Occasionally I Saw Brief Glimpses of Beauty (USA 1970–1999, 2000) hat sich der filmische Eintrag zum ‚lichten Augenblick' verdichtet. Der Blick des Subjekts und der Glanz des Objekts verbünden sich im *Glimpse* zu einem pointierten visuellen Ereignis – einer kurzen Korrespondenz zwischen Filmer und Gefilmtem, in dem die gegenseitige Gegenwart betont und das Bewusstsein um die Fragilität und Flüchtigkeit dieser Augenblicke geschärft wird. Durch die spezifische Technik des Flickerns mit der Kamera affiziert Mekas *on location* die gemeinschaftsstiftenden Motive aus dem eigenen Alltag und produziert den Effekt von Präsenz wie auch Lebendigkeit. Im Kino wird die Faktizität der Vergangenheit dieser Augenblicke überlistet und das radikal Immanente und Kontingente mit dem Anschein von Transzendenz versehen. Mekas hat den geglückten Zufall zum Grundprinzip seiner Filme (und seines Lebens) werden lassen. Das Erscheinen der *Glimpses*

8 Henry David Thoreau: Walden, oder: Leben in den Wäldern (Walden, or: Life in the Woods, 1854), Zürich: Diogenes 2007.

of Beauty – hervorgehobenen Lichtreflexen und Glanzeffekten, die sich mit beliebigen Momenten aus dem Alltag verbinden – wird mit Roland Barthes als eine Form des *Abenteuers* gefasst: „C'est cela qui m'advient".[9]

Gegen Ende von LOST LOST LOST wird die filmische Produktion als Erlebnis formuliert, das die Entdeckung einer gemeinsamen Gegenwart bedeutet, die in der Realität des Drehs überhaupt erst entsteht. Die Trennung in ein vorfilmisches Ereignis und seine filmische Repräsentation wird in Mekas' Filmen aufgehoben. Das Leben selbst wird zum filmischen Experiment und das filmische Experiment zum Katalysator des Lebens. Darin zeigt sich jene epistemische Prekarität, die Mekas in seinem *Cogito* formuliert – „I live; therefore, I make films. I make films; therefore, I live"[10] – wie auch in seiner Konzeption des *Glimpse* als einem flüchtigen *Einblick* in den tieferen Sinn des Lebens.

9 Roland Barthes: La chambre claire. Note sur la photographie, Paris 1980, S. 38.

10 Jonas Mekas im Voice-over von WALDEN (USA 1965–69, 1969), Reel 1.

KAPITEL 1

Die Verknüpfung von Produktions- und Lebenszeit (LOST LOST LOST)

> Der Amateur ist der Künstler wider den Bourgeois, oder wird es vielleicht sein.
> Roland Barthes

In sechs Filmspulen erinnert und rekonstruiert der Film LOST LOST LOST (1976) die Geschichte eines durch die Verrückungen des Zweiten Weltkriegs in die Welt geschmetterten und allmählich Wurzel schlagenden Protagonisten. Die ersten Spulen zeugen von den Anfängen im neuen Land. Wir sehen die Brüder Mekas als Exilanten in einer litauischen Community in New York, Brooklyn. Und wir sehen, wie die beiden einige Jahre später nach Manhattan ziehen und rund um Film und Kino eine neue Heimat finden. Zum Zeitpunkt der Postproduktion und Edition von LOST LOST LOST war Jonas Mekas bereits im pochenden Herzen des New Yorker Undergrounds angekommen und hatte sich mit seinen zahlreichen Aktivitäten und Initiativen als unentbehrlicher Akteur eines alternativen Kinos etabliert. Von diesem neu etablierten Ort in seinem Leben adressiert er uns mit seiner unverwechselbar *gekörnten* Stimme[1] im Voice-over und erzählt die persönliche Geschichte seiner Ankunft in den USA. Die rahmende und verbindende Wirkung des Voice-overs kontrastiert mit der stilistischen Heterogenität des visuellen Materials. Das Material, das Mekas in diesen Film integriert hat, ist nämlich nicht im Hinblick auf diesen Film entstanden. Die visuelle Spur stammt aus Zeiten und Zusammenhängen, in denen Mekas andere Pläne und Projekte verfolgte. Er filmte auch, um mit seiner Bolex-Kamera in Kontakt zu kommen, in Kontakt zu bleiben und seine neue Umgebung filmisch anzueignen.

Die autobiografische Erzählung von der Immigration und Integration in einem neuen Land geht in LOST LOST LOST einher mit der selbstreflexiven Darstellung eines Stücks Filmgeschichte, deren (konstruierter) Höhepunkt die Bildung der Coop-Gemeinschaft und, damit verbunden, die Entdeckung und Erfindung eines Neuen Kinos ist. Wie Mekas dieses *New American Cinema*

1 Zur „Körnung der Stimme" vgl. Roland Barthes: Die Rauheit der Stimme (Le Grain de la Voix, 1972), in: Der entgegenkommende und der stumpfe Sinn, Kritische Essays III (L'obvie et l'obtus, Essays critiques 3, 1982), Frankfurt am Main 1990, S. 269–278.

DOI:10.30965/9783846769355_002

konzipiert – als gemeinschaftliche Form eines *kinematografischen Handelns*[2] und Verhandelns in der Gegenwart – wird im Laufe dieses Films als pointierte visuelle Form lesbar. Als Geschichte seiner Einwanderung ist dieser Film also zugleich das Making-of einer neuen, der kommerziellen Produktionsform entgegengesetzten Möglichkeit von Kino. Diese wiederum bildet die Voraussetzung der Edition des vorliegenden Films.

Die Errungenschaft dieses Neuen Kinos nämlich liefert nicht nur den Kontext der Entstehung dieses Films, sondern auch die Kriterien, mit denen die vereinzelten filmischen Erzeugnisse – Notizen, Skizzen, Fragmente nie fertig gestellter Projekte – trotz ihrer Inkonsistenz als ein zusammenhängendes Narrativ erkannt und in der Postproduktion organisiert werden konnten. Die Existenz von Lost Lost Lost zeugt von der nachträglichen Anerkennung des eigenen Lebens als mögliche Basis für die Verknüpfung vorhandener Fragmente sowie von der Entdeckung des Autobiografischen als willkommene Partitur für ein zeitgenössisches filmisches Schaffen. In der Heterogenität des über Jahre angesammelten Materials und der damit verbundenen Ordnung des Risses oder der Diskontinuität entdeckt, koordiniert und propagiert Mekas das von Kontingenz und Unstimmigkeiten geprägte eigene Leben als ordnendes Prinzip.

Das eigene Leben im Sinne des Autobiografischen findet in Lost Lost Lost auf zweierlei Weise Ausdruck. Zum einen als retrospektives autobiografisches Erzählen, das durch das Voice-over und die Montage – Schnitt und Zwischentitel – konstruiert und geleitet wird. Zum anderen durch die zunehmend sichtbare Verbindung der filmischen Aufnahmen mit dem eigenen, im Alltag agierenden Körper und jener flinken Handhabung einer mobilen Kamera, die von einer zunehmend spontanen Reaktionsfähigkeit zeugt. Die Organisation der einzelnen Einstellungen des Films ist so angelegt, dass sie trotz des autobiografischen Narrativs nicht zu einer geschlossenen Diegese bzw. kohärenten filmischen Welt verschliffen werden, sondern eine offene, von Brüchen und Lücken gezeichnete Struktur bilden. Dadurch erscheint das filmische Material in seiner Heterogenität. Jede Einstellung erfährt eine Hervorhebung in ihrer Qualität als Take oder als Eintrag in eine filmische Version von Tagebuch, das dem Zeitpunkt der Aufnahme verbunden bleibt. Der Akt der Aufnahme ist der Aufnahme sichtbar eingeschrieben, die performative Geste ihrer Herstellung wird nicht gelöscht. Die filmischen Fragmente aus Lost Lost Lost adressieren uns also nicht nur als die Dokumente einer vorfilmischen Situation, sondern auch als widerständige Materialien, die im Sinne

2 Rainer Bellenbaum: Kinematografisches Handeln. Von den Filmavantgarden zum Ausstellungsfilm, Berlin 2013.

einer dynamischen Materialität[3] als Spuren einer subjektiven Absicht zu lesen sind – der Absicht, Gegenwärtiges aufzuzeichnen oder aber diesen oder jenen Film zu machen.

Die autobiografische Erzählung von einer Immigration und einer Integration in einem neuen Land geht in LOST LOST LOST einher mit dem Zeugnis der Entstehung eines Neuen Kinos und zugleich mit der allmählichen Entwicklung einer persönlichen Kamera-Handschrift, die ganz und gar der Gegenwart, dem Hier und Jetzt des filmischen Eintrags, der Aufnahme vor Ort verschrieben ist. Der filmische Eintrag, der Take bzw. Index, der sowohl auf Ort und Zeit wie auch den filmischen Akt des Aufnehmens verweist, wird in Mekas' Kunst nicht einfach dem Narrativ untergeordnet, sondern wird zunehmend zelebriert und als das eigentliche Movens, das Grundprinzip seiner Filme erkennbar. Von dieser aktiv-reaktiven Kamera-Handschrift, einer unverwechselbaren filmischen Bewegung, die Mekas nebenbei, und mitten aus dem Leben, locker aus dem Handgelenk schüttelt, sind seine späteren Tagebuchfilme gezeichnet. Ihre Ästhetik zeugt von der zunehmend bewussten Verschränkung von Produktions- und Lebenszeit sowie der Interaktion des herstellenden Subjektes mit der gefilmten Umgebung. In LOST LOST LOST (1976) wird diese Handschrift vorbereitet, entdeckt und entwickelt (Kapitel 1). In WALDEN (1968) wird sie praktiziert (Kapitel 2) und in AS I WAS MOVING AHEAD OCCASIONALLY I SAW BRIEF GLIMPSES OF BEAUTY (2000) erscheint sie in künstlerisch perfektionierter Form: als filmische Augenblickspoetik, die zwischen Absenz- und Präsenzeffekten schillert und Mekas Konzeption des Films als Medium der Gegenwärtigkeit im Spannungsverhältnis zur Radikalität des Vergänglichen pointiert zum Ausdruck bringt (Kapitel 3).

Die Entdeckung des Autobiografischen als einer seiner Zeit und Gegenwart angemessenen Grundlage filmischen Schaffens verdankt sich laut Mekas einem pragmatischen Umstand – einem Mangel an Zeit:

> I did not come to this form by calculation but from desperation. During the last fifteen years I got so entangled with the independently made film that I didn't have any time left for my own filmmaking (...) I mean, I didn't have any long stretches of time to prepare a script, then to take months to shoot, then to edit, etc. I had only bits of time which allowed me to shoot only bits of film. All my personal work became like notes. (...) I thought what I was actually doing was practicing. I was preparing myself, or trying to keep in touch with my camera, so when the day would come when I'll have time, then I would make a ,real' film.[4]

3 Zur Dynamisierung des statischen Materialbegriffs vgl.: Gabriele Jutz: Cinéma Brut. Eine alternative Genealogie der Filmavantgarde, Wien/NewYork 2010, S. 79 ff.

4 Jonas Mekas: The Diary Film. A Lecture on Reminiscences of a Journey to Lithuania (1972), in: P. Adams Sitney (Hg.): The Avant-Garde Film. A Reader of Theory and Criticism, New York 1978, S. 190–198, hier: 190.

Diese Anmerkung zum Ursprung seiner Tagebuchfilme verdeutlicht, dass sie aus einer Praxis hervorgegangen sind, die weder als Umsetzung eines vorab formulierten filmischen Konzepts noch als herkömmliche Produktion verstanden werden will. Als ein Üben oder Proben verstetigt sich diese Praxis zu einem filmischen Handeln, das im Leben verankert bleibt, mit der Lebenszeit verwoben ist und in eine offene Zukunft weist. Mit Hannah Arendt lässt sich dies vom (zielgerichteten) Herstellen unterscheiden.[5] „I'm a filmer, not a filmmaker" – diese bewusste Ablehnung eines vorausblickenden Plans oder vorab gefassten Konzepts wird zum Programm von Mekas' filmischem Lebenswerk.

Die Zeit, die Mekas nicht ins Planen seiner Filme investierte, mobilisierte ihn für seine Arbeit als Filmkurator – im wörtlichen Sinne. Der sozialen Organisation von Kino und dessen Vermittlung galt sein größtes Engagement. Dieses Engagement entspringt einem Unbehagen, das er 1955 in einem nicht zuletzt durch ihn selbst in Verruf geratenen Aufsatz schildert:

> The film poets, not unlike most of our contemporary writers, are so fascinated by their personal worlds that they do not feel a need to communicate nor give to their characters or stories a larger, more human scope. „On the one side are produced private novels", wrote C.P. Snow recently, „with a readership of approximately one [...] and on the other side popular novelists give up the struggle for any glint of truth and get read in millions [...]. It is arguable that such polarization is the fate of all art in an advanced technological society. If it happens, and it may happen, we shall have committed cultural suicide." This polarization, which C.P. Snow deplores in literature is, undoubtedly, reaching its climax in the motion pictures, too. On one side, there is Hollywood; on the other side, are the experimental filmmakers. The middle, the largest area, the whole human reality, sung by the poets [...] is lying fallow.[6]

Ohne die Kunst seiner Zeitgenossen verändern zu wollen – „I shall try to understand the new artist instead of telling him what to do"[7] –, verstand Mekas diese Filme, die er zuvor als „pubertär", „selbstbezogen" oder „eskapistisch"[8] verurteilt hatte, fortan als Manifestationen oder Symptome einer existenziellen Befindlichkeit und versuchte in seiner Vermittlungsarbeit, deren gemeinsamen, zugleich verbindenden und verpflichtenden Ursprung – die sozialpolitische Gegenwart – herauszustellen. Mit seinen diversen Gründungs-

---

5 zum Unterschied von Herstellen und Handeln vgl. Hannah Arendt: Vita activa oder Vom tätigen Leben (The Human Condition, 1958), München 2006, S. 98–160.

6 Jonas Mekas: The Experimental Fim in America, in: Film Culture, No. 3, May–June 1955, in: P. Adams Sitney (Hg.): The Film Culture Reader, New York 2000, S. 21–26, hier: 23.

7 Jonas Mekas: Notes on The New American Cinema, in: Film Culture, No. 24, Spring 1962, in: ebd., S. 87–107, hier: 88.

8 Ders.: The Experimental Film in America (1955), S. 21–22 (Übersetzung E.K.).

akten und sozial-kulturellen Aktivitäten in New York schuf Mekas Dispositive und Instrumente, dank derer sich die vereinzelten filmischen Stimmen entfalten und einen Resonanzraum bilden konnten.

Mit der Schaffung von Projektionsforen und der Organisation von Filmprogrammen, mit seinen Kolumnen und Beiträgen für die New Yorker Wochenzeitung *The Village Voice* und in der von ihm und seinem Bruder 1954 gegründeten Zeitschrift *Film Culture*, mit der Initiierung und Mitbegründung des kommerziell unabhängigen Vertriebsystems der Film-Makers' Cooperative (1962) und der Film-Makers' Cinematheque (1964), aus welcher das bis heute aktive Anthology Film Archives (1970) hervorgegangen ist, sorgte sich Mekas um das Wohl des Films wie um jenes seiner Macher:innen und verleiht einem Teil des wuselnden und rumorenden New Yorker Untergrunds der späten 1950er und 1960er Jahre Gesicht, Gehör und eine gewisse Kontur: Mekas versuchte in seinen früheren Schriften, Ansprachen und in kollektiv erarbeiteten Manifesten, das aktuelle künstlerische Filmschaffen seiner Umgebung als gemeinsames Projekt zu verstehen, als ein Projekt von Generationen, die nach dem Ende des Zweiten Weltkriegs – parallel zu Bewegungen wie dem Free Cinema in England oder der Nouvelle Vague in Frankreich – dem kommerziellen amerikanischen Kino den moralischen und ästhetischen Bankrott erklärten. Gefordert war ein neues Kino, das Gegenwart auf filmspezifische Weise rezipiert und Zeitgenossenschaft durch Wahrnehmung im Kino produziert. Mekas' lebenslang fortgesetzte filmkünstlerische Tagebuchpraxis, von deren Genese LOST LOST LOST erzählt, möchte ich als eine der radikalsten Antworten auf die Forderungen jener Gruppe verstehen, die 1960 die Vision eines neuen amerikanischen Kinos formulierte.

1.1 Rauh und unpoliert. Ästhetik und Politik eines Neuen Amerikanischen Films

Am 28. September 1960 – elf Jahre nach der ersten Filmaufnahme und sechzehn Jahre vor der Edition von LOST LOST LOST – schloss sich auf die Initiative von Jonas Mekas, Shirley Clarke, Lewis Allen, Emile de Antonio und Edward Bland eine Gruppe von dreiundzwanzig Filmemacher:innen zusammen – mit der Ambition, ein neues amerikanisches Kino zu schaffen. Im *First Statement of the New American Cinema Group* heißt es:

> The official cinema all over the world is running out of breath. It is morally corrupt, aesthetically obsolete, thematically superficial, temperamentally boring. Even the seemingly worthwhile films, those that lay claim to high moral and aesthetic standards and have been accepted by critics and public alike, reveal the

> decay of the Product Film. The very slickness of their execution has become a perversion covering the falsity of their themes, their lack of sensitivity, their lack of style.[9]

In diesem Statement wird eine grundlegende Kritik an der Warenform des konventionellen Films erkennbar. Das heißt: eine Kritik daran, dass sich filmisches Schaffen der Logik des Kapitalismus und der damit verbundenen Standardisierung von Produktionsabläufen zu beugen hat. Wenn sich die New Yorker Kino-Revolutionär:innen in ihrem Manifest jegliche „Einmischung von Producern, Verleihern und Geldgebern" verbieten,[10] geht es dabei aber nicht um die Verkündung einer amerikanischen Version des *Cinema des Auteurs* und dessen Forderung größtmöglicher Handlungsfreiheit für den Regisseur als einzelner Schöpfer. Ebenso wenig propagiert das Manifest den Film als autonome Kunst im modernistischen Sinne. Die Kritik an der Warenform des Films bezieht sich vielmehr auf die fremdbestimmte Arbeit und die damit verbundene Enteignung von (Lebens-)Zeit durch eine Produktionsweise nach industriellen Gesetzmäßigkeiten.

Abgelehnt wird eine Produktionsweise, die auf Gewinnmaximierung ausgerichtet ist und den Film damit von den herstellenden Subjekten – Filmemacher:innen, Schauspieler:innen, Techniker:innen etc. – und ihren Arbeitsprozessen entkoppelt. Gleichzeitig trägt eine solche Produktionsweise zu jener allgemeinen Entfremdung und Asozialisierung bei, die Karl Marx in seiner Kritik der politischen Ökonomie offengelegt hat.[11] Gegen das anonymisierende Produktionssystem fordert die Gruppe der Neuen Amerikanischen Filmemacher:innen ein Naheverhältnis zu Prozess und Produkt und setzt dabei auf das Vertrauen in die einzelnen Personen. Durch die Rückbindung der filmischen Arbeitsprozesse an ihre eigenen, realen und imaginären Lebenswelten bürgt jede:r Mitwirkende für Qualität und Ethos des filmischen Ergebnisses. Die Gruppe ruft den Persönlichen Film aus: ein Film, für den die Einzelnen

---

9 The First Statement of The New American Cinema Group, in: Film Culture, No. 22–23, Summer 1961, in: P. Adams Sitney (Hg.): The Film Culture Reader (2000), S. 79–83, hier: 81.

10 Die erste Erklärung der Gruppe Neuer Amerikanischer Film am 30. September 1960 (The First Statement of the New American Cinema Group, 1961), in: Theodor Kotulla (Hg.): Der Film, Manifeste, Gespräche, Dokumente (1964), S. 318–321, hier: 319.

11 Vgl. David E. James: Considering the Alternatives, in: Allegories of Cinema. American Film in the Sixties, Princeton 1989, S. 3–28, hier: 3; zum primär antikapitalistischen Fokus der Bewegung dem Zusammenhang zwischen Marx' Kommunistischem Manifest, Henry David Thoreau und Jonas Mekas vgl. Paul Arthur: Routines of Emancipation. Alternative Cinema in the Ideology and Politics of the Sixties, in: David E. James (Hg.): To Free the Cinema. Jonas Mekas and the New York Underground, Princeton 1992, S. 17–48, hier: 36–42.

mit ihren jeweils eigenen Stimmen *in persona* einstehen (lat.: personare: hindurchtönen).[12] Spätere Darstellungen der New Yorker Coop-Bewegungen haben diese als primär formal-ästhetisch motiviert geschildert und von den europäischen, politisch motivierten Avantgardebewegungen abgegrenzt.[13] Das Selbstverständnis der Gruppe war jedoch ein ausdrücklich ethisches:

> As in the other Arts in America today – painting, poetry, sculpture, theatre, where fresh winds have been blowing for the last few years – our rebellion against the old, official, corrupt, and pretentious is primarily an ethical one. We are concerned with Man. We are concerned with what is happening to Man. We are not an aesthetic school that constricts the film-maker within a set of dead principles. We feel we cannot trust any classical principles either in art or in life. We believe that cinema is indivisibly a personal expression. We therefore reject the interference of producers, distributors and investors until our work is ready to be projected on the screen.[14]

Mit dem Verweis auf international erfolgreiche Filme wie SHADOWS (R: John Cassavetes, 1959), PULL MY DAISY (R: Robert Frank, USA 1959) und LITTLE FUGITIVE (R: Ray Ashley, Morris Engel, Ruth Orkin, USA 1953) wird die „Budget-Mythe"[15] widerlegt – für gute Filme braucht es nicht viel Geld. Gleichzeitig soll durch die Schaffung alternativer Finanzierungs-, Produktions- und Distributionskanäle sichergestellt werden, dass Filme viel spontaner entstehen können – aus der Improvisation und dem unmittelbaren Gefühl einer Dringlichkeit heraus. Statt Filme nach Drehplan oder Vor-schrift zu machen, sollen sie aus dem Impuls und dem eigenen (Er)Leben heraus entstehen. Der hier ausgerufene persönliche Film steht nicht im Widerspruch zu seiner Konzeption als interaktivem und sozialem Prozess, an dem verschiedenste Instanzen beteiligt sind. Diese Grundbestimmung von Film wird vielmehr aus einer der kapitalistischen Logik unterworfenen Organisation herausgelöst und überführt in alternative Modelle der Zusammenarbeit, in lokal und spontan organisierte Kooperationsformen und Kollektive, die eine Wiederaneignung der

---

12 Zum New American Cinema als *Personal Cinema* vgl. Mauren Turim: Reminiscences, Subjectivities, and Truths, in: David E. James (Hg.): To Free the Cinema (1992), S. 193–212. Maureen Turim weist in diesem Aufsatz auch auf die geschlechterpolitischen Dimensionen der Formierung dieser Gruppe hin und argumentiert, dass die Person bzw. das Subjekt, das sich in den Filmen des New American Cinema Ausdruck verschafft oder zelebriert wird, tendenziell männlich codiert sei.

13 Vgl. insbes. der diesbezüglich prägende Aufsatz von Peter Wollen: The Two Avant-Gardes, in: Studio International, 190, 978, November-December 1975, S. 171–175.

14 The First Statement of The New American Cinema Group (1961), S. 81.

15 Die erste Erklärung der Gruppe Neuer Amerikanischer Film (1969/1964), S. 319.

Produktionsprozesse garantieren und darauf abzielen, Gesellschaft aus dem Kleinen neu zu organisieren und adäquat zu repräsentieren.[16]

David E. James rezipiert in seinem Buch *Allegories of Cinema: American Film in the Sixties* die Utopie des *New American Cinema* im Kontext diverser sozialer Formierungen und Gegenkulturen der Dekade und verbindet die ästhetischen Praktiken mit sowohl gemeinschaftsbildenden als auch mit emanzipatorischen Zielen.[17] Auf der Grundlage von Peter Bürgers Avantgardekonzeption erläutert James, wie die heterogenen Erscheinungsformen des alternativ produzierten Films – vom Undergroundfilm über das *New American Cinema* bis hin zum explizit politischen Film – als subkulturelle Praktiken verstanden werden können, nämlich als filmische Äquivalente von Interessensgemeinschaften und minorisierten sozialen Gruppen. Beatniks und Hippies, Frauen, African Americans, LGBTs und andere hätten mit Film an ihren Idealen, alternativen Lebensformen und deren Sichtbarkeit, ihren marginalisierten Geschichten und gesellschaftspolitischen Anliegen gearbeitet.[18] Die von James entwickelte sozialhistorische und -theoretische Fundierung des lokalen Avantgardefilms, den Mekas einst als eskapistisch kritisiert hatte, scheint auch Mekas' Gesinnungswandel zu erklären, seinen Wandel vom „arroganten Kritiker" des New Yorker Experimentalfilms hin zu dessen leidenschaftlichstem Promotor.[19] Die Utopie eines Neuen Amerikanischen Films und die damit

16 Die Idee einer kollektiven Infrastruktur für kommerziell unabhängige Filmemacher:innen und einer Institutionalisierung dieser offeneren filmischen Formen beruht auf Maya Derens Vision, die 1953 in der *Film Artists Society* und der *Creative Film Foundation* beispielhaft umgesetzt wurde. Dieses Erbe Maya Derens erhielt kurze Zeit später den Namen *Independent Filmmakers Association*. Vgl. David E. James: Introduction, in: ders. (Hg.): To Free the Cinema (1992), S. 3–16, hier: 9.

17 Vgl. David E. James: Underground Film. Leaping from The Grave, in: Allegories of Cinema (1989), S. 87–165, hier: 103.

18 Vgl. ebd.; für Peter Bürger ist entscheidend, dass die avantgardistischen Künstler:innen nicht etwa intendieren, ihre Kunst in jene Lebenspraxis zu integrieren, auf die sich der „Ästhetizismus" negierend bezieht, sondern „von der Kunst aus eine *neue* Lebenspraxis zu organisieren". Peter Bürger: Theorie der Avantgarde, Frankfurt am Main 1974, S. 67. Paul Arthur hebt die zentrale Bedeutung der Philosophie von Martin Luther King, der *New Left*, der Black-Power-Bewegung und weiterer Strömungen für die Entwicklung von Mekas' politischer Positionierung in den 1960er Jahren hervor. Er verbindet diese Bewegungen mit Thoreaus Schrift *Civil Disobedience* und der Frage nach der Definition einer *friedlichen Revolution*, die im Zentrum von Mekas' Engagement steht Vgl. Paul Arthur: Routines of Emancipation (1992), S. 36–37.

19 Dieser vielkommentierte – und von Mekas selbst begründete – Gesinnungswandel vollzog sich zwischen den folgenden zwei Aufsätzen: Jonas Mekas: The Experimental Fim in America (1955) und Jonas Mekas: Notes on The New American Cinema (1962). Aus dem Aufsatz von 1962 stammt auch die reuige Selbstbezeichnung des „arroganten Kritikers". Mekas wurde nicht nur zum *Promotor* des Neuen Amerikanischen Films, sondern hat als

verbundene Forderung nach einer formal-ästhetischen Revolution implizieren die Ablehnung der herrschenden gesellschaftlichen Verhältnisse sowie des bürgerlich etablierten Lebens, seiner tradierten Wertvorstellungen und Narrative. Diese finden ihre prägnanteste Repräsentation im Hollywoodfilm.

Sowohl im hierarchisch und arbeitsteilig strukturierten Produktionssystem als auch in Inhalt und Ästhetik seiner Produkte lässt – so James im Anschluss an Adorno-Horkheimer – das industrielle Kino die herrschende Ideologie zirkulieren.[20] Die Bilder und Vorstellungen, die seit den 1930er Jahren über Großleinwände flimmern, sind dabei nicht nur Symptome herrschender gesellschaftlicher Verhältnisse. Durch ihre hohe Zugänglichkeit und Präsenz im Alltag arbeiten sie auch am kollektiven Unbewussten mit. Ihnen eigen ist eine normierende und damit aktiv gesellschaftsbildende Funktion. Angesichts der Monopolstellung Hollywoods, die auch seine Krise in den frühen sechziger Jahren nicht anfechten konnte, sind alle von der kapitalistischen Logik abweichenden Produktionsformen als Alternativen zu verstehen – Alternativen, die auf diverse Weise que(e)r stehen und sich mal mehr, mal weniger explizit zur dominanten und normativen Praxis und Ästhetik verhalten. In Abgrenzung zu Adorno macht James klar, dass das alternative Filmschaffen beziehungsweise sämtliche Stränge davon aus diesem Grund nicht unabhängig von Hollywood, nicht einzeln, abseits oder jenseits vom etablierten Kino zu beleuchten sind. Vielmehr sind diese Filmmodi als emanzipatorische Kräfte zu verstehen, die auf unterschiedliche Weise den dominanten Modus von Produktivität herausgefordert haben und mit Film ästhetische und soziale Alternativen formulierten. Denn: „In gleichem Maße, in dem der kapitalistische Film die Subjekte der bürgerlichen Gesellschaft produziert, in gleichem Maße produziert das kapitalistische Kino [als Produktionssystem] deren Unterwerfung."[21]

James' Ansatz, das Ästhetische und das Politische nicht gegeneinander auszuspielen, sondern miteinander zu verbinden, zeigt sich besonders deutlich in seiner Darstellung des Strukturellen Films. Selbst die auf das gänzlich Abstrakte, ‚rein Kinematografische' zielenden filmischen Verfahren versteht James, teilweise entgegen der Intentionen der Künstler:innen, als Manifestationen einer subkulturellen Intervention.[22] Durch das Offenlegen der technischen und materiellen Substruktur der filmisch-illusionistischen

---

Kurator Zugehörigkeit, Ein- und Ausschluss durchaus auch schonungslos geregelt. Vgl. z.B. Maureen Turim: Reminiscences, Subjectivities, and Truths (1992), S. 201.

20 Vgl. David E. James: Considering the Alternatives, in: Allegories of Cinema (1989), S. 9, 19.

21 Ebd., S. 6 (Übersetzung: E. K.).

22 Vgl. David E. James: Pure Film, in: Allegories of Cinema (1989), S. 274.

Erscheinung und durch das explizierte Auftrennen von Bild- und Tonspur, das Abstrahieren und Reduzieren auf alles, was als das ‚essenziell Filmische' reflektiert wird, zielte diese Form direkt auf die Grundlagen der audiovisuellen Sinnproduktion bzw. auf Konventionen, wie sie sich seit der frühen Neuzeit in der westlichen Repräsentationskultur herausgebildet haben.[23] Der im Strukturellen Film besonders radikal eingeführte Riss zwischen Film und dargestelltem Leben lässt sich im Sinne Rancières als Produktion eines „neuartigen gemeinsamen Sensoriums"[24] erläutern, in dem nicht nur die Hierarchien, die sinnliche Erfahrung strukturierten, in Frage gestellt, sondern darüber hinaus neue Denk- und Lebensformen möglich werden.[25] Die radikale Absage an einen mimetischen Zusammenhang zwischen der audiovisuellen Erscheinung und einem referenziellen Objekt mache deutlich, dass es um die Kritik an der konventionellen Form der Bedeutungsproduktion und der ihr zugrunde liegenden Reproduktion normativer Vorstellungen geht. Die in den 1960er Jahren besonders intensiv empfundene Doppelzüngigkeit der bürgerlichen Gesellschaft verknüpft James mit dem semiologischen Widerspruch zwischen der Realität der Repräsentation und der Repräsentation von Realität – und stellt damit den Zusammenhang zwischen ästhetischen Verfahren und gesellschaftspolitischer Funktion her.

Dementsprechend heißt es in der *ersten Stellungnahme der Gruppe Neuer Amerikanischer Film*:

> As they [our colleagues in France, Italy, Russia, Poland, or England], we have had enough of the Big Lie in life and in the arts. As they, we are not only for the New Cinema; we are also for the New Man. As they, we are for art, but not at the expense of life. We don't want false, polished, slick films – we prefer them rough, unpolished, but alive.[26]

Als monströser Apparat sei das hegemoniale Kino nicht in der Lage, auf Gegenwart zu reagieren, Neues zu entdecken, zeitgemäß oder gar neu zu sein. Durch seine produktionsverschleiernden Methoden fabriziere es eine jener *großen Lügen*, die hier am Pranger stehen: Die Kulte des Authentischen sowie das Begehren nach Aufrichtigkeit und Ehrlichkeit in filmischen Produkten

---

23 Vgl. ebd. Mit dieser Lektüre reagiert David E. James auf die im Kontext des New Yorker Avantgardefilms kursierenden essentialisierenden und ausgrenzenden Begrifflichkeiten wie „essential", „pure" etc. Vgl. z.B.: P. Adams Sitney (Hg.): The Essential Cinema. Essays on the Films in the Collection of Anthology Film Archives, New York 1975.

24 Jacques Rancière: Die Aufteilung des Sinnlichen (Le partage du sensible, 2000), Berlin 2006, S. 78.

25 Vgl. ebd., S. 48–49; Jacques Rancière: Ist Kunst widerständig? Berlin 2008, S. 22.

26 The First Statement of The New American Cinema Group (1961), S. 82–83.

implizieren eine Kritik am Illusionismus des konventionellen Kinos und an dem damit verbundenen Transparenzideal, dem das narrative und ästhetisches Regelwerk seit den 1930er Jahren untersteht. Nach diesem Ideal soll sich die imaginäre Welt auf der Leinwand ‚wie von selbst' zeigen. Aktiv verborgen wird die hervorbringende materielle und soziale Realität zugunsten der hervorgebrachten Fiktion – der repräsentierten Realität und Geschichte. Mit dem Ziel, eine Immersion zu gewährleisten, ein ungestörtes Eintauchen in die filmische Imagination, werden – wie Ende der 1960er Jahre von Jean-Louis Comolli und Baudry ideologiekritisch ausgeführt – die Produktions- und Reproduktionstechnik (der Apparat) unsichtbar gemacht, die Spuren der Herstellung verwischt und auch die filmische Materialität hinter der imaginären Erscheinung zum Verschwinden gebracht. Exemplarisch dafür steht das Gesetz des unsichtbaren Schnitts.[27]

Mit der Forderung nach einem persönlichen Film setzen die Protagonist:innen des Neuen Amerikanischen Kinos dem geschliffenen illusionistischen Film und seiner aufwändig konstruierten Selbstvergessenheit und Anonymität das Ideal eines personalisierten, vom Leben durchwirkten, rauhen, unpolierten Films entgegen. Authentizität bedeutet demnach keineswegs ‚Unmittelbarkeit', sondern vielmehr das eingestandene Gegenteil: die reflektierte Sichtbarmachung von Medialität, Materialität und Produktionsprozessen. Die Herausbildung persönlicher filmischer Formen geht mit einer zunehmenden Reflexivität in Bezug auf die medialen Bedingungen einher. Wie anders soll im Medium des Films Subjektivität und Lebensnähe zum Ausdruck kommen, wenn nicht als Effekt einer spezifischen medialen Praxis, als Wirkung eines je spezifischen Umgangs mit medialen Möglichkeiten? Nur als sichtbar vermitteltes kinematografisches Handeln kann das Persönliche auch als solches erkennbar werden und gegen eine Konzeption des Films als anonymisiertes Produkt antreten.

1.1.1 *Mit dem persönlichen Film gegen die mediale Selbstvergessenheit*

Im Gegensatz zur literarischen oder malerischen Produktion ist der filmische Produktionsprozess notwendigerweise mit Außenwahrnehmung beschäftigt. Daher stellt sich für das Medium des Films die Frage pointiert, wie sich

27 Vgl. Jean-Louis Baudry: Das Dispositiv. Metapsychologische Betrachtungen des Realitätseindrucks (Le dispositif: approches métapsychologiques de l'impression de réalité, 1975), in: Margarethe Mitscherlich (Hrsg.): *Psyche*, Jg. 48 (1994), H. 11, S. 1047–1074; Jean-Louis Comolli, Jean Narboni: Kino/Ideologie/Kritik (Cinéma/idéologie/critique, 1969) in: Christine Noll Brinckmann (Hg.): Wie sich der Film bewegt. Texte zum Film 1965–1980, Frankfurt am Main 1981, S. 128–142.

Subjektivität ins Bild übertragen lässt, wie Persönliches im Film überhaupt ästhetisch werden kann. Das Feld des Sichtbaren, das paradoxerweise auch *Versteck* (*Kasch*)[28] genannt wird, zeichnet sich – wie es für ein perspektivisches Dispositiv charakteristisch ist – durch die Abwesenheit seiner Urheber:innen, durch die Unsichtbarkeit der blickenden und perspektivierenden Instanzen aus. Die Kamera bleibt strukturell aus jenem Bildfeld ausgeschlossen, das sie selbst konstituiert. Sie verbleibt als blinder Fleck, kaschiert, latent präsent im absoluten *Off-screen* bzw. *Hors-champ* – einem Ort, der durch keine noch so ausladende Kamerabewegung einzuholen ist.[29] So durchschauen wir das fotografisch/filmische Bild für gewöhnlich nicht im Hinblick auf die zeigenden Instanzen, sondern im Hinblick auf die gezeigten Objekte. Die Eigenbewegung bzw. *reale Bewegung* des Films verleiht ihnen eine Lebendigkeit und Präsenz, die ihre scheinbare Selbsttätigkeit auf der Leinwand noch bestärkt.[30] Die Arbeit an der Selbstvergessenheit des herstellenden Dispositivs – sowohl in technischer wie auch in personeller Hinsicht – knüpft an eine mediale Disposition an, die jene Objektivitäts- und Transparenzideale prägte, aus denen das illusionistische Erzählkino Hollywoods nur die bekannteste und aufwändigste Form darstellt.[31]

Durch die Störung der Durch-Sicht kann die Aufmerksamkeit aufgeteilt und zumindest parziell auf die herstellenden und zeigenden Instanzen gelenkt werden. Wenn auch die arbeitende Kamera nicht selbst in ihrem eigenen Bildfeld sichtbar werden kann, so kann sie doch auf sich verweisen – etwa durch die Produktion von Unschärfen und technisch bedingten Phänomenen wie Korn oder Pixel. Ebenso verweist ein sichtbarer Duktus auf die Kamera – etwa

28 Andre Bazin hat zwischen zwei unterschiedlichen Konzeptionen des Bildfelds unterschieden. Die Umgrenzung der Kinoleinwand sei kein *Rahmen* (*cadre*) des Kinobildes, sondern ein *Kasch* (*cache*), eine Abdeckung, die nur einen Teil der Realität freilegen kann. Während ein Rahmen zentripetal wirkt, d.h. der Raum nach innen polarisiert wird, sei alles, was die Kinoleinwand uns zeigt, darauf angelegt, sich zentrifugal „unbegrenzt ins Universum fortzusetzen". Andre Bazin: Malerei und Film (Peinture et cinéma, 1959), in: Was ist Film?, Berlin 2004, S. 225–226.

29 Eine Systematisierung des filmischen *Hors-Champs* bzw. *Off-screens* findet sich bei Noel Burch: Nana, or the Two Kinds of Space, in: ders: Theory of Film Practice (praxis du cinema 1969), Princeton/New Jersey 1981, S. 17–31.

30 Zur filmischen Eigenbewegung bzw. *realen Bewegung* vgl. Christian Metz: Zum Realitätseindruck im Kino (A propos de l'impression de la réalité, 1965), in: Semiologie des Films, München 1972, S. 20–35, hier: 26, 35.

31 Andere Ausprägungen des Transparenzideals finden sich in verschiedenen Theorien des Realismus (vgl. z.B. Guido Kirsten: Filmischer Realismus, Marburg 2013) sowie in Objektivitätsstrategien des Dokumentarfilms (Vgl. z.B. Volker Wortmann: Authentisches Bild und authentisierende Form, Köln 2003).

durch ihre manuelle Handhabung und Kamerabewegungen, die nicht durch die vorfilmischen Objekte oder die Erzählung motiviert sind. Die Arbeit mit dem Einzelbildverfahren – bei dem die filmische Aufzeichnung nicht automatisiert mit 24 oder 25 Bildern pro Sekunde erfolgt, sondern jedes Einzelbild, wie im Trickfilm, einzeln getippt wird – sowie mit anders *manipulierten* (wörtlich: handgesteuerten) Aufzeichnungsgeschwindigkeiten unterläuft die vermeintliche Bestimmung des Films, Objektbewegungen durch Analyse und Synthese zu rekonstruieren. Dadurch wird die Abhängigkeit von Aufzeichnungs- und Abspielmechanismus ins Bewusstsein gerückt und die zeigenden Mechanismen der filmischen Erscheinung offengelegt. Auch die Aufzeichnung vom Personal, das mit der Kamera agiert, der Empfang direkter Blicke, der unkontrollierte Einfall von Licht- und Sonnenstrahlen erzählen von den Umständen der filmischen Produktion, wobei der dargestellte Gegenstand eben nicht ‚im besten Licht' erscheinen muss. Die Störung der Transparenz gibt Film als das Erzeugnis einer komplexen Interaktion zwischen Menschen und Technik, Optik und Chemie zu erkennen. Das Making-of – verstanden als jene kinematografische Interaktion, aus der ein Film hervorgeht – bleibt im fertigen Produkt präsent, verschwindet nicht vollständig. Ästhetisch soll erfahrbar werden, dass Film nicht nur Lebendiges und Leben in Bewegung zeigt, sondern selbst durch Leben und Bewegung hervorgebracht wird. Ebenso sollen Handlungen im Film nicht nur erzählt oder dokumentiert werden, sondern Film selbst als Teil des Handelns und Teil des Lebens erfahrbar werden.[32]

Die Kritik am Illusionismus des hegemonialen Films richtet sich auch gegen die absolute Trennung von Produktionsprozess und audiovisuellem Ergebnis. Diese Trennung wird jedoch durch eine Sichtbarmachung der filmischen Produktionsprozesse – im Sinne einer ‚nachhaltigen' Produktionsweise – relativiert. Dadurch wird Praxis als tendenziell unabschließbares (kinematografisches) und in der realen Gegenwart verwurzeltes Handeln erfahrbar gemacht.[33] Im Gegensatz zum klassischen Film, der Handeln als Handlung objektiviert, ist es laut Rainer Bellenbaum das Anliegen der Avantgardefilmer:innen gewesen, „den Vorgang des Handelns als offenen subjektiven Prozess zu restituieren" oder die vergegenständlichte Handlung des

32 Vgl. auch Rainer Bellenbaum: Kinematografisches Handeln (2013), S. 13–18.

33 Der Begriff des Handelns korrespondiert bei Hannah Arendt mit denjenigen Grundbedingungen, „unter denen dem Geschlecht der Menschen das Leben auf der Erde gegeben ist." Handelnd erfahren Menschen ihr Dasein als von Ursachen, Wirkungen und Gründen bestimmt – auch wenn kein Handeln einer überschaubaren Kausalität folgt. Laut Arendt ist Handeln prinzipiell unabschliessbar. Vgl. Hannah Arendt: Vita activa oder Vom tätigen Leben (1958/2006), via Rainer Bellenbaum: Kinematografisches Handeln (2013), S. 14.

Kinos in den Modus eines ergebnisoffenen Tuns zu übersetzen.[34] Auf diese Weise soll sich das Kinematografische vom kapitalistisch organisierten Herstellungsbetrieb – einem Ort der Reproduktion überlieferter Schemata und Stereotypen – zu einem „öffentlich ausdifferenzierten Handlungsfeld" erweitern und als eine „lebensweltlich ausgreifende Aktivität im Sinne situativer Begegnungen und Ereignisse" etablieren.[35] Dieses Handeln, in dem reale und symbolische Handlungen tendenziell ununterscheidbar werden, muss als offener subjektiver Prozess nicht zwingend auf ein Produkt oder ein in sich geschlossenes Werk hinauslaufen. Maya Derens filmische Recherchen zum Voodoo-Kult auf der Insel Haiti in den Jahren 1947–1955 waren für diese konzeptuelle Öffnung wegweisend, ebenso die Tatsache, dass Deren die Vorgänge eines kontinuierlichen künstlerischen Experimentierens und Versuchens, Scheiterns, Gelingens dezidiert in ihre filmische Kunst eingeschlossen hat.[36] Die Abwendung vom filmischen Produkt mit Werkstatus geht einher mit einer Aufwertung des in der realen Gegenwart verwurzelten filmischen Prozesses, der auf einem für die Zukunft offenen Entdeckungs- und Ereignischarakter insistiert. Die In/Differenzierung zwischen Praxis und Produkt wurde für das Schaffen zahlreicher Filmavantgardist:innen ab den 1960er Jahren auf unterschiedliche Weise prägend. Dies zeigt sich besonders deutlich in den filmischen Tagebüchern (film diaries) bzw. Tagebuchfilmen (diary films).[37]

1.1.2 *Filmkunst und die Berufung auf den Amateur*

Dem höchst arbeitsteiligen und professionalisierten System Hollywoods stellen die New Yorker Kinorevolutionär:innen nicht – wie ihre europäischen Kollegen – den Regisseur als (alleinherrschenden) *Auteur* entgegen,[38] son-

---

34 Rainer Bellenbaum: Kinematografisches Handeln (2013), S. 14.

35 Ebd.

36 Derens dokumentarische Aufnahmen kreolischer Tänzer:innen, in deren Voodoo-Rituale sie sich mit zunehmender Intensität selbst einließ, wurden erst 1977 – sechzehn Jahre nach ihrem frühen Tod – von ihrem dritten Ehemann, dem Musiker und Komponisten Teiji Ito, gemeinsam mit Cherel Ito editiert und veröffentlicht. HAITIAN FILM FOOTAGE (1947–55, ca. 4h)., ungeschnitten, unvollendet, editiert von Teiji Ito und Cherel Ito zu: DIVINE HORSEMEN: THE LIVING GODS OF HAITI, (USA 1977, 52'); vgl. Bruce R. McPherson: Preface, in: ders. (Hg.): Essential Deren (2005), S. 7–12, hier 9; Maya Deren: Divine Horsemen. The Living Gods of Haiti (1953), New Paltz/New York 1984; Rainer Bellenbaum: Kinematografisches Handeln (2013), S. 87.

37 Vgl. David E. James: Film Diary/Diary Film. Practice and Product in WALDEN, in: David E. James (Hg.): To Free the Cinema. Jonas Mekas and the New York Underground, Princeton 1992, S. 145–179.

38 Als Gründungstext der Auteurtheorie gelten: Alexander Astruc: Die Geburt einer neuen Avantgarde. Die Kamera als Federhalter (Naissance d'une Nouvelle Avant-Garde. La

dern den Künstler oder die Künstlerin als *Amateur*. Diese:r organisiert sich allein oder mit Freund:innen und Kolleg:innen und muss mit der Arbeit weder objektivierte Qualitätskriterien erfüllen noch einen Lebensunterhalt verdienen. Im Gegensatz zum *Professional*, der nach marktwirtschaftlichen Maßstäben arbeitet, sind Künstler:innen als (verklärte) Amateure von normierten Qualitätsansprüchen befreit. In ihrem postum erschienenen Artikel von 1965 – *Amateur Versus Professional* – nobilitiert die Filmemacherin Maya Deren die oft abwertend verwendete Klassifikation, indem sie auf die etymologische Herkunft des Begriffes verweist: „Und dabei meint das Wort ‚Liebhaber' – lateinisch ‚amator' – eigentlich jemanden, der etwas aus Liebe zur Sache tut anstatt aus ökonomischen Gründen oder Notwendigkeiten."[39] Stan Brakhage doppelt 1971 nach: „*Amateur* is a word which, in the Latin, meant ‚lover': but today it has become a term like ‚Yankee' (‚Amateur – Go Home'), hatched in criticism, by professionals who so little understand the value of the word or its meaning […]."[40] Die zweckfreie Liebe zur Arbeit und das daraus resultierende enge Verhältnis zum Produkt machen den Amateur zum Gegenpol des Professionellen, Einstudierten, Konditionierten – zum Garanten für Authentizität und Impulsgeber eines radikalen Bruchs mit der Tradition.

Der amerikanische Essayist Bliss Perry erklärt in seiner humanistischen Apologie des Amateurs von 1904 Eigenschaften wie Enthusiasmus, Eigeninitiative und ungebremsten Elan, aber auch Eifer und Neugierde, zu widerständigen und sogar kritischen Kräften. Diese könnten einer drohenden Verkümmerung menschlicher, insbesondere sozialer und kreativer Ressourcen entgegenwirken, die durch die zunehmende Expansion marktlogischer Gesetzmäßigkeiten bedingt ist.[41] Dieser Gedanke widerspricht nur teilweise Walter Benjamins These, dass die zu Beginn des 19. Jahrhunderts aufkommenden Massenmedien jede:n in einen „halben Fachmann" oder Amateur verwandelt hätten.[42] Konsumkultur und Medientechnologien beeinflussen zwar die

Caméra-Stylo, 1948), in: Theodor Kotulla (Hg.): Der Film, Manifeste, Gespräche, Dokumente (1964), S. 111–115; François Truffaut: Eine gewisse Tendenz im Französischen Film (Une certaine tendance du cinéma français, 1954), ebd., S. 116–131.

39 Maya Deren: Amateur Versus Professional (1965/2005), S. 18; zu Maya Derens Beziehung mit Amateur-Filmemachergruppen vgl. Charles Tepperman: Amateur Cinema. The Rise of North American Moviemaking, 1923–1960, Oakland 2015, S. 214.

40 Stan Brakhage: In Defense of Amateur (1971) in: Bruce R. McPherson (Hg.): Essential Brakhage. Selected Writings on Filmmaking, New York 2001, S. 142–150, hier: 144.

41 Vgl. Perry Bliss: The Amateur Spirit, Boston 1904, S. 4.

42 Vgl. Walter Benjamin: Das Kunstwerk im Zeitalter seiner technischen Reproduzierbarkeit (zweite, erweiterte deutsche Fassung, 1936), in: Gesammelte Schriften, Band VII, Frankfurt am Main 1989, S. 350–384, hier: 371.

Gesellschaft als Ganzes und betäuben die Einzelnen, schaffen aber zugleich die Voraussetzungen für individualisierte audiovisuelle Reaktionen auf Erfahrungen. Diese können kommerzielle Werte wie Expertise und Produktivität invertieren oder subversiv unterlaufen.[43]

Benjamin schreibt, dass im Zeitalter der technischen Reproduzierbarkeit „die Unterscheidung zwischen Autor und Rezipient" dabei sei, ihren „grundsätzlichen Charakter" zu verlieren und der Amateur zunehmend an der Kultur und der Geschichtsschreibung mitarbeiten könne. „Der Lesende ist jederzeit bereit, ein Schreibender zu werden."[44] Ähnliches galt später für die Filmzuschauer:innen, die zu Filmemacher:innen wurden und Filme machten, um die (filmische) Wahrnehmung auf eigene Weise zu untersuchen und Geschichte(n) aus einer persönlichen Perspektive neu zu erzählen. Mit ihrem illusionistischen Spektakel setzte die monopolisierte Kulturindustrie – allen voran Hollywood – die Verführung der Masse den kreativen Impulsen Einzelner entgegen. Der Appell an den Amateur durch die Protagonist:innen eines Neuen Amerikanischen Films kann – insbesondere mit Blick auf Jonas Mekas' Werk – als Versuch verstanden werden, diese Lähmung zu lösen und das revolutionäre Potenzial jener Liebhaber:innen freizusetzen, die dem Filmen aus persönlichen Gründen verfallen sind.

Die Voraussetzung für eine Etablierung des Amateurs im Feld der filmischen Produktion war die Entwicklung und Verfügbarkeit erschwinglicher, leicht handhabbarer Technologie. Mit dem 16mm-Umkehrfilm, den Eastman Kodak 1923 einführte, entstand ein Format, das sich – neben anderen analogen Formaten wie 8mm (seit 1935) und Super 8mm (seit Mitte der 1960er Jahre) – im Amateurbereich etablierte, bevor es durch elektronische Formate (Video) und schließlich die Digitaltechnik abgelöst wurde.[45] In seiner Studie untersucht Charles Tepperman das kreative und subversive Schaffen des filmenden Amateurs von Mitte der 1920er Jahre bis in die 1960er Jahre und zeigt auf, dass die Geschichte der Amateurfilmtechnik auch als Geschichte der Nichtstandardisierung gelesen werden kann – sowohl durch die ständige, rasche Entwicklung neuer Technologien als auch durch die eigenwillige Nutzung bestehender Geräte durch passionierte Laien, die ihrer Leidenschaft entweder allein oder in eigens gegründeten Communities nachgehen. Damit stellt er

43 Ebd.

44 Ebd., S. 371–372.

45 Vgl. Richard Chalfen: Cinéma Naïveté. A Study of Home Movie Making as Visual Communication, in: Studies in the Anthropology of Visual Communication, Jg. 2, Nr. 2, 1975, S. 87–103, hier 88; Charles Tepperman: Amateur Cinema (2015), S. 98–132.

die gängige Vorstellung des Amateurs als passivem Rezipienten oder bloßem ‚User' der vom Markt bereitgestellten audiovisuellen Techniken infrage.[46]

Auf eine nonkonforme Nutzung setzen auch die Filmavantgardist:innen, indem sie – wie von Maya Deren in ihrem Text *Cinematography. The Creative Use of Reality* und von Stan Brakhage formuliert – ihre Kameras gegen den vorgesehenen Gebrauch mobilisierten.[47] Durch gezielte oder ungezielte Herausforderungen an die Technik provozierten sie eine filmische Ästhetik, die ihre eigene Praxis reflektierte und die konditionierte filmische Wahrnehmung überschritt.

> Man kann die frühen Stufen des Impressionismus reproduzieren, indem man mit voller Absicht auf die Kamera spuckt oder seiner Neigung zur Bildschärfe entgegenwirkt. Durch Beschleunigung des Motors kann man die Primadonna objektiv zur Schwerfälligkeit in der Bildbewegung verurteilen. Man kann die Bewegungen durch Verlangsamung während der Aufnahme zerlegen und so die Aufnahmefähigkeit des heutigen menschlichen Auges für Bewegungen sehr unmittelbar zu inspirieren versuchen. Man kann die Kamera in der Hand halten und dabei ganze räumliche Welten gewinnen. Man kann den Filter über- oder unterbelichten. Man kann die natürlichen Filter verwenden, Nebel, Niederschläge, unausgeglichenes Licht, Neonlicht mit neurotischen Farbtemperaturen; man kann Glas, das nie für die Kamera vorgesehen war, gegen alle Regeln verwenden, oder man kann eine Stunde nach Sonnenuntergang oder eine Stunde vor Sonnenaufgang fotografieren, also während der wunderbaren Stunden des Tabus, für die die Kopieranstalten keine Garantie übernehmen, oder man kann nachts mit ausgesprochenem Tageslichtmaterial aufnehmen, oder umgekehrt. Man kann sich umgekehrt zum großen Zauberer entwickeln, dem die oben genannten methodischen Kaninchen ganze Hüte voller Nachwuchs bescheren. Und mit unglaublicher Kühnheit könnte man sogar zum Méliès werden, jenem fantastischen Mann, der sogar „die Kunst des Films" in der Zauberei beginnen ließ.[48]

Brakhages Bezugnahme auf Georges Méliès sowie die Widmung von Jonas Mekas' WALDEN (1968) an die Gebrüder Lumière zeugen von einem Interesse an den frühsten Experimenten der Filmgeschichte – mit Blick auf jene

---

46 Vgl. Charles Tepperman: Amateur Cinema (2015), S. 98–132; zum Amateurfilm, Home Movie und Heimkino vgl. auch: Alexandra Schneider: Die Stars sind wir. Heimkino als filmische Praxis, Marburg 2004.

47 Maya Deren: Cinematography. The Creative Use of Reality (1960), in: P. Adams Sitney (Hg.): The Avant-Garde Film (1978), S. 60–73.

48 Stan Brakhage zitiert von Jonas Mekas, in: Jonas Mekas: Zum Neuen Amerikanischen Film (Notes on The New American Cinema, 1962), in: Theodor Kotulla (Hg.): Der Film, Manifeste, Gespräche, Dokumente (1964), S. 322–343, hier: 335.

Amateure, die das Kino einst erfunden haben.[49] Tom Gunning, der in seinem legendären Artikel *The Cinema of Attraction* die Traditionslinie zwischen frühstem Kino und der Avantgarde der 1960er Jahre herausgestellt hat, fragt nach der frühen Anziehungskraft des Kinos und konstatiert, dass dafür nicht die Narration, sondern die schiere Lust und Freude an den filmischen Möglichkeiten, in erster Linie an der Bewegung, ausschlaggebend war.[50] Diese Faszination erfasste nicht nur die Zuschauer:innen dieses frühsten Kinos, sondern auch seine Produzent:innen – etwa die Brüder (und Gesellschaft) Lumière, die mit dem Cinematografen ihre Reisereportagen vorführten oder Georges Méliès und sein Team mit ihren filmischen Zaubertricks. Im Gegensatz zum *Kino der Narration*, das seine äußernden Instanzen tendenziell verschleiert, bleibt im *Kino der Attraktion* der Akt des Zeigens im Film eingeschrieben.[51] Gunning spricht von einem exhibitionistischen und selbstreflexiven Kino, das – als Gegensatz zur medialen Selbstvergessenheit – seine experimentellen Möglichkeiten feiert und nicht auf die diegetische Versunkenheit des Publikums zielt, sondern auf seine herausfordernde Konfrontation.[52] Die fortschreitende Monopolisierung des Kinos der Narration hat nach Gunning das *Kino der Attraktion* nicht zum Verschwinden gebracht. In Showeinlagen – spektakulären Szenen oder technischen Effekten – überlebt es als Komponente des narrativen Films. Zudem bleibt es die bestimmende Tendenz im avantgardistischen Filmschaffen sowie im Home Movie und Heimkino.[53]

Ein *Profi* im Sinne Maya Derens versteht es dank Expertise, das Unkontrollierte zu unterdrücken. Um Umwege und ungewollte Überraschungen zu vermeiden, wird vorzugsweise im Studio gearbeitet.[54] Im öffentlichen Raum werden Vorkehrungen wie etwa Straßensperren getroffen und Wetterprognosen konsultiert. Geräte werden genauso verwendet, wie von den Herstellern vorgesehen. Die Arbeit im professionellen Filmschaffen dient der Umsetzung einer im Drehbuch vorab verfassten Fiktion. Sie wird im Rahmen streng vorgegebener Abläufe vollzogen und den damit verbundenen Hier-

---

49 Zur Verbindung des Amateurs mit den frühesten Momenten der Filmgeschichte vgl. Charles Tepperman: Amateur Cinema (2015), S. 21–22; Tom Gunning: New Thresholds of Vision, in: Terry Smith (Hg.): Impossible Presence. Surface and Screen in the Photogenic Era, Chicago 2001, S. 79.

50 Tom Gunning: Kino der Attraktionen. Der frühe Film, seine Zuschauer und die Avantgarde (The Cinema of Attractions. Early Film, its Spectator, and the Avant-Garde, 1986), in: Meteor 4, 1996, S. 25–34.

51 Ebd., S. 25.

52 Vgl. ebd. S. 27, 30.

53 Vgl. ebd. S. 32–34.

54 Vgl. Maya Deren: Amateur Versus Professional (1965/2005), S. 18.

archien untergeordnet. Im Gegensatz dazu ist die Produktion des *Amateurs* der offenen Zeit ausgeliefert – sie ist nicht, wie die professionelle, vom Leben abgetrennt. Das *Beherrschen* der Technik hat dabei nicht unbedingt Vorrang, vielmehr wird das Ungewisse, Unvorhersehbare zum Treiber des Schaffens. Der Zufall kann aktiv bei der Produktion mitwirken und wird beispielsweise in Form von filmtechnischen ‚Fehlern' sichtbar – als Reaktion von Filmtechnik und Chemie. Die bewusst oder unbewusst unkontrollierte Situation ruft nach Spontaneität und Improvisation: zwischen den Figuren, zwischen Figuren und Kamera sowie anderen unvorhersehbaren Interaktionen auf dem Set. Die Berufung auf den Amateur impliziert die Überzeugung, dass Nicht-Expertise eine sprengkraftartige Wirkung entfalten und die Möglichkeit eröffnen kann, traditionell-bürgerliche Ideale sowie deren Lebens- und Repräsentationsformen zu überwinden. Adäquate filmische Repräsentationen alternativer Lebensstile und ihrer Wertvorstellungen werden aus der Improvisation und Interaktion von Künstler:innen, Gerätschaften und Aspekten des Settings entwickelt. Mit der Absage an die Arbeit nach einem im Drehbuch festgelegten Plan und mit dem Verzicht auf die kontrollierbare Studioumgebung fördern und intensivieren die Protagonist:innen dieses neuen Kinos die Hingabe an die Gegenwart und die offene Situation ihres Umfeldes. Für Mekas' Konzeption dieses neuen Kinos ist die Privilegierung des Drehs gegenüber der Prä- und Postproduktion entscheidend und die soziale Interaktion in einer durch die Kamerapräsenz intensivierten Gegenwart. In einer situativen, gesteigerten Aufmerksamkeit entsteht gleichsam die Offenheit im Hinblick auf die Zukunft, die für ein visionäres Kino ausschlaggebend ist.

1.1.3 *Mekas' Notizen zum Neuen Amerikanischen Film von 1962*

In seinem Artikel *Notes on the New American Cinema* entwirft Mekas 1962 eine historische Genealogie des sogenannten Neuen Amerikanischen Films. Zwei Jahre nach der Veröffentlichung des *First Statement* der *New American Cinema Group*, die sich unter diesem programmatischen Namen zusammengeschlossen hatte, arbeitet er anhand einzelner Filme wegweisende Tendenzen heraus, wobei er auf der Singularität jeder Produktion besteht und ihre Diversität betont. „These were single individuals who were quietly trying to express their own cinematic truth, to make their own kind of cinema."[55] In den neuen Tendenzen sei keine bewusste oder gar einheitliche Bewegung zu erkennen, gemeinsam sei diesen Filmemacher:innen einzig, dass sie sich vom „cinema of profession" distanzierten, um jenseits gängiger Formate

55 Jonas Mekas: Notes on The New American Cinema (1962), S. 89.

persönlichere Filme zu drehen und dabei jene künstlerischen wie auch physischen Freiheiten auszuloten, die laut Maya Deren der *Amateur* gegenüber dem *Profi* zum Vorteil hat.[56]

Einzelne Dokumentarfilme der späten 1940er-Jahre erkennt Mekas als Vorboten des Neuen Amerikanischen Kinos. Diese Filmemacher:innen hätten Verfahrensweisen antizipiert, die in den 1960er Jahren im *Direct Cinema* praktiziert und theoretisiert worden sind. Mekas erwähnt namentlich den Film THE QUIET ONE (R: Sidney Meyers, Helen Levitt und Janice Loeb, 1948), der einen afroamerikanischen Jungen in Harlem und dessen soziale Rehabilitation begleitet, sowie IN THE STREET (R: Helen Levitt, Janice Loeb und James Agee, 1951) – einen impressionistischen Film über das New Yorker Stadtviertel Spanish Harlem. Die „Spontaneität in Aktion und Kamera"[57] unterscheide diese beiden Filme von früheren Dokumentarfilmen wie jenen von Van Dyke, Paul Strand oder Pare Lorenz. Team und Kamera hätten sich ganz dem Lebensstrom und Ort des Drehens ausgesetzt. Eingefangen wurde jene Gegenwart, die durch die Präsenz der Kamera und ihrer Akteure nicht nur dokumentiert, sondern auch provoziert worden sei.[58]

In dokumentarischen Vorstößen dieser Art sieht Mekas die Grundlage für die Produktion von Spielfilmen, die trotz fiktionalem Erzählstrang und inszenierenden Verfahren ihrer Zeit und Gegenwart verpflichtet bleiben und dadurch das Qualitätsmerkmal der Authentizität erfüllen. LITTLE FUGITIVE (1953), LOVER AND LOLLYPOPS (1956) und WEDDINGS AND BABIES (1958) von Morris Engel und Ruth Orkin werden als Beispiele angeführt.[59] Gemeinsam ist den genannten Filmen wiederum, dass ihre Produktion nicht in der Umsetzung eines vorgefassten Drehplans bestand, sondern aus dem improvisierenden Zusammenspiel am Ort des Drehs hervorging. WEDDINGS AND BABIES sei der erste Spielfilm gewesen, bei dessen Herstellung ein vollbewegliches Synchronaufnahmegerät für Bild und Ton verwendet worden sei.[60] Diese Technik ermöglichte die flinke Reaktion auf den unvorhersehbaren Verlauf in der Zusammenarbeit mit den weitgehend improvisierenden Laienschauspieler:innen. In Lionel Rogosins Filmen ON THE BOWERY (1956) und COME BACK, AFRICA (1956) ist ein Raum – ein Freiraum bzw. Spielraum – geschaffen

56 Ebd.; vgl. Maya Deren: Amateur Versus Professional (1965/2005), S. 18.

57 Jonas Mekas: Zum Neuen Amerikanischen Film (1962/1964), S. 323.

58 Vgl. ebd.

59 Vgl. ebd., S. 324–325.

60 Vgl. ebd., S. 325.

worden, in dem sich die aus dem sozialen Milieu gecasteten Protagonist:innen jenseits eines vorgegebenen Skripts darstellen konnten.[61]

SHADOWS (R: John Cassavetes, 1958) ist ein Werkstattprodukt, das aus einem Improvisationsexperiment hervorging. Der Film erhielt den ersten Independent Film Award – einen Filmpreis, der von den Herausgebern der Zeitschrift *Film Culture* ausgerichtet wurde.[62] Auf den Straßen und in den Kneipen New Yorks entwickelte der Regisseur mit der Handkamera und Schauspielschüler:innen den kaum vorgeschriebenen Film – aus dem Moment heraus und im Zusammenspiel. Das Produkt wirkt rau – durchzogen von Anschlussfehlern, langen Weilen, ‚Störfaktoren' wie direkten Blickkontakten, Lichtblitzen, Staub und Spucke auf der Linse. Diese Unebenheiten weisen den Film explizit als die Materialisierung seiner Entstehung aus und verleihen ihm zugleich Dynamik und Lebendigkeit. Getragen wird der Film – so Mekas – weniger von Ideen als durch die Menschen hinter und vor der Kamera: „[...] ihre Gesichter, ihre Bewegungen, ihre Stimmlagen, ihr aufgeregtes Sprechen und ihre Sprechpausen" – also durch ihre „psychologische Wirklichkeit", die sie zum Ausdruck bringen und „die sich in den unbedeutendsten alltäglichen Begebenheiten und Situationen entdeckt".[63] Siegfried Krakauers Idee der *Kamerawirklichkeit* als einer Realität, die „ohne literarische und theatralische Ideen" direkt und nur zur Kamera spricht, würden Cassavetes Filme Folge leisten.[64] Der Film dokumentiert gleichsam die Bedingungen seiner Produktion und reflektiert dadurch das Leben im Sinne des *Beat*.[65]

Richard Leacock, der in seinem Film PRIMARY (1960) die Vorwahlen von John F. Kennedy dokumentarisch begleitete und dafür den dritten *Film Culture Award* erhielt, reduzierte – gemeinsam mit den Gebrüdern Maysles sowie Don Pennebaker – das Aufnahmeteam auf eine einzige Person. Möglich wurde dies durch die technische Entwicklung tragbarer Synchronkameras. Über sein Direkt-Verfahren und seine filmische Haltung schreibt Leacock selbst:

> Tolstoy envisioned the film-maker as an observer and perhaps as a participant, capturing the essence of what takes place around him, selecting, arranging but never controlling the event. Here, it would be possible for the significance of

61 Vgl. ebd., S. 325–326.

62 Über die zwei Versionen von SHADOWS und einen Konflikt zwischen Mekas und Cassavetes: Jonas Mekas: The two versions of Shadows, Cassavetes and Nico Papatakis (2017), URL: https://www.webofstories.com/play/jonas.mekas/63 (letzter Zugriff: 1.12.2022).

63 Jonas Mekas: Zum Neuen Amerikanischen Film (1962/1964), S. 326.

64 Ebd.

65 Zu filmischen Manifestationen des *Beat* vgl. auch: David E. James: Film and the Beat-Generation, in: Allegories of Cinema (1989), S. 85–99.

> what is taking place to transcend the conceptions of the film-maker because, essentially, he is observing that ultimate mystery, the reality. Many film-makers feel that the aim of the film-maker is to have complete control. Then, the conception of what happens is limited to the conception of the film-maker. We don't want to put this limit on actuality. What's happening, the action has no limitations, neither does the significance of what's happening. The filmmaker's problem is more a problem of how to convey it. How to convey the feeling of being there.[66]

Mekas zufolge würde es nicht darum gehen, den Eindruck von Objektivität zu vermitteln, im Sinne eines scheinbar unvermittelten Aufscheinen-Lassens der Realität selbst – vielmehr sei „das Problem des Regisseurs […] ein Problem der *Mit-teilung*, nämlich, wie er das Gefühl des *Dabei-Seins* mitteilen kann."[67] Er verweist auf den Film SUNDAY (R: Dan Drasin, 1961), in dem der Regisseur mit laufender Kamera in einen Vorfall zwischen Polizei und Volksliedsängern verwickelt wird. Mittels intensiven Zooms erkundet er seine eigene Involviertheit und seine Position zwischen Distanz und Nähe zum Geschehen. Dies führe zu einem Eindruck von Lebendigkeit, wie er im Dokumentarfilm oder Fernsehen selten zuvor erreicht worden sei.[68] Das Ereignis habe Kamera und Kameramann regelrecht „überrumpelt",[69] sodass das Bewegtbild verruckelt und die Tonaufnahmen verstückelt worden seien. Die Produktionsbedingungen hätten keinen Raum für Perfektionismus gelassen, und gerade daraus rühre der Wirklichkeitseffekt: „He lost the slickness but he gained […] the true cinematic reality" – „precisely because of his impregnation with the reality of the event."[70]

Das Visionäre dieser und weiterer von Mekas hervorgehobener Positionen liege insbesondere in der „völligen Bewegungsfreiheit" der Kamera.[71] Diese ermögliche es den Filmemacher:innen, sich von erstarrten Konventionen zu lösen und neue Ausdrucksformen zu erschließen:

---

66 Richard Leacock zitiert von/in: Jonas Mekas: Notes on The New American Cinema (1962), S. 93.

67 Jonas Mekas: Zum Neuen Amerikanischen Film (1962/1964), S. 328 (Hervorhebungen im Original).

68 Ebd., S. 329.

69 Sophie Küpper hat in ihren Übersetzungen von Dsiga Vertovs Schriften den Begriff des *überrumpelten Lebens* geprägt, vgl. Ute Holl: Kino, Trance & Kybernetik, Berlin 2002, S. 185; zum Beriff des *überrumpelten Lebens* vgl. auch Oksana Bulgakowa: Vertov und die Erfindung des Films zum zweiten Mal, in: Natascha Drubek-Meyer und Jurij Murasov (Hg.): Apparatur und Rhapsodie. Zu den Filmen des Dziga Vertov, Frankfurt am Main 2000, S. 103–117, hier: 110.

70 Jonas Mekas: Notes on The New American Cinema (1962), S. 95.

71 Ders.: Zum Neuen Amerikanischen Film (1962/1964), S. 330.

> One could say that only now is the camera becoming conscious of its steps. Until now the camera could move only in a robot-like fashion, on preplanned tracks, and allong indicated lines. Now it is beginning to move freely, by itself according to its own desires and whims, tracing its own steps. Cinema is groping, cinema is going through its own Actors' Studio period – mumbling, stammering, searching.[72]

Im Spielfilm PULLY MY DAISY (R: Robert Frank, Alfred Leslie, 1959)[73] seien Elemente der Improvisation und der geplanten Kamera- und Regiearbeit auf raffinierte Weise überblendet worden – „That feeling of ‚being there', of which Leacock speaks in connection with the documentary, was achieved in this fictional film to the highest degree."[74] In THE SIN OF JESUS (1961) habe Robert Frank seine „Dokumentation über die Psyche des modernen Menschen"[75] fortgesetzt. „If your aim is high, it should be you that comes out the most",[76] meint Robert Frank, und Jonas Mekas folgert:

> This is what the modern artist is doing in his „useless", „shapeless", „meaningless" work. The lonely women's desperate and recriminatory cry in the dark, doomed, and desolate fields of New Jersey expresses the despair of our own existence – or, should I say, the American existence Anno 1961. One could say perhaps even more: that this pessimism, this desolation, or doom, or despair revealed in THE SIN OF JESUS is the inner landscape of the twentieth-century man, a place that is cold, cruel, heartless, stupid, lonely, desolate – this landscape emerges from Robert Frank's film with a crying, terrifying nakedness. Robert Frank is here as much a documentarist as Robert Flaherty was in NANOOK.[77]

Robert Breer, Stan Brakhage und Marie Menken führt Mekas als die Erben des experimentellen Films der 1940er Jahre und als die Virtuosen eines poetischen Films an. Im Gegensatz zu den Filmen der früheren Avantgarde seien ihre Filme nicht – und hier spricht Mekas auf die Filme Maya Derens an – mit griechischer oder freudscher Mythologie und Symbolik behaftet, ihr Sinn sei ‚direkter' und suggestiv.[78] „Freely, beautifully, they sing the physical world, its textures, its colors, its movements; or they speak in little bursts of memories, reflections, meditations."[79] Mit ihren eigenen Körpern würden diese Filmpoeten eine „Filmwirklichkeit" erschaffen, die gar nicht mehr erfunden

72 Ders.: Notes on The New American Cinema (1962), a.a.O., S. 95.
73 Der Film erhielt den zweiten *Independent Film Award* der Zeitschrift *Film Culture.*
74 Jonas Mekas: Notes on The New American Cinema (1962), a.a.O., S. 96.
75 Ders.: Zum Neuen Amerikanischen Film (1962/1964), S. 331.
76 Ders.: Notes on The New American Cinema (1962), a.a.O., S. 96.
77 Ebd.
78 Vgl. Jonas Mekas: Zum Neuen Amerikanischen Film (1962/1964), S. 333.
79 Ders.: Notes on The New American Cinema (1962), S. 98.

werden muss: „They just have to turn the camera upon themselves, or upon their close friends, and it explodes into the pyrotechnics upon which no imagination could improve."[80] Mekas behauptet, dass sich wohl kein anderer derart intensiv mit stilistischen und technischen Fragen befasst hätte wie Stan Brakhage.[81] Dessen DESISTFILM (1954) erklärt er zum eigentlichen Auftakt der stilistischen Revolution, welche später auf den Dokumentar- und den Spielfilm übergegriffen hätte.

Das letzte Kapitel seines Aufsatzes versieht Mekas mit dem Titel: *Connecting the Style with the man.* In diesen abschließenden Gedanken begründet er die veränderte Ästhetik dieser neuartigen Filme im Willen zur Veränderung von veralteten Lebensformen. Betont wird deren existenzielle Dimension.

> Thus we can say that the new independent cinema movement – like the other arts in America today – is primarily an existential movement, or if you want, an ethical movement, a human act; it is secondarily an aesthetic one. But then one could say that all art in all times has been primarily, an existential act. Even when our films seem to be utterly detached from reality – like the works of Robert Breer or Brakhage – they come from a dissatisfaction with the static, outdated concept of life and art. One could say that there is a *morality in the new*.[82]

1.2 LOST LOST LOST. Der initiale Riss und das subversive Potenzial migrantischer Blicke

Vor diesem diskursiven Hintergrund eines persönlichen Kinos, das im Widerstand gegen den hegemonialen Film und dessen Reproduktion von Geschichte(n) und bourgeoisen Lebensformen steht – ein Hintergrund, den er selbst maßgeblich mitprägte – erkennt Jonas Mekas den ideellen und filmpolitischen Wert seines bislang entstandenen, heterogenen Filmmaterials. Sein neuer sozialer Kontext, die Subkultur New Yorks, offenbart ihm den paradigmatischen Status seiner persönlichen Lebensgeschichte als Immigrant, sowie die kulturelle Bedeutung und das subversive Potenzial der Wahrnehmungen eines Fremden: „The city, the people, everything was new."[83] Als Neuankömmling in den USA und Kino-Amateur wird er siebenundzwanzig Jahre später zum

80 Ebd., S. 101.

81 David E. James vergleicht Brakhages filmhistorische Position für den amerikanischen Underground mit der Position Griffith's für das Hollywood-Erzählkino, vgl. David E. James: Film Diary/Diary Film (1992), S. 157.

82 Jonas Mekas: Notes on The New American Cinema (1962), S. 104 (Hervorhebungen im Original).

83 Ders. im Voice-over von LOST LOST LOST (1976), Reel 3.

Protagonisten von Mekas' autobiografischem Film. Mit den Augen eines Exilanten entdeckt dieser eine zunächst unbekannte Stadt und Gegenwart – und damit eng verbunden: eine neue Form des Films. Die Entdeckung der Gegenwart durch das Medium Film artikuliert sich schließlich in jener filmischen Handschrift, deren Entwicklung der Film LOST LOST LOST nachzeichnet – eine Tagebuchpraxis, die Mekas als eine Form des filmisch vermittelten, augenblicklichen Reagierens auf seine Umgebung und auf sich selbst in dieser Umgebung reflektiert:

> To keep a film (camera) diary is to react (with your camera) immediately, now, this instant: either you get it down or you don't get it at all. To go back and shoot it later, it would mean restaging, be it events or feelings. To get it now, as it happens, demands the total mastery of one's tools (in this case: Bolex): it has to register the reality to which I react and also it has to register my state of feeling (and all the memories) as I react. Which also means that I had to do all the structuring (editing) right there, during the shooting, in the camera. All footage that you'll see in the Diaries is exactly as it came out from the camera: there was no way of achieving it in the editing rooms without destroying its form and content.[84]

LOST LOST LOST verzahnt Mekas' autobiografische Erzählung – vom einsamen Flüchtling zum integrierten Filmpromotor – mit dem Making-of eines Neuen Amerikanischen Kinos, das als eine kollektiv gelebte Alternative zur kapitalistisch strukturierten Produktionsform präsentiert wird.[85] Entlang seiner Lebensgeschichte rekapituliert der Filmemacher sein bisheriges Schaffen als Stadien einer künstlerischen Erkundung: Wie können Aufmerksamkeit und Spontaneität gelebt werden und welche Rolle kann dabei die Arbeit mit der Kamera spielen? Wie lässt sich Gegenwart – als physische und geistige Präsenz sowie als soziale Interaktion – filmästhetisch ausdrücken?

•••

Mit der theatralen Stimme des arrivierten New Yorker Avantgarde-Filmkurators adressiert Jonas Mekas zu Beginn von LOST LOST LOST jenen unbekannten Flüchtling, der er selbst gewesen war. In seinem Idiolekt – Englisch mit

---

84 Ders. in: Film-Maker's Cooperative Catalogue, No. 7, New York 1989, S. 362.

85 Auch Scott Mac Donald weist in seiner Lektüre von LOST LOST LOST auf die Verschränkung von Autobiografie und (avantgardistischer) Filmgeschichtsschreibung hin, sein Akzent liegt allerdings nicht auf der Verschränkung von Film- und Lebensform, vgl. Scott MacDonald: Lost Lost Lost over „Lost Lost Lost", in: Cinema Journal, Vol. 25, „Decolonize", No. 2, 1986, S. 20–34; ders.: Über LOST LOST LOST, in: Ann-Christin Eikenbusch und Philipp Scheid (Hg.): Film-Konzepte, Heft 61, München 2021, S. 22–42.

litauischem Akzent – ermutigt er diesen, sich im Sinne von Stanley Cavell selber eine Stimme anzueignen und aus der Perspektive des Singulären für das Allgemeine zu sprechen:[86] „Oh, sing, Ulysses / Sing your travels / Tell where you have been / Tell what you have seen / And tell the story of a man / Who never wanted to leave his home / Who was happy / And lived among the people he knew / And spoke their language / Sing how then he was thrown out into the world."[87] Mit diesem *An-Spruch* im wörtlichen Sinn verortet Mekas seinen Protagonisten – einen modernen Exilanten – in der epischen Tradition des wandernden Helden. Diesen anmaßenden Akt reflektiert er ironisch durch die Parallelschaltung der ersten Aufnahmen: Grinsend und Grimasse schneidend inszenieren die beiden Brüder mit ihrer geliehenden Bolex-Kamera ein Doppelselfie.

In seiner Studie über das *Third Cinema* hat Teshome Gabriel in Anlehnung an Michel Foucault *official history* und *popular memory* als zwei historiografische Kräfte vorgestellt, die sich in einem ständigen Kampf um den Zugang zu Macht und Repräsentation befänden.[88] Offizielle Geschichte tendiere zur monologischen, totalisierenden Erzählung; sie wird aus der Perspektive einer dominanten Kultur und herrschenden Klasse verfasst und zeichnet sich durch zeitlose Fixiertheit und den Ausschluss alternativer Ansichten aus. „Official history tends to arrest the future by means of the past. [It] claims a *center* which continually marginalizes others. In this way its ideology inhibits people from constructing their own history or histories."[89] Offizielle Geschichtsschreibung neige zudem dazu, sich auf die ‚großen', durch Einmaligkeit ausgezeichneten Taten mächtiger Männer sowie auf jene Öffentlichkeit zu fokussieren, die von der herrschenden Klasse als solche konstituiert wurde. Das gemeine Gedächtnis dagegen öffnet Fenster zu individuellen Privatsphären und gibt den vielfältigen Erfahrungen eine Stimme, die von der dominanten Kultur belächelt, missachtet oder auch geleugnet wurden. Auf diese Weise ordnet das gemeine

86 Stanley Cavell: Philosophy and the arrogation of voice, in: A Pitch of Philosophy. Autobiographical Exercises, Cambridge 1994, S. 3–51.

87 Jonas Mekas im Voice-over von LOST LOST LOST (1976), Reel 1.

88 Vgl. Gabriel Teshome: Third Cinema as Guardian of Popular Memory. Towards a Third Aesthetics, in: Jim Pines, Paul Willemen (Hg.): Questions of Third Cinema, London 1989, S. 53–64, hier: 53.

89 Ebd., S. 53. Eine ähnliche Ansicht vertritt Nancy Fraser, die Jürgen Habermas' „institutionelle Beschränkung des öffentlichen Lebens auf eine einzige, übergreifende Sphäre" in Frage stellt, indem sie die Koexistenz einer Vielzahl „subalterner Gegenöffentlichkeiten" vorschlägt: „[...] parallel discursive arenas where members of subordinated social groups invent and circulate counterdiscourses to formulate oppositional interpretations of their identities, interests, and needs", Nancy Fraser: Rethinking the Public Sphere, in: Craig Calhoun (Hg.): Habermas and the Public Sphere, Cambridge 1992, S. 122–23.

Gedächtnis die Vergangenheit neu – und zwar nicht nur als vorausgegangener Bezugspunkt, sondern als das Thema eines Ringens um Zukunft: „[Popular Memory] is a look back to the future, necessarily dissident and partisan, wedded to constant change.“[90] Durch die Parallelschaltung der Anrufung des mythologischen Superhelden auf der Tonspur mit dem amateurhaft erstellten Doppelselfie der beiden litauischen Immigranten auf der Bildspur werden kanonisierte und marginalisierte Erzählungen sowie ‚Großes' und ‚Kleines' miteinander verknüpft. Die Geflüchteten, die die dominante Sprache zu diesem Zeitpunkt noch nicht beherrschen, werden in die Tradition der großen Erzählungen und ihrer Handlungsträger gestellt und dazu aufgerufen, ihre eigene Geschichte zu erzählen. Damit folgt der Film dem postmodernen Appell, Erzählungen zu diversifizieren und die offizielle Geschichte an singuläre und alltägliche Erfahrungen rückzubinden.

Die erste Einstellung von LOST LOST LOST – das Doppel-Selbstbildnis – entspricht der ersten Filmaufnahme von Jonas Mekas nach seiner Ankunft 1949 in den USA. Als erste filmische Koordinate auf dem neuen Kontinent markiert diese, im doppelten Sinne initiale, Einstellung den Riss, der die Brüder Mekas für immer von ihrer unverfilmten Vergangenheit und Heimat für immer trennt, sowie den Beginn von Mekas' Leben mit der Kamera. Es ist der Anfang einer filmischen Praxis, die erst mit seinem Tod im Jahr 2019 abbrechen wird. Wie LOST LOST LOST durch seine stilistischen Veränderungen zeigt, hat Mekas diese Praxis in den ersten Jahren in New York weiterentwickelt und in eine Praxis überführt, die zu einem festen Bestandteil seines Alltags wurde. Das filmische Material spiegelt dabei die zentrale Bedeutung dieser Praxis für seine Lebensführung, -haltung und -gestaltung wieder.

Abb. 1.1

Die erste Einstellung beginnt mit einem schwarzen Bild. Nach dem Einschalten der Kamera wird sichtbar, wie sich der junge Jonas Mekas aus der Unschärfe des Vordergrunds herausbewegt und zu seinem Bruder in den Fokus stellt. Hier

90 Gabriel Teshome: Third Cinema as Guardian of Popular Memory (1989), S. 54.

wird jene für ein Leben mit der Bolex konstitutive Spaltung inszeniert: Die Spaltung zwischen dem unsichtbaren Raum hinter der Kamera, den Mekas fortan *in corpore* besetzt, und dem Raumausschnitt davor. Seine Schritte vermessen den Abstand zwischen Off- und Onscreen: vom Ort hinter der Kamera, wo er unsichtbar die Bildaufnahme auslöst, zum Ort vor der Kamera, an dem er stehen bleibt und Faxen macht. Diese Handlung betont die ontologische Außenposition der Kamera – ihre Außenseiterstellung gegenüber der sichtbaren Welt.[91] Die radikale Trennung zwischen dem ‚Auge' der Kamera und dem, was es ‚sieht', ohne sich je selbst zu zeigen, gewinnt in Mekas' Lebenswerk eine existenzielle Bedeutung. Diese spiegelt sich beispielhaft in der Erfahrung des Exilanten. Im Hinblick auf Henry David Thoreaus Lebens-, Schreib- und Buchprojekt *Walden* (vgl. Kapitel 2) möchte ich diese existenzielle Dimension mit Stanley Cavells Konzept der *outward condition* oder *separateness* begreifen – dem Gefühl der Fremdheit, der Getrenntheit in und angesichts der Welt.[92]

Durch Mekas' Schritte von einem Ort hinter der Kamera ins Bildfeld hinein wird jedoch nicht nur die Trennung zwischen wahrnehmender Instanz und wahrgenommenem Gegenstand betont, sondern zugleich eine Brücke geschlagen: ein Ausdruck des Glaubens an die Verbindung zwischen Mensch und Welt. Dabei ist *Glauben* im Sinne Marcel Duchamps zu verstehen, der sagt: „Ich mag das Wort ‚glauben'. Ich denke im Allgemeinen, wenn die Leute sagen ‚ich weiß', dann wissen sie nicht, sie glauben."[93] Mekas' filmisches Lebenswerk möchte ich als ein zutiefst erkenntniskritisches Projekt betrachten, das vor dem *Abgrund des Skeptizismus*[94] oder im Horizont der *Regions of Nothingness*[95] verstanden werden muss. Wie für Henry David Thoreau ist auch für Mekas die Anerkennung der Getrenntheit, der eigenen Fremdheit und Verlorenheit in der Welt die Voraussetzung ihrer momentanen Überwindung. Das Mittel dieser Überwindung ist die künstlerische Praxis, in Thoreaus Fall ein Schreiben, in Mekas' Fall ein Filmen, das sich – immer wieder neu – der sinnlich wahrnehmbaren Gegenwart verschreibt. Mit dem Pragmatismus einer ritualisierten Alltagspraxis treten beide der Tendenz zur Resignation entgegen. Im entfremdeten Blick des Exilanten erkennt Mekas das Potenzial für seine eigene Version eines von Normen befreiten und befreienden Kinos, wie es im

91 Stanley Cavell spricht von der *Outsideness* der Kamera, vgl. ders.: The world viewed. Reflections on the ontology of film (1971), Cambridge/London 1979, S. 133.

92 Ders.: The Senses of Walden (1972), Chicago 1992, S. 54–55.

93 Marcel Duchamp: Die Schriften, Band 1, Zürich 1981, S. 215.

94 Ralph Waldo Emerson: Kreise, in: Harald Kiczka (Hg.): Ralph Waldo Emerson. Essays, Zürich 1983, S. 237; Stanley Cavell: Claim of Reason. Wittgenstein, Skepticim, Morality, and Tragedy, Oxford 1979, S. 7, 37, 47.

95 Jonas Mekas im Voice-over von As I Was Moving Ahead ... (2000), chapter 3.

First Statement of The New American Cinema Group skizziert wird. Seinen Film widmet er dem allernächsten Umfeld und vollzieht durch die Hinwendung zum Gewöhnlichen eine Werteumwertung. Die entwickelte Handschrift – Einzelbildverfahren und Montage in der Kamera – kultiviert diese Wahrnehmungen und bringt sie zum Glänzen. Denn für einen Geflüchteten, der Europa im Krieg erlebt hat, ist ‚das Gewöhnliche' keineswegs selbstverständlich.

Mit der initialen Anrufung von Odysseus in LOST LOST LOST und dem ersten harten Schnitt in seiner Bolex-Kamera setzt Mekas die Idee des Verlusts an den Beginn seiner filmischen Autobiografie. Sie wird für die Metaphysik seines kinematografischen Œuvres bestimmend sein. Es ist der Verlust eines Ursprungs, der sowohl mit der Kindheit identifiziert werden kann, mit einer ländlichen Vergangenheit, familiären Community oder dem Gefühl eines einheitlichen Selbst als einem stabilen Zentrum für Sinn und Bedeutung. „Exile is a dream of glorious return", schrieb Salman Rushdie.[96] Diesen Traum der Rückkehr – in die Vergangenheit, in die Heimat, zu einer mit sich selbst identischen Identität – wird LOST LOST LOST nicht filmisch konstruieren, vielmehr als Illusion entlarven, Akt für Akt zertrümmern und uns fragmentiert vor Augen führen. Die Ästhetik dieses Films ist durch materielle Heterogenität, multiple Formen der auktorialen Identität und durch Lücken und Brüche bestimmt.

Die hochgradig diskontinuierliche Montage, die ein längeres Eintauchen in eine imaginäre Welt verhindert, macht sowohl das Vergehen als auch das Fortschreiten der Zeit schonungslos erfahrbar. Das Festhalten an der Zeit als Ringen gegen das Vergessen erscheint zunächst als eigentlicher Antrieb von Mekas' filmischer Praxis. „I have lost too much", erklärt er im Voice Over zum Ende des vierten Akts – „so now I have these bits I have passed through." Und später: „I had to keep it all" oder: „it's my nature now to record."[97] Diese Praxis des filmischen Festhaltens seiner Mitwelt wandelt sich im Zuge seiner Integration in die New Yorker Subkultur – insbesondere unter dem Einfluss des *Beat* – zu einer filmischen Praxis, die *mit* statt *gegen* den Fluss der Zeit arbeitet und den Moment des Drehs, den Akt des Filmens, auf besondere Weise hervorhebt. Ein solches Schaffen verlangt einen kompromisslosen Fokus auf den Moment – ein Bekenntnis zum *Hier und Jetzt* des filmischen Prozesses angesichts der sinnlichen Gegenwart der äußeren Welt. Diese programmatische Offenheit beschreibt David E. James im Rückgriff auf Jack Kerouac mit dem Begriff der *responsiveness* oder Reagibilität – als eine Form der Improvisation oder audiovisuell-somatischen Korrespondenz:

96 Salman Rushdie: The Satanic Verses, New York 1988, S. 186.

97 Jonas Mekas im Voice-over von LOST LOST LOST (1976), Reel 4.

> [It] parallels Kerouac's insistence on responsiveness to the present moment of composition, and even more than Brakhage, Mekas does use the camera as a means of visual „*blowing* (as per jazz musician)," which permits him precisely to begin the process of composition „from jewel center of interest in subject of image at moment of writing" rather than from preconceived idea of what to say about image.[98]

Dazu gehört auch, dass sich die Kamera vom kontrollierenden Auge loslösen und ihre eigene Vision entfalten kann:

> Mekas will shoot without looking through the camera, holding it at waist level or even swinging it through the air so that it may gather what his eye cannot. This privileging of shooting, by which it becomes the documentation of the interaction of subjectivity with the external world, interdicts any subsequent modification of the „writing" so secured – no „afterthinking" in Kerouac's terms.[99]

•••

LOST LOST LOST argumentiert anhand des Mythos von Verlust und Erneuerung, wobei die Verzweiflung, die mit der Erfahrung der Auswanderung einhergeht, durch eine Selbstfindung im Kino und in der Gemeinschaft von Filmemacher:innen überwunden wird.[100] Wie in den Autobiografien der romantischen Autoren Wordsworth oder Colderidge wird auch hier Kunst als essenzielle menschliche Aktivität verstanden, die einen ursprünglichen Verlust aufzuwiegen kann. Dabei sind Mekas' *filmischer* Autobiografie zwei wesentliche Überzeugungen eingeschrieben, die sie von der schriftlichen Autobiografie der Romantik unterscheiden. Die inhaltlich-narrative Entwicklung von LOST LOST LOST und die radikal-fragmentarische Ästhetik, die das Vergehen der Zeit förmlich inszeniert, zeugen von der Gewissheit, dass eine Totalität oder Einheit mit einer Kamera, die am Puls der Gegenwart arbeitet, weder im Rückblick noch in der Zukunft eingefangen werden kann.

An die Stelle der verlorenen Totalität tritt der Glaube daran, dass eine anhaltende Hinwendung zum sinnlich-gegenwärtigen Moment der Verlust aufwiegen kann. Die teleologische Entwicklung von der einsamen Kameraperson zum Kollaborateur zeugt von einem Verständnis von Autorschaft als kollaborativem Prozess einer Gemeinschaft. Damit wird die Tradition des Films als Medium der Kooperation, als eine Kunstform, die im Gegensatz zu

---

98 David E. James: Underground Film. Leaping from The Grave, in: Allegories of Cinema (1989), S. 87–165, hier: 110.

99 Ebd.

100 Vgl. ebd.

anderen Künsten mehrere Personen impliziert, fortgeschrieben – ohne dabei dem an der Warenproduktion orientierten arbeitsteiligen und hierarchischen Modus zu erliegen. LOST LOST LOST handelt von der Überwindung des Verlusts und der Erfindung des Films als Medium der (physischen und zeitlichen) Gegenwart und Zuwendung. „Jonas has realized that whatever paradise there is, it should be here and now. Loving care is a key to it," schrieb Peter Kubelka über seinen Freund.[101]

Die narrative und ästhetische Entwicklung des Films LOST LOST LOST gliedert sich entlang von sechs Filmspulen (*Reels*), von denen jede ungefähr dreissig Minuten umfasst und im Sinne eines Aktes einen geschlossenen Abschnitt bildet. Die sechs Teile, die Mekas in den Jahren 1949–1963 filmte und erst 1976 montierte, sind Akte in einem dramaturgischen Sinn, da sie Entwicklungsschritte in der autobiografischen Handlung und dem Handeln mit der Kamera segmentieren. Zugleich sind sie Akte im filmtechnischen und materiellen Sinn. Das funktionale Start- und Endband jeder Spule wurde nicht wie üblich für eine konventionelle Koppelung entfernt, sondern bewusst beibehalten. Dadurch betonen diese Akte sowohl ihre filmische Materialität als auch ihre Autonomie als Teile. Im folgenden Kapitel wird untersucht, wie filmische Ästhetik und Narration in diesen sechs Filmspulen ineinandergreifen und wie LOST LOST LOST dabei eine teleologische Entwicklung entfaltet.

1.2.1 *Festhalten. Fragmente eines Dokumentarfilms über die litauische Exilgemeinschaft (Reel 1, Reel 2)*

Die ersten beiden Spulen von LOST LOST LOST enthalten Mekas' frühste Dreh- und Gehversuche mit seiner neuen Kamera sowie Material, das er ursprünglich zu einem Dokumentarfilm über die litauische Community in den USA verarbeiten wollte – ein Film über das Bemühen seiner Landsleute, sich in ihrer neuen Umgebung zurechtzufinden, und über ihre tragisch scheiternden Versuche, aus dem Exil die Unabhängigkeit ihres Heimatlandes voranzutreiben.[102] Das visuelle Material zeigt seine litauischen Freunde, Bekannte und Unbekannte bei alltäglichen und feierlichen Aktivitäten, bei sozialen Ritualen wie Kochen, Essen, Trinken, Tanzen, Singen, Spielen – Motive des gemeinschaftlichen Alltags, wie sie aus den Filmen der Gebrüder Lumière bekannt sind.

---

101 Peter Kubelka: Dear Friends, in David E. James (Hg.): To Free the Cinema (1992), S. 240.

102 Jonas Mekas im Interview mit Scott MacDonald: „It's amazing, when one thinks about it: everybody says–and it's quite true–that this country is made of immigrants, that America is a melting pot, etc. But it's not reflected very often in American literature. There is no major work that really documents the immigrant experience. Sinclair's *The Jungle* is the closest we have that I know of. LOST LOST LOST is a record of certain immigrant realities that have been largely ignored in art." In: October, Vol. 29, Summer 1984, S. 82–116, hier: 97.

Abb. 1.2

Es sind Motive, die als Konstanten in Mekas lebenslangem Filmen immer wiederkehren werden.

Abb. 1.3

Mekas dokumentierte einen ausgelassenen Ausflug ans Meer mit drei Freundinnen. Diese Sequenz findet am Schluss des Films eine stille Resonanz durch eine ähnliche Szene in gänzlich veränderter Bildsprache, wodurch dem Film das Erinnern als ästhetischen Prozess metaphorisch eingeschrieben wird.

Abb. 1.4

Im zweiten Akt gebündelt erscheinen Aufnahmen von politischen Kundgebungen und Demonstrationen in Mekas' unmittelbarem Umfeld sowie Bilder von Diskussionen und Vorträgen der Aktivisten der litauischen Befreiungsbewegung. Im Kontext des ganzen Films erscheinen die politischen Aktivitäten der litauischen Exilant:innen weniger als nationalistisches

Engagement, sondern als exemplarisches Aufbegehren einer Minderheit gegen die herrschenden Großmächte – als Aufstände des Kleinen, Singulären gegen das Große, Hegemoniale. Es ist der Kampf, den Mekas später im Dienst der alternativen Filmkultur auf symbolischer Ebene anführen wird. Während diese Bilder erscheinen, reflektiert Mekas im Voice-over – gewissermaßen aus der Vorzukunft – seine damalige Rolle: „I didn't have much to do with politics during those years in Brooklyn ... but I was there, with my camera. I wanted to be the recording eye. I wanted to be the camera historian of the exiles. I was there with my camera; I was there to record the conflicting passions."[103]

Abb. 1.5

Diese nachträglich auf der Tonspur artikulierte Präsenz und Teilhabe des Kameramanns schreibt sich jedoch nicht in das visuelle Material ein. Die Bildspur der ersten drei Akte ist durch einen kühlen, distanzierten Look bestimmt, der an den objektivierenden Gestus der sachlich-dokumentarischen Tradition der 1930er und 1940er Jahre erinnert – an Dokumentarfilme und Fotografien von Pare Lorenz, Willard Van Dyke, John Grierson oder Paul Rotha.[104] Die Kamera bleibt überwiegend statisch, ruht auf einem Stativ oder folgt den Objektbewegungen in kontrolliert geführten Schwenks. Obwohl die persönliche Betroffenheit und Anteilnahme am Schicksal seiner litauischen Landes- und Leidensgenossen der Anlass zur filmischen Dokumentation waren, erfährt das Filmmaterial keine Affektion – schon gar nicht automatisch. Vielmehr löscht der Automat die Spuren seiner Produktion: der Mensch und seine Kamera verschwinden zugunsten des Gefilmten und erscheinen nicht als Teil der dargestellten Welt, vielmehr von ihr abgespalten, abgetrennt.

---

103 Jonas Mekas im Voice-over von LOST LOST LOST (1976), Reel 2.

104 Vgl. Jonas Mekas: Narrative films and Poetic films (2017), URL: https://www.webofstories.com/play/jonas.mekas/61 (letzter Zugriff: 1.12.2022); Jonas Mekas im Interview mit Scott MacDonald (1984), S. 93.

Siegfried Kracauer identifizierte die Seinsweise eines „Exilierten, der als Erwachsener aus seinem Land vertrieben wurde oder es freiwillig verließ“[105] mit der Seinsweise einer Kamera – insofern ein Teil von „[dessen] Ich in seiner Fülle“ als „rein aufnehmendes Instrument fungiert“.[106] Die Lebensgeschichte des Exilierten sei „zerrissen, sein ‚natürliches‘ Ich in den Hintergrund seines Geistes verwiesen“[107] – zugunsten einer nach außen gerichteten Aufmerksamkeit auf die Umgebung und die Szene, die im Blickfeld und Handlungsraum der Person erscheint. Die Kamera ist in erster Linie damit beschäftigt, das wahrzunehmen, was sich *vor* ihrer Linse abspielt – in ihrer unmittelbaren Nähe. Diese grundlegende Beschränkung – oder vielmehr Fähigkeit – des technischen Geräts, seine Aufmerksamkeit ganz dem Hier und Jetzt zu widmen, entspricht nach Kracauer dem Blick der Exilierten in einer fremden Umgebung. „Die wahre Existenzweise des Exilierten ist die eines Fremden“, und „als Fremder vermag er tatsächlich alles wahrzunehmen, denn nichts von all dem, was er sieht, ist trächtig mit Erinnerungen, die sein Blickfeld einengten.“[108] Laut Kracauer werden Exilierte im neuen Land besonders stark auf die physischen Erscheinungen ihrer Umgebung zurückgeworfen – auf den *stumpfen Sinn*[109] der Oberflächen. Zu Beginn ‚sagen‘ sie ihnen nicht viel mehr, als dass sie existieren und als Angebot zur Kenntnis genommen werden können. „The city, the people, everything was new.“[110] Im Unterschied zum menschlichen Auge, das stets mit dem Intellekt interagiert, ist „das mechanische Kinoauge […] ein Auge ohne Erinnerungsprojektionen“.[111] Nach Kracauer ähnelt dieser mechanischen Konstitution das Blicken der Fremden: ihnen ist, wie einer Kamera vor Ort, noch nichts vertraut. Alles bleibt außenvor und muss erst verinnerlicht werden.

Auf den Zwischentitel WITH NO MEMORIES folgt eine Aufnahme von Menschen auf einer Parkbank. Ihre Gesichter erscheinen durch eine starke Überbelichtung wie aufgelöst. Diese Störung des Bildmaterials wirkt wie eine

---

105 Siegfried Kracauer: Die Reise des Historikers (1969), in: Ingrid Belke (Hg.): Siegfried Kracauer Werke, Bd. 4: Geschichte. Vor den letzten Dingen, Frankfurt am Main 2009, S. 92–116, hier: 95.

106 Ebd., S. 96–97.

107 Ebd., S. 95.

108 Ebd.

109 Roland Barthes: Der entgegenkommende und der stumpfe Sinn (1982/90).

110 Jonas Mekas im Voice-over von LOST LOST LOST (1976), Reel 3.

111 Matthias Wittmann: Am Anfang war das Blackout. Zur Konstruktion des Gedächtnisses in der Erfahrung des Films, in: Zeitschrift für Medienwissenschaft, H. 2, 2010, S. 41–52, hier: 43.

Abb. 1.6

Metapher für jene partielle „Selbstauslöschung"[112], die Kracauer den Exilierten attestiert. Statt mit dem Blick nach Draußen scheinen diese Subjekte jedoch mit der Innenwelt beschäftigt. Sie wirken einsam, traurig und voller Nostalgie – ein Zustand, den Mekas auch für seinen Protagonisten beschreibt: „I walked downtown, and I thought about my childhood, and Lithuania, the forests, and all the smells and all the sounds, and I asked myself, what was I doing here", heißt es im Zwischentitel, oder: „I walked my heart crying from loneliness". Stimm-Inserts kontrastieren die nüchternen Bilder, etwa „Those were long, lonely evenings, long, lonely nights. There was a lot of walking, walking through the nights of Brooklyn ... I think I have never been as lonely".[113] Litauische Volksmusik untermalt die Straßenzüge Brooklyns und beschwört eine Sentimentalität und melancholische Gemütsstimmung. „I recognize your faces, each one is separate in the crowd, the only thing is, that you never know what people think, what displaced people think, in the evening and in New York." Die Erfahrung von Zerrissenheit und Getrenntsein von der aktuellen Gegenwart und der unmittelbaren Umgebung wird filmisch konstruiert durch die Diskrepanz zwischen der dokumentarisch-objektivistischen Ästhetik des Bildmaterials und der emotional-subjektivistischen Ästhetik der Tonspur. Diese Parallelführung kennzeichnet die Bilderfolgen als Wahrnehmungen – ohne dass die subjektive Affektion jedoch visuell erfahrbar würde. Die Bilder verbleiben abgetrennt vom wahrnehmenden Subjekt und erzeugen – im Wissen um das Subjekt – den Effekt einer inneren Gefangenheit, die Mekas' Immigranten-Dasein reflektiert. „I know I am sentimental [...] you would want me to be more abstract, like these images – it's ok, call me sentimental [...]."[114] Menschenleere Straßenzüge, Beton- und Klinkerbauten, Portraits der litauischen Exilanten – jeder für sich, in sich gekehrt oder aber mit anderen singend, in Erinnerung an

112 Siegfried Kracauer: Die Reise des Historikers (1969/2009), S. 95.

113 Jonas Mekas im Voice-over von LOST LOST LOST (1976), Reel 1.

114 Ebd.

vergangene Zeiten und wartend auf künftige Zeiten ... man dachte, das Hiersein in der USA sei nur vorübergehend – man wäre bald zu Hause.[115]

Abb. 1.7

Stuart Hall definiert Nostalgie als die Negierung von Geschichte: Geschichte, verstanden als ein unerbittliches Fortschreiten der historischen Zeit und als eine Abfolge unumkehrbarer Veränderungen, die durch diesen Prozess bewirkt wurden. Im Falle der Nostalgie würde Geschichte durch Fantasie und Mythos ersetzt.[116] Gegen diese rückwärtsgewandte Verklärung und das aus ihr resultierende Leben im Aufschub setzt der Protagonist den Entschluss, die Gemeinschaft seiner litauischen Landesgenossen zu verlassen – die lähmende Hoffnung hinter sich zu lassen und mit seiner Kamera am Puls der Gegenwart ins Herz von New York zu ziehen.

> These were our last times together, but I began to feel that I had been turning on one spot around my memories. I began to feel that if anything can be done for Lithuania it can be done only by the people who live there. The only thing that could be useful to Lithuania is building myself, from scratch, from the beginning [...][117]

Gegen Ende des zweiten Aktes richtet sich die Kamera auf einen engagierten, wild gestikulierenden litauischen Politiker, der auf einer kleinen Bühne im Freien vor den versammelten Leidens- und Landesgenossen seine Stimme erhebt. Doch der Film schneidet ihm das Wort ab. Statt seiner Rede erklingt Georgia Gibbs' Stimme mit dem Lied *Kiss of Fire* aus dem Jahr 1952. Erstmals in diesem Film dringt Musik der US-Gegenwart ins litauische Exil ein: „I must go

115 Ebd., Reel 2.

116 Vgl. Stuart Hall: Wann war der ‚Postkolonialismus'? Denken an der Grenze, in: Elisabeth Bronfen, Benjamin Marius, Therese Steffen (Hg.): Hybride Kulturen. Beiträge zur anglo-amerikanischen Multikulturalismusdebatte, Tübingen 1997, S. 219–246, hier: 222.

117 Jonas Mekas im Voice-over von LOST LOST LOST (1976), Reel 2.

on, I'm on this road of no returning [...].“[118] Kurz darauf der Zwischentitel: NEW YEARS EVE 1953. Die Menschen tanzen litauische Tänze – nur auf der Tonspur: *Kiss of Fire* – sie essen, trinken, feiern. Es folgen Umarmungen, Küsse, „[...] and though it burns me and it turns me into ashes, my whole world crashes without your kiss of fire“.[119] Ein harter Schnitt ins Schwarze. Dann Mekas' Stimme aus der Dunkelheit: „This was our last time together. I felt I was falling into a thousand pieces. The next day I left Brooklyn and moved to Manhattan.“[120] Ein Zwischentitel markiert das Ende des zweiten Aktes. Ein Stück Rohfilm setzt die Zäsur.

1.2.2 *Loslassen und Reagieren. Die Gegenwart des Drehs (Reel 3, Reel 4)*

THE SPRING OF 1953 FOUND US ON ORCHARD STREET – so lautet der erste Zwischentitel des dritten Aktes, der die folgenden Einstellungen sowohl verortet als auch datiert. In Form von *Screen Tests* werden neue Freunde vorgestellt – SUSAN, GIDEON, DOROTHY.[121] Filmische Fragmente erzählen vom Beginn ihres Lebens in Manhattan.

---

118 Giorgia Gibbs: Kiss of Fire, USA 1952.

119 Ebd.

120 Jonas Mekas im Voice-over von LOST LOST LOST (1976), Reel 2.

121 Bekannter geworden sind die späteren SCREEN TESTS von Andy Warhol: 1964–66; Über Mekas' Einfluss auf Andy Warhol vgl. Stephen Monteiro: The Screen Scene: Andy Warhol, the Factory and Home Movies, in: Screen Presence. Cinema Culture and the Art of Warhol, Rauschenberg, Hatoum and Gordon, Edinburgh, 2016, S. 58–101; Michael-Oliver Harding: The man who got Andy Warhol into filmmaking, Dazed, 14 September 2017; Sean O'Hagan: Jonas Mekas. The man who inspired Andy Warhol to make films, The Guardian, 1 Dec 2012; Jeffrey K. Ruoff: Home Movies of the Avantgarde. Jonas Mekas and The New York Art World, in: Cinema Journal, Vol. 30, No. 3, Spring, 1991, S. 6–28; Jonas Mekas über Andy Warhol: On Andy Warhol, September 19, 1963, in: Movie Journal. The Rise of a New American Cinema, New York 1972, S. 97; ders.: On Andy Warhol, December 5, 1963, ebd., S. 109–110; ders.: On Andy Warhol's SLEEP, January 30, 1964, ebd., S. 116; ders.: More on Warhol's SLEEP, July 2, 1964, ebd., S. 146–147; ders.: On the mystery of the Low-Budget Art Film, February 20, 1964, ebd., S. 120–122; „Last Saturday I was present at a historical occasion: the shooting of Andy Warhol's epic EMPIRE. From 8 p.m. until dawn the camera was pointed at the Empire State Building, from the 41st floor of the Time-Life Building. The camera never moved once. My guess is that EMPIRE will become the Birth of a Nation of the New Bag Cinema.“ In: Jonas Mekas: Warhol shoots EMPIRE, July 30, 1964, ebd., S 150–153; ders.: On Cinema Verité, Ricky Leacock, and Warhol, August 13, 1964, ebd., S. 153–155; ders.: The premiere of EMPIRE, March 11, 1965, ebd., S. 180–181; ders.: Andy Warhol and Truth, April 29, 1965, ebd., S. 185–186; ders.: On THE CHELSEA GIRLS, September 29, 1966, ebd., S. 254–257; ders.: The uncompromising Seriousness of Andy Warhol, January 9, 1969, ebd., S. 332–333, u.a.

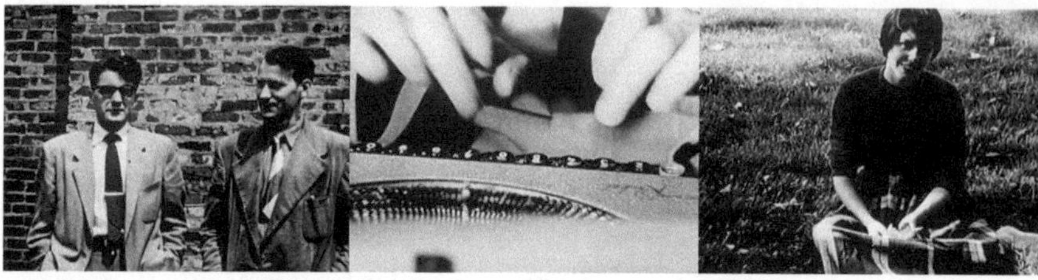

Abb. 1.8

Jonas filmt seinen Bruder Adolfas an der Schreibmaschine, dann filmt Adolfas Jonas. Die beiden arbeiten an einem Drehbuch für einen Antikriegsfilm, den sie Produktionsfirmen anbieten wollen. „We started shooting our first film“, so das Voice-over zu einer Aufnahme, in der Adolfas, als Soldat verkleidet, wie ein Wahnsinniger in die Kamera starrt. „I looked for the footage. I couldn't find most of it.“

Abb. 1.9

Ein Zwischentitel informiert: FROM AN UNFINISHED FILM. Es folgen Fragmente eines tänzerisch inszenierten Films, in dem eine Frau, während sie aus dem Fenster blickt, den Tod ihres Mannes imaginiert. „[...] she sees it, she sees it all. She's awakened from her daydream – a car accident just like she saw it [...] she walked, she walked, she looked to the trees, it made her feel better. The trees, the roots, early spring trees, not much life but still life. That is all what remains from this film.“ Fragmente unvollendeter Filme und filmische Notizen aus dem Alltag der Brüder Mekas erzählen von ihrem leidenschaftlichen Engagement für die lokale Filmkultur: FILM CULTURE IS ROLLING ON LAFAYETTE ST oder: COLLECTING MONEY FOR FILM CULTURE lauten die Zwischentitel zu Aufnahmen, die die Arbeit an einer neuen Filmzeitschrift dokumentieren.

Die Kamera wird vom Stativ gelöst, und die objektivierende Bildsprache der ersten beiden Akte weicht zunehmend einem experimentellen Gestus, wie er seit den späten 1940er Jahren von Maya Deren und Mekas' Weggefährtin Marie Menken praktiziert wurde und den Mekas in seinem *Movie Journal* begeistert kommentiert hat.[122] Die filmische Arbeit von Marie Menken bezeichnet Mekas später immer wieder als seine wichtigste Inspiration.[123]

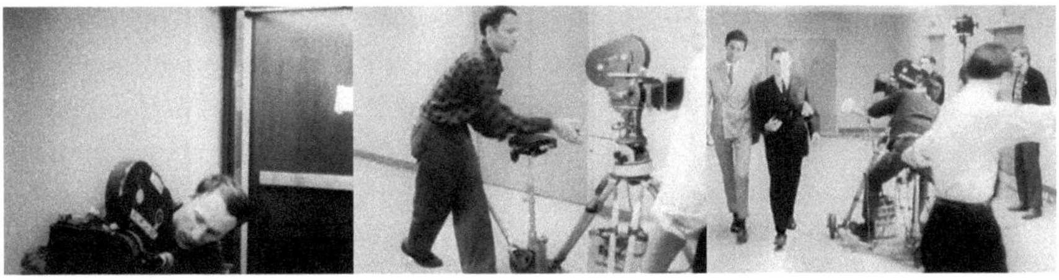

Abb. 1.10

Der Zwischentitel CHARLES LEVINES FOOTAGE OF THE GUNS OF THE TREES SHOOTINGS benennt die Quelle des nachfolgenden Bildmaterials.[124] Es handelt sich um ein Making-of zu Mekas' erster abgeschlossener Filmproduktion von 1962. Jonas Mekas selbst tritt als Regisseur auf. Er inszeniert nach einem Skript die Schauspieler:innen sowie den Kameramann, der auf einem Dolly eine 35mm-Kamera führt. Bemerkenswert ist die Entscheidung, in LOST LOST LOST keine Ausschnitte aus GUNS OF THE TREES zu zeigen, sondern stattdessen Material aus einer vergleichsweise amateurhaft von einem Freund gedrehten Dokumentation über dessen Produktion zu verwenden.

122 Jonas Mekas über die Filme von Maya Deren: Maya Deren and the film poem, February 25, 1959, in: Movie Journal (1972), S. 1–3. („Maya Deren differs from most of the other experimentalists through her clarity of purpose, clarity of images, universality of symbols […] THE VERY EYE OF NIGHT (USA 1952–55, 1959) is best understood in the context of Maya Deren's whole work, as we trace her inner journey through the space-time breakings, through the modern myths' imagery, black- white rituals. The movements and tensions of her films seem to be predestined […] With all the depth of Maya Deren's content, we are caught, first, not by the intellect of her films, but by the intensity of their visual rhythms, since she is an artist using cinema in its purest sense."; Jonas Mekas: On Improvisation and Spontaneity, March 2, 1961, in: Movie Journal (1972), S. 26–29; ders.: On „private Cinema", August 12, 1965, ebd., S. 199–201; ders.: Why I'm writing this Colum, March 20, 1969, ebd., S. 338–340; ders.: Praise to Marie Menken, The Film Poet, January 4, 1962, ebd., S. 46–48; ders.: Why we aren't angry young men; on women in cinema, July 25, 1963, ebd., S. 88–90; ders.: The Year 1964, January 7, 1965, ebd., S. 173–176; ders.: On Marie Menken and Willard Maas, January 14, 1971, ebd., S. 413–415.

123 Vgl. Jonas Mekas: Marie Menken (2017), URL: https://www.webofstories.com/play/jonas.mekas/126 (letzter Zugriff: 1.12.2022).

124 Charles Levine war ein experimenteller Filmemacher, am besten bekannt für seinen Film BESSIE SMITH (USA 1968).

Im Zentrum von GUNS OF THE TREES (R: Jonas Mekas, USA 1962) steht die junge Europäerin Barbara – gespielt von Frances Stillman[125] – die als Reaktion auf jenes Gefühl der Sinnesleere, das Michelangelo Antonioni als *Krankheit der Gefühle* einer Generation bezeichnet, mit Depressionen und Suizidgedanken ringt.[126] Die Geschichte entfaltet sich ausgehend von ihren Begegnungen mit anderen Charakteren, darunter Gregory (gespielt von Adolfas Mekas) sowie Ben (Ben Carruthers) und Argus (Argus Spear Juillard), die versuchen, ihre Freundin von der Bedeutung und dem Wert des Lebens zu überzeugen. Im Gegensatz zu Barbara und Gregory trotzt das afroamerikanische Paar – Ben und Argus (Ben Carruthers und Argus Speare Juilliard) dem Gefühl der Ausweglosigkeit. Sie kultivieren aufmerksame Zuwendung, Spiel und Tanz: „The Beat Answer to this Ennui."[127]

Mekas' Entscheidung, Fragmente des Making-ofs in LOST LOST LOST einzubinden, privilegiert den mit dem Leben verbundenen Akt der Produktion gegenüber dem fertigen Film. Diese Umwertung verlagert die in GUNS OF THE TREES diegetisch verhandelten ethischen Werte – Offenheit für den Moment, Spiel und Spontaneität – auf die Ebene der Filmherstellung, auf die Kinematografie. Markiert wird so ein Stadium in der Erkundung, wie sich Spontaneität und Aufmerksamkeit filmisch fassen und ästhetisch vermitteln lassen. Das Filmen selbst – für Mekas später charakteristisch – wird als Methode verstanden, um dem Lebensgefühl einer ganzen Generation *in actu* entgegenzuwirken.

Abb. 1.11

125 Frances Stillman, bekannt als Schauspielerin von GUNS OF THE TREES und SATISFACTION (R: Piero Heliczer, USA 1965); Jonas Mekas über Frances Stillman in: An Interview with Naomi Levine, December 24, 1964, in: Movie Journal (1972), S. 168–170.

126 Vgl.: Michelangelo Antonioni: Die Krankheit der Gefühle (La malattia dei sentimenti, 1961), in: Theodor Kotulla (Hg.): Der Film, Manifeste, Gespräche, Dokumente (1964), S. 83–110.

127 David E. James: Underground Film. Leaping from The Grave, in: Allegories of Cinema (1989), S. 87–165, hier: 105.

BREAKFAST WITH FRANCES. Die Kamera – zunächst in Mekas', dann in Frances Stillmans Hand – vermittelt die Begegnung. Als gleichsam dritte Instanz ist sie auf ihn bzw. sie gerichtet, während die beiden gemeinsam frühstücken. Danach zeigt die Kamera seinen Anblick aus Frances' Perspektive – ein Schnitt – und dann sein Blick auf sie. Ihr Erleben des Frühstücks wird zeitgleich filmisch aufgelöst – im je subjektiv verorteten Schuss-Gegenschuss-Verfahren. Es entsteht der Eindruck von Intimität und Schüchternheit zwischen zwei Menschen, die sich mögen. Die Kamera schiebt sich zwischen sie, bietet Schutz, verhindert die direkte, unvermittelte Begegnung. Gerade dadurch, paradoxerweise, erscheint die Szene für das Kino ‚unmittelbar', authentisch.

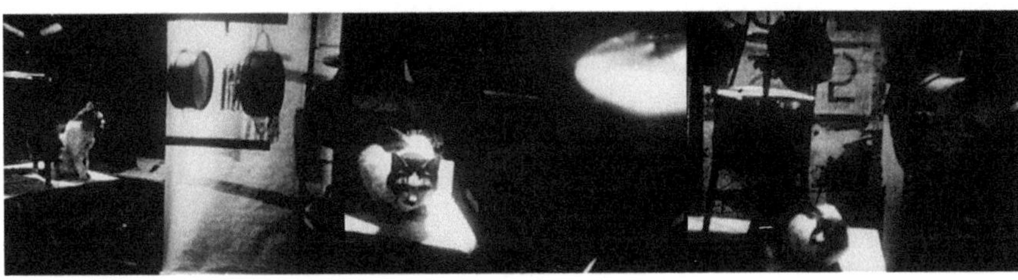

Abb. 1.12

JOE JONES – der Zwischentitel benennt Mekas' Freund und Fluxus-Musiker, dem das folgende Fragment gewidmet ist.[128] Im Bild ist eine von Jones' rhythmischen Musikmaschinen in Aktion zu sehen. Der Fokus liegt auf ihrer Interaktion mit einer Katze, die von den Klängen und Bewegungen der Maschine gereizt und irritiert wird. Schliesslich springt die Katze aus dem Bild und die nächste Einstellung folgt. „These images, these bits that I have recorded from the places I have passed through. It is my nature now to record everything and passing through streets, faces, cities, oh my childhood fading now, like these images you fade away […]" Zu diesem Voice-over erscheint eine Szene, die der Zwischentitel identifiziert: AT THE LIVING THEATER POETS GATHER. Das aufmerksame Filmen auf der Straße und im Strom des Lebens – die Hinwendung zu dem, was in der Gegenwart *in corpore* erscheint und Mekas interessiert und inspiriert – wird in LOST LOST LOST und den darauffolgenden Diary Filmen stets auch als Möglichkeit ergriffen, der Nostalgie die Stirn zu bieten. Mekas

128 Joe Jones war ein Jazz-Schlagzeuger und experimenteller Komponist, der bei John Cage und Earle Brown studiert hatte. 1972 produziert er zusammen mit John Lennon und Yoko Ono das Album *Fly* und im selben Jahr gründet er mit George Macunias die *Fluxus-Airline*. Bekannt geworden ist er für seine Rhythmusmaschinen.

sucht und findet in der zunehmend gattungsübergreifenden Kunstszene New Yorks Verbündete – etwa in Judith Malina und Julian Beck, den Gründer:innen des *Living Theater*,[129] oder in jener Schauspielerin und Dichterin, der er im leeren Schauspielhaus begegnete: „She walked around in the empty theatre, and I asked her what she was doing, and she said, I live here, I am an actress, and this is my home."[130] An jenem Abend habe er verstanden, warum das *Living Theater* all die Jahre überlebt hat und warum es wieder überleben würde: Ihre Hingabe an Kunst und Arbeit war fanatisch, jenseits aller Vernunft. „That girl taught me that, and so far as I know she may be still living there, underground, or in the sewers – she may not even be real, she may have been the underground angel."[131] Ein nächster Zwischentitel: ROBERT FRANK SHOOTS THE SIN OF JESUS.[132] Im Bild: ein flüchtiger, direkter Blick von Robert Frank, der sich von seinem Sucher abwendet und Mekas' Kamera ins Auge fasst.[133]

Abb. 1.13

Die Produktion *The Brig*, inszeniert vom *Living Theatre*, schildert einen typischen Tag in einem Militärgefängnis des U.S. Marine Corps. Das Skript wurde von Kenneth H. Brown, einem ehemaligen U.S.-Marinesoldaten, verfasst. Mekas dokumentierte eine Aufführung in seinem gleichnamigen Film THE BRIG, der 1964 im Stil des *Cinéma Vérité* fertiggestellt wurde: „with such brutish

129 Das *Living Theater* war eine 1947 in New York gegründete, anarcho-pazifistische, postdramatische Theatergruppe. Sie brachte als erste Bertold Brecht in die USA. In der Tradition von Antonin Artaud suchte es Theater als etwas zu begreifen, was selbst etwas *ist* – eher, als dass es mit seinen Darsteller:innen *über* bzw. *von* etwas handelt. Vgl. Jonas Mekas: On new Directions, on Anti-Art, on the Old and the New in Art, November 11, 1965, in: Movie Journal (1972), S. 208–211; ders.: Shooting THE BRIG, June 24, 1965, in: ebd., S. 190–194.

130 Ebd., S. 194.

131 Ebd.

132 THE SIN OF JESUS (R: Robert Frank, USA 1962).

133 Jonas Mekas über Robert Frank: On John Chamberlain and Robert Frank, February 13, 1969, in: Movie Journal (1972); ders.: More on Robert Frank and John Chamberlain, February 20, 1969, ebd., S. 335–338, u.a.

authenticity that it won a Venice Festival Grand Prize as best documentary."[134] In der Kameraarbeit für diesen Film bereitet Mekas jene Haltung vor, von der seine späteren Filmdiaries zeugen:

> I had to make instantaneous decisions about my movements and the camera movements, knowing that there was no time or reshooting, no time for mistakes. I was a circus man on a tightrope high in the air. All my senses were stretched to the point of breaking.[135]

Die Kamera wird als Vermittlerin einer unmittelbaren Gegenwart konzipiert, wobei die Notwendigkeit einer nicht nur visuellen, sondern auch körperlichen ‚Wachheit' ihres Operators betont wird. Die somatische Aufmerksamkeit für den aktuellen Drehprozess weitet sich in LOST LOST LOST zunehmend auf die gesamte Produktionsrealität aus – die Technik, das soziale (Arbeits-)Umfeld und die zwischenmenschlichen Beziehungen, aus denen der Film entsteht.

Abb. 1.14

Für den restlichen vierten Akt begleitet Mekas mit seiner Kamera den *General Strike for Peace* von 1961, insbesondere die *Women for Peace* mit Judith Malina, die gemeinsam mit ihren Mitstreiterinnen bei jedem Wetter auf der Strasse stehen und Flugblätter mit Gedichten gegen den Krieg und die Atomtests verteilen.[136] Mekas dokumentiert die Protestbewegung und wird zugleich Teil von ihr, indem er sich mit seiner Bolex unter die Demonstrierenden mischt und ihren Widerstand sowie ihre Transparente für die Zukunft festhält und vervielfältigt. Damit bekräftigt er seinen Glauben an die Kraft von Gemeinschaft, Zivilbevölkerung und Menschlichkeit im Widerstand gegen Krieg und andere Formen institutionalisierter Gewalt.

---

134 Time Magazine, September 1964 (exakte Seitenzahl derzeit nicht verfügbar).

135 Jonas Mekas: Shooting THE BRIG, June 24, 1965, in: Movie Journal (1972), S. 190.

136 Judith Malina verbrachte mit Dorothy Day, der Gründerin der *Catholic Workers*, einen Monat im Frauengefängnis, weil sie bei Luftschutzübungen 1957 nicht in Deckung gegangen war.

Durch die zunehmend spontanen Bewegungen und die kontingenten Bildausschnitte zeigt sich Mekas' Kamera in enger Verbindung mit einem lebendigen Körper. Der Mann mit der Kamera rückt so immer deutlicher ins Zentrum seiner Filme. Gleichzeitig überlässt der Mann mit seiner Kamera das Bildfeld dem, was er am Ort des Drehs vorfindet: dem, was interagiert, über Blicke oder Gesten einen direkten Kontakt herstellt. Die Geste des Versammelns bleibt seinen Filmen inhärent. Der solitäre Gestus von Mekas autobiografischem Film weicht einem singulären Gestus, der ein ausgeprägt kooperatives, kollektives und gemeinschaftsbildendes Projekt verfolgt. LOST LOST LOST zeugt nicht nur von der Suche nach Methoden, dem eigenen Leben einen filmischen Ausdruck zu geben – er ist auch Protokoll für das Erkunden einer filmischen Intersubjektivität und Verständigung. Der Film als arbeitsteiliges Gebilde – wie ihn die Kinoindustrie strategisch konzipiert – wird in Mekas' autobiografischen Filmen gleichzeitig bestätigt, neu ausgelegt oder unterwandert, etwa durch die interagierende Montage seines eigenen Filmmaterials mit dem Material anderer.

1.2.3 *Die Intensivierung des (gefilmten) Augenblicks (Reel 5)*

Der fünfte Akt beginnt mit verschiedenen *Screen Tests* – PEGGY, HERMAN, MARTY, PETER – nahansichtigen Porträtaufnahmen, die das *Photogénie* ihrer Darsteller:innen auf die Probe stellen. Im Gegensatz zu Andy Warhols SCREEN TESTS (1964–1966) wurden diese nicht im Studio gedreht, sondern beiläufig auf der Straße oder bei einem Besuch aufgenommen. Sie zeigen eine Begegnung, eine Pose, kurze Pause – das Innehalten einer befreundeten Person für Mekas' Kamera.

Abb. 1.15

Es folgt die Erzählung eines Ausflugs nach Vermont und sechsundfünfzig Wahrnehmungen bzw. filmische *Aperçus*, aufgenommen während oder zwischen den Dreharbeiten von Adolfas Mekas' HALLELUJA THE HILLS (1963). In der Reihe einzelner Belichtungen, die auf Zeit, Ort und Stimmung eines flüchtigen Augenblicks eingehen, findet die für Mekas' Filmdiaries so zentrale Idee des durch die Kunst intensivierten Moments erstmals eine klare filmische

Form. Diese Serie von Kurzfragmenten trägt den Titel RABBIT SHIT HAIKUS und wird von einem Bild mit Hasenkot im Schnee eröffnet.[137] Der Hasenkot entpuppt sich schließlich als jener Fund, der uns *on the end of the road* erwartet. Dabei vermittelt sich die Lektion, dass der Weg das Ziel ist, oder genauer: dass die zahlreichen banalen, immer flüchtigen Momente der Gegenwart unser Leben ausmachen. Diese Momente sind es, die es verdienen, gefilmt zu werden. Wie Mekas' später entwickelte Kunst der *Glimpses*, so zielen auch diese kurzen, assoziativen Figurationen auf eine Aufladung, eine Intensivierung des gelebten und gefilmten Augenblicks.

Abb. 1.16

Die filmischen Haikus sind durch nummerierte Zwischentitel voneinander getrennt. Sie zeichnen sich durch eine diskontinuierliche Montage aus äußerst kurzen Einstellungen aus und zeigen Impressionen, also Eindrücke phänomenaler Realität – teils kombiniert mit burlesken oder albernen Szenen. Die Kamera als bildgenerierende und den vorfilmischen Moment affirmierende Instanz ist Teil der Szene: die Gegenwart des profilmischen Lebens und die Gegenwart des Filmens gehen wie selbstverständlich ineinander über. Auf der Tonspur wiederholt Mekas dreifach ein Wort mit Bildbezug und verstärkt so die schiere Präsenz dessen, was das Bild zeigt. „The snow, The snow, The snow": Es erscheinen Bilder von Schnee – Bilder, so weiß wie die Leinwand selbst. „The window, The window, The window" – ein Fenster im Bild, ein *Whiteout* durch Überbelichtung des Filmmaterials, eine flüchtige Geste mit der Kamera, eine flüchtige Kamerabewegung entlang eines Baumstamms bis ins Geäst, dessen Geflecht sich mit dem Fensterkreuz überlagert. Kaum hörbar fällt das Wort *Rosebud* – ein parodistischer Verweis auf den wohl berühmtesten *Cue* der westlichen Filmgeschichte, das niemals vollständig entschlüsselte Wort in Orson Welles' CITIZEN KANE (USA 1941), das die Handlung dieses Films

137 Es scheint, als hätte Mekas diese Folge in der Fortsetzung von Maya Deren entwickelt, welche zwei Jahre vor ihrem frühen Tod den Versuch unternommen hatte, für diese Gedichtform ein filmisches Äquivalent zu finden. Vgl. SEASON OF STRANGERS / HAIKU FILM PROJECT (1959, R. Maya Deren, 58 min., ungeschnitten, unvollendet), vgl. Sarah Keller: Four Full Circle, in: Maya Deren. Incomplete Control, New York 2015, S. 189–240.

auslöst. Während die Handlungsträger von CITIZEN KANE dieses letzte Wort als eine verschlüsselte Information verstehen und seine Bedeutung zu dechiffrieren suchen, insistiert Mekas in seinen späteren Tagebuchfilmen auf der schieren Sinnlichkeit der Rosenknospen. Er *pflückt* sie mit seiner Kamera, im Sinne von *carpe diem.* Mekas' spätere Absage an ein kausallogisch entfaltetes Narrativ, das den gegenwärtigen Moment einem Vorher und einem Nachher unterordnet, sowie die damit verbundene erkenntniskritische Haltung, werden in diesen Passagen erstmals manifest.

Abb. 1.17

Adolfas Mekas baut eine Frau aus Schnee, dazu erklingt Jonas Mekas' Singsang: „The childhood, the childhood, the childhood." Es wirkt, als würde er die durch die Montage nahegelegte psychoanalytische Lektüre parodieren. Jemand geht durch die Tür nach draußen: „The field, the field, the field." Mekas rennt und tanzt mit seiner Mundharmonika – „we fooled around"– und Nummer 30 folgt: „The clouds, the clouds, the clouds", „the wind, the wind, the wind" – Wolken ziehen vorüber. 31: Rennen durch das weiße Schneefeld. Er bricht ein, stolpert, rafft sich auf, rennt weiter, tollt und kugelt sich vor lauter Übermut: „the childhood, the childhood, the childhood." Die wiederholten Worte bestätigen tautologisch das, was die kurzen Einstellungen zeigen, oder sie beschwören mit den Bildern Erinnerungen und Gefühle aus einer unbeschwerten Zeit. Die Haikus zeigen, dass sich Erinnerungen durch Film und bewusstes Erleben in der Gegenwart aktualisieren lassen. Anschließend folgen dreizehn FOOL'S HAIKUS in Farbe, die ebenfalls gemeinschaftliches Zusammensein, lustvollen Zeitvertreib und Albereien zelebrieren.

Abb. 1.18

1.2.4 *Filmende Gemeinschaft, Direct Cinema und ein filmisches Unabhängigkeits-Manifest* (*Reel 6*)

Ausgehend von hochgradig heterogenem Material erzeugt LOST LOST LOST ein Meta-Narrativ, das auf verschiedene Praktiken des Avantgardefilms der 1950er und 1960er Jahre verweist. Der Film macht eine Entwicklung nachvollziehbar, die in der Gründung der Coop-Gemeinschaft und der Entwicklung einer gemeinsamen filmischen Sprache gipfelt. Diese Entdeckung verläuft parallel zum allmählichen Ankommen des Exilanten im neuen Land und der gefühlten Überwindung seines Status eines Fremden. Die litauische Community, die durch gemeinsame Erinnerungen verbunden war, wurde nach und nach abgelöst durch neue Freunde und Bekannte, die die Leidenschaft für Film und Kino teilten. Für die Hauptfigur eröffnet Film die Möglichkeit, sich auf das Hier und Jetzt – die neue Gegenwart – zu fokussieren und ein soziales Netzwerk auszubauen. Einen Höhepunkt erfährt diese parallel verlaufende Entwicklung zu Beginn des letzten Aktes – in einer kollektiv verfassten Szene, die dem Zwischentitel FLAHERTY NEWSREEL (FOOTAGE BY JONAS AND KEN) folgt.[138] Diese Szene kann als Deklaration eines *Wir* verstanden werden, als eine Art filmisch ausagiertes Manifest einer lokalen Gemeinschaft des Neuen Amerikanischen Films.

Die erwähnte Episode beginnt mit der Versammlung von sechs Freund:innen beim Büro der Film-Makers' Cooperative und einer langen, als Road-Movie inszenierten Autofahrt nach Vermont – wehende Haare, Spielereien mit dem Wind, ein Nickerchen.[139] Anlass der Reise war das Robert-Flaherty-Filmseminar, eine jährliche, institutionell unabhängige, mehrtägige Veranstaltung, bei der sich Teilnehmer:innen mit verschiedenen dokumentarischen Modi des

138 Jonas Mekas über Ken Jacobs: More on Expanded Cinema. Emshwiller, Stern, Ken Jacobs, Ken Dewey, December 2, 1965, in: Movie Journal (1972), S. 215–216; ders.: On Churches and The Shadow Metaphors of Ken Jacobs, February 1, 1968, ebd., S. 306–308; ders.: On film structuralists, May 22, 1969, ebd., S. 344–345; ders.: More on Ken Jacobs, July 17, 1969, ebd., S. 350–351; ders.: On Ken Jacobs and 3D, February 26, 1970, ebd., S. 374–375; ders.: On Ken Jacobs, or images and sound in Space, June 4, 1970, ebd., S. 384–385, u.a.

139 Unter ihnen die Filmemacherin Barbara Rubin. Sie ist die Regisseurin von CHRISTMAS ON EARTH (USA, 1964), eine halbstündige Dokumentation einer Orgie in einer New Yorker Wohnung an Weihnachten 1964. Im Januar 1966 filmte sie gemeinsam mit Mekas einen spektakulären Auftritt von *Velvet Underground* bei einem Psychiater-Kongress im Delmonico-Hotel, bei dem die beiden Menschen aus dem Publikum nach ihren Sexualpraktiken befragten. Jonas Mekas über Barbara Rubin: The human body and Cinema, September 2, 1965, in: Movie Journal (1972), S. 201–202; ders.: On Obscenity, March 12, 1964, ebd., S. 126–127; ders.: On the New Underground. Barbara Rubin and John Cavanaugh, February 9, 1967, ebd., S. 271–275; ders.: More on the New Sensibilities in Cinema, March 9, 1967, ebd., S. 275–277; ders.: The end of the Dom, or how the establishment exploits the „New“, July 20, 1967, ebd. S. 283–285, u.a.

bewegten Bildes auseinandersetzten.[140] Namensgeber des Seminars war der amerikanische Dokumentarfilmer Robert Flaherty, dessen 1922 in der Arktis von Québec gedrehter Film NANOOK OF THE NORTH ein breites US-Publikum begeisterte und den Diskurs um Authentizitätsstrategien im Dokumentarfilm maßgeblich beeinflusste. Was dem Film LOST LOST LOST selbst nicht zu entnehmen ist, ist Folgendes: Mekas wurde von den Veranstaltern des Seminars eingeladen, Jack Smiths Film FLAMING CREATURES (1964) vorzustellen.[141] Wegen einer früheren Aufführung dieses Films in New York waren Mekas, seine Begleiter:innen Barbara Rubin, ihre Freundin Debbie sowie Ken und Flo Jacobs im selben Jahr verhaftet worden: „So I figured they wanted to find out what the fuss was all about. I agreed to come."[142] Die Vorstellung war für halb elf Uhr abends angesetzt. Bei ihrer Ankunft kurz vor Beginn des Screenings waren jedoch alle Teilnehmer:innen des Seminars bereits im Bett – bis auf den Filmvorführer und den Filmkritiker Louis Marcorelles, der eigens für diese Vorstellung aus Paris angereist war. Nach der Vorstellung für ihren einzigen Gast erfuhren sie, dass es im Gebäude keinen Platz mehr für sie gab.[143] So verbrachten sie den Rest der Nacht in und auf der Ladefläche ihres Pickups. Mekas' Stimme kommentiert im Voice-over:

> While the guests – proper respectable documentarists and cineasts – slept in their warm beds, we watched the morning with the cold of night still in our bones, in our flesh. It was a Flaherty morning. Slowly, we woke up. No, we didn't sleep well, but it was beautiful. There was a mist hanging. The earth was sweating out the night. The sun was already there. We felt closer to the earth, to the morning than to the people sleeping there in those houses. We felt like part of the morning, of the earth. It was very, very quiet like in a church. And we were the monks of the order of cinema.[144]

---

140 Vgl.: Scott Mac Donald, Patricia R. Zimmermann, Julia Tulke (Hg.): Flash Flaherty. Tales of a Film Seminar, Bloomington 2021.

141 Jonas Mekas über Flaming Creatures: Flaming Creatures and the Ecstatic Beauty of the New Cinema, April 18, 1963, in: Movie Journal (1972), S. 82–83; ders.: On Cencorship, January 2, 1969, ebd., S. 329–332; ders.: Flaming Creatures at Knokke-Le-Zoute, January 16, 1964, ebd., S. 111–115; ders.: On Blonde Cobra and Flaming Creatures. From my taperecorded Diaries, October 24, 1963, ebd., S. 101–103.

142 Jonas Mekas: A Screening of Flaming Creatures in Vermont, in: Scott Mac Donald, Patricia R. Zimmermann, Julia Tulke (Hg.): Flash Flaherty (2021), S. 10–12.

143 Ebd.

144 Jonas Mekas im Voice-over von LOST LOST LOST (1976), Reel 6.

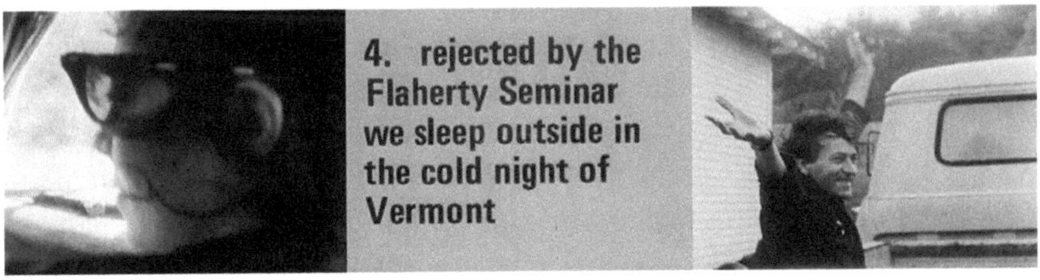

Abb. 1.19

Den institutionellen Ausschluss nimmt die Filmerbande zum Anlass für eine filmische Unabhängigkeitserklärung, die sie am frühen Morgen mit viel Pathos, Charme und Ironie als eine Art Ritus zelebrieren. Diese performative Aktion fällt mit der filmischen Produktion in eins. „Die Bemühung, den Schlaf abzuwerfen, ist moralische Reform“, meint Henry David Thoreau, und als wollten sie diesem *credo* folgen, erheben sich die jungen Filmer und Filmerinnen zerknautscht, zerknittert von der harten Nacht aus ihren Laken, filmen sich gegenseitig und kommen zunehmend in Schwung. Ken Jacobs filmt Jonas Mekas, der in eine Wolldecke gehüllt seine Bolex feierlich entfaltet, aufzieht –„you wind the spin up and you give it an artificial life“ – und loszieht aufs freie Feld. Die Kamera schwingt er wie eine Sense, filmt Gras und Nebel, Bäume und den Himmel. Das Material aus Mekas' Kamera zeigt die von filmischen Gesten und Wind aufgewühlte Wiese; der Horizont wankt und der Dunst vermischt sich mit dem groben Korn. Erste Sonnenstrahlen blitzen in die Linsen. Nach einem Schnitt sehen wir die Brüder Flo und Ken Jacobs beim Filmen und beim Laden ihrer Kameras, später Debbie, Linda und Barbara Rubin, die aus dem Auto klettern. „Yes, the morning came [...] we all got up slowly, woke up slowly together with the trees, the sun, with the mist [...].“[145] Im Namen des Films stimmen sich die Verbündeten in diesen frühen Morgen ein und feiern ihr gemeinsames Dasein und ihre Freundschaft.

Abb. 1.20

145 Ebd.

Die Wiese wird zum kinematografischen Blick- und Handlungsfeld, auf dem sie sich gegenseitig hochschaukeln, sich gegenseitig in die Hände filmen und Kamera-Blicke zuspielen. Im propagierten Einklang mit dem Morgen sprechen sie sich filmend Mut und Vertrauen zu und stilisieren sich – als Ausgeschlossene – zu den eigentlichen Erben Flahertys, zu den Akteur:innen und Agent:innen der filmischen Avantgarde. Ihre Filme entstehen nicht aus institutionell vermitteltem Wissen, sondern aus dem schlichten, naturverbundenen Leben. Mekas arrangiert das aus unterschiedlichen Perspektiven produzierte Material so, dass die Filmproduktion von je singulären Subjekten als gemeinschaftsstiftendes Erlebnis erfahrbar wird.

Abb. 1.21

Paul Arthur schließt seine Untersuchung von Mekas' Kulturpolitik im Kontext der *New Left* und seiner visionären, idealistischen (Beg-)Leitung des Avantgardefilms mit dem Konzept der Gemeinschaft (communitas) des Ethnologen Victor Turner ab.[146] Turner definierte *Gemeinschaft* zunächst in Bezug auf die Herausbildung der Bettelorden im 13. Jahrhundert und stellte sie in scharfen Kontrast zum Konzept der *Gesellschaft*. Während Gesellschaft als strukturiertes und hierarchisch gegliedertes System politischer, rechtlicher und wirtschaftlicher Positionen mit zahlreichen Bewertungsformen begriffen wird, erscheint Gemeinschaft als ihr antistrukturelles, anarchisches Gegenmoment. Sie weist keine fixierten und überdauernden sozialen Strukturen auf, sondern *ereignet* sich vielmehr – in ephemeren Situationen oder rituellen Passagen.[147] Gemeinschaft tritt in der mittleren Phase eines Rituals auf, die Turner – in Übereinstimmung mit Genneps Strukturierung des Rituals – als *liminal* bezeichnet.[148] Dieser Schwellenzustand beschreibt den offenen Moment

146 Vgl. Paul Arthur: Routines of Emancipation (1992), S. 45.

147 Vgl. Victor Turner: Schwellenzustand und Communitas, in: Das Ritual. Struktur und Antistruktur (The Ritual Process, Structure and Anti-Structure, 1969), Frankfurt am Main 2005, S. 94–127, hier: 96; die Strukturierung des Rituals übernimmt Victor Turner von Arnold van Gennep: Les rites de passages, Paris 1909.

148 Vgl. Victor Turner: Schwellenzustand und Communitas (1969/2005), S. 95.

zwischen den Zeiten, zwischen einem Vorher und einem Nachher. In dieser Phase würden sich die Subjekte eines Rituals in einem mehrdeutigen Zustand befinden, in dem das Klassifikationssystem der (alltäglichen) Sozialstruktur aufgehoben sei. Die einzelnen Individuen besitzen weder Eigenschaften ihres vorherigen noch ihres zukünftigen Zustandes. *Betwixt and between* verweilen sie in idealer Gleichheit.[149]

Dass sich dieser Schwellenzustand auch in eine Permanenz überführen und damit institutionalisieren lässt, zeigt Turner anhand der Bettelorden sowie einzelner indigener Bevölkerungsgruppen. Mitte der 1970er Jahre bemerkt er, dass die Werte der *communitas* „überraschenderweise auch in der Literatur und im Verhalten der sogenannten Beatgeneration“ sowie der Folgegeneration der Hippies zum Ausdruck kämen.[150] Damit richtet er den Blick nicht nur auf den Moment des gemeinschaftlichen Rituals, sondern auch auf das soziale Aussteigertum. Es seien „die coolen Jugendlichen und jungen Erwachsenen“, die aus der „statusgebundenen Sozialordnung aussteigen“ und sich mit den „Stigmata der Niederen“ auszeichnen, „indem sie sich wie Landstreicher kleiden, umherziehen, Folk Musik lieben und, wenn sie gelegentlich arbeiten, niedere Arbeiten verrichten.“ Die Bedeutung, die Beatniks und Hippies der „Spontaneität, Unmittelbarkeit und Existenz“ zuschreiben, mache – so Turner – einen der Gegensätze zwischen *communitas* und Struktur besonders deutlich: „Communitas gehört dem Hier und Jetzt an, Struktur wurzelt aufgrund von Sprache, Gesetz und Brauch in der Vergangenheit.“[151] Paul Arthur hebt die Verschränkung von zeitlicher Gegenwart und Gemeinschaftsbildung folgendermaßen hervor:

> For Hippies, as for Monks and participants in tribal rituals, there is an attempt to establish „a timeless condition, an eternal now,“ in which structural adherence to segmented temporality is inapplicable, in which restrictive social roles are cast off and imagination reigns as the measure of knowledge and power. It is an attempt to duplicate, to make permanent, the freedoms mandated in rites of passage, especially the „liminal“ stages of transformations in social identity.[152]

Vor dem Hintergrund eines solchen *eternal now* lassen sich die monastischen Implikationen der beschriebenen Szene in Jonas Mekas' LOST LOST LOST deuten – die wie Kutten getragenen Wolldecken, die Kirchenglocken,

149 Vgl. ders.: Betwixt and Between. The Liminal Period in „Rites de Passages“, in: The Forest of Symbols. Aspects of Ndembu Ritual, Ithaca/London 1967, S. 93–111.

150 Victor Turner: Schwellenzustand und Communitas (1969/2005), S. 111.

151 Ebd.

152 Paul Arthur: Routines of Emancipation (1992), S. 45.

die Rede von „the monks of the order of cinema" und das einem einfachen Leben und der Natur verbundene Agieren mit der Kamera. Mekas inszeniert diese gemeinsam gestaltete und gelebte Szene als die Initiation jener Coop-Gemeinschaft, deren (Ordens-)Regeln ungefähr drei Jahre zuvor in der *Ersten Erklärung der Gruppe Neuer Amerikanischer Film* festgeschrieben wurde.

Das in dieser Szene sichtbar werdende, gemeinsam kultivierte Filmen ist nicht nur auf die Produktion eines Films ausgerichtet, sondern auf ein gemeinsames Erlebnis – und die Entdeckung einer lebensweltlichen Gegenwart, die erst durch die Realität des Drehs entsteht. Die Präsenz der Kamera, die das physisch Gegenwärtige bzw. Kopräsente konfrontiert und als (audio-) visuelles Phänomen aufzeichnet, erzeugt eine Anspannung, die die Aufmerksamkeit auf den aktuellen Augenblick intensiviert. Der Akt des Filmens selbst stiftet in diesem *Flaherty Morning* eine gemeinsame Gegenwart, in der das von den Beatniks und Hippies gefeierte Hier und Jetzt in gesteigerter Weise erfahrbar wird. Mekas' Konzeption von Film als Erzeugung von Gegenwart und Gemeinschaft steht im radikalen Kontrast zum Verständnis von Film als Produkt. Ebenso widerspricht sie dem Begriff eines autonomen Werks – eines Werks, das von einem einzelnen Urheber geschaffen und vom Produktionsprozess abgekoppelt erscheint. Stattdessen wird in dieser Szene das avantgardistische Ideal beschworen: die Kunst im Leben aufgehen zu lassen, Kunst in Lebenspraxis zu überführen.[153]

Anfang der 1960er Jahre, und damit ungefähr zeitgleich mit der Entstehung der Szene FLAHERTY'S NEWSREEL, fasst Frances Flaherty das authentisierende Leitideal der Dokumentarfilme ihres 1951 verstorbenen Mannes Robert Flaherty mit dem Begriff der *non-preconception* zusammen.[154] „What you have to do is to let go, let go every thought of your own, wipe your mind clean, fresh, innocent, newborn, sensitive as unexposed film to take up the impressions around you, and let what will come in."[155] Damit akzentuiert sie die Idee der Vorurteilslosigkeit und bedingungslosen Offenheit der Filmemacher:innen gegenüber ihrem Sujet. Entlang dieser programmatischen Leitidee entwickelte

153 Vgl. Peter Bürger: Theorie der Avantgarde (1974); David E. James hat mit den für seinen Aufsatz titelgebenden Begriffen *practice* und *product* die für Mekas filmische Arbeit zentrale Spannung zwischen Lebensbezug und Werkstatus herausgearbeitet, vgl. David E. James: Film Diary/Diary Film (1992). Die konstitutive Widersprüchlichkeit von Mekas' filmischem Werk ist auch Effekt seiner kuratorischen und archivarischen Arbeit, die sich zwischen sozialem Event, Empowering, Promoting und Kanonisierung sowie Institutionalisierung bewegt.

154 Frances Hubbard Flaherty: The Odyssey of a Film Maker. Robert Flaherty's Story, New York 1972, S. 20.

155 Ebd.

Richard Leacock etwa zur gleichen Zeit das Authentisierungsmodell des *Direct Cinema*. Seine Motivation war, unterschwellige und durch Reproduktion verfestigte Darstellungsmuster und Vorstellungen zu durchbrechen.[156] Das *Direct Cinema* setzt dafür auf eine phänomenologische Methode – eine möglichst intensive, situative Beobachtung. Jeder Film soll sich allein aus dieser Beobachtung heraus entfalten: „By *watching* how things really happen as opposed to the social image that people hold about the way things are supposed to happen. And by *seeing* discrepancies, by revealing the things that are different from what is expected."[157] Diese Form enthüllender Beobachtung setzt voraus, dass sich die Kameraperson nicht der Leidenschaftslosigkeit der mechanischen Apparatur unterwirft. Vielmehr wird die Kamera als anthropomorphisierender Anhang des gleichsam selbstlos beobachtenden Auges betrachtet. Diese Identifikation mit der Kamera ermöglicht sowohl die Dokumentation der Realitätserforschung am Drehort als auch die spätere Teilhabe des Publikums an diesem Prozess. Dies erfordert spezifische Kompetenzen. Volker Wortmann beschreibt diese – unter Rückgriff auf Texte von Richard Leacock – als „Beharrlichkeit, Distanz und wiederkehrende Reinigung in Form stetiger Selbsthinterfragung." Don Pennebaker spricht von der Tugend der „Selbstlosigkeit des Filmemachers" oder von seiner „asketischen Transparenz".[158]

Das Konzept der *non-preconception* und das damit verbundene asketische Moment des Filmemachens scheinen die selbsternannten Mönche aus FLAHERTY'S NEWSREEL zu bestätigen. Im Unterschied zum *Direct Cinema*, deren Protagonist:innen sich auf dieselbe intensivierte und in die Zukunft offene Gegenwart des Drehs berufen, um Vorurteile und vorgefasste Meinungen loszulassen, richten sie den Fokus jedoch nicht in erster Linie auf das, was sie *vor* ihrer Kamera abspielt. Stattdessen betonen sie das gemeinschaftliche Erleben des Morgens – die Kopräsenz von Kamera, Personal und Umgebung, von Mitwelt und Umwelt. Dadurch rückt das medial Selbstreflexive, Subjektive wie auch ideologisch Gefärbte in den Vordergrund – Aspekte, die im *Direct Cinema* erklärtermassen zurückgenommen und im Hintergrund gehalten werden. Was als idiosynkratische, trotzige Reaktion auf den Ausschluss aus den

156 Vgl. Richard Leacock: One Man's Truth, in: Film Comment, Vol. 3, No. 2, 1965, S. 15–22, hier: 18. Das Beispiel in Leacocks Text ist unsere bildliche Vorstellung von einem Gerichtshof, die wir unbewusst aus den Medien oder Spielfilmen übernommen haben.

157 Ebd.

158 Volker Wortmann: Authentisches Bild und authentisierende Form (2003), S. 195.

Seminarräumen erscheint, ist zugleich eine Antwort auf die Konjunktur des einer Objektivität verpflichteten *Direct Cinema*.[159]

So einheitsstiftend diese Zeit des Drehs auch gewesen sein mag, so fragmentarisch und heterogen tritt sie im Material hervor. Mekas montiert die Szene aus zwei verschiedenen Perspektiven, indem er eigene Sequenzen mit Footage von Ken Jacobs kombiniert. Damit macht er zum einen den Ausschluss des filmenden Subjekts aus seinem eigenen Blickfeld sichtbar. Zum anderen verdeutlicht die Montage die Differenz der einzelnen Sichtweisen und Subjekte. Community und Gegenwart erscheinen hier als die Zusammenkunft singulärer Zeitlichkeiten, die als kinematografische Spuren im persönlichen Footage jedes Filmers und jeder Filmerin aufgehoben bleiben.

1.2.5 *Das doppelte Ende. Die eigene filmische Handschrift als Ausdruck von Korrespondenz*

Die stilistische Entwicklung des filmischen Materials von einem objektivierenden zu einem dezidiert subjektiven Modus wird in LOST LOST LOST eng mit der autobiografischen Erzählung verzahnt: Der zunächst einsame Immigrant findet durch seine kinematografische Praxis eine Gemeinschaft. Am Ende des Films – nach dem Passageritus – scheint er am neuen Ort angekommen. Die letzte Szene skizziert sowohl sein soziales Angekommensein als auch den Moment, in dem Jonas Mekas als Filmemacher zu seiner eigenen filmischen Handschrift findet. Mit subjektivierenden Verfahren hat sich der Protagonist immer tiefer in seinen Film verwickelt. Im letzten Akt tritt er auf als jenes Subjekt, das in jedem Augenblick für seinen Film einsteht und uns direkt aus dem Material heraus adressiert. Film kommt in diesem Werk als eine Form der intersubjektiven Kommunikation zum Ausdruck und die *eigene Handschrift* als eine der Gegenwart verschriebene Korrespondenz mit *etwas Anderem*. Mekas entwirft sein *Personal Cinema* als ein Kino der Korrespondenz – zwischen ihm und seiner Umwelt, seiner Mitwelt, Freunden. Die Entwicklung dieser Konzeption von Film, die in seinen späteren Tagebuchfilmen in Form der *Glimpses* voll ausgereift zu Tage tritt, vollzieht sich am Schluss von LOST LOST LOST in zwei Schritten.

---

159 Zum Aufkommen des autobiografischen Dokumentarfilms in den 60er Jahren als Reaktion auf das *Direct Cinema* vgl. Jim Lane: The Convergence of Autobiography and Documentary, in: The Autobiographical Documentary in America, Winsconsin 2002, S. 11–32, hier: 19.

Abb. 1.22

FLO AND JONAS WAITING FOR A BUS nennt sich ein Wurf- und Fangspiel zwischen gut gelaunten Freunden. Filmisch wird dieses Spiel vermittelt, indem zwei Spielende ihren Wurf und Fang aus ihrer jeweils subjektiven Perspektive mit der Kamera aufzeichnen. Ein wolkenloser Himmel, die Sonne blitzt entgegen, bevor die Kamera den Horizont erfasst und die Agierenden auf dem Asphalt zeigt. Nach dem Schnitt ist die jeweils gegenüberliegende Seite am Ball. Das klassische Schnittmuster von Schuss-Gegenschuss wird so *in actu* ausgeführt, wodurch die Idee von Kino als dialogischem und interaktivem Prozess zwischen spielenden Subjekten zum Ausdruck kommt.

•••

Die doppelte Autorschaft wird in der letzten Szene fortgesetzt: A VISIT TO STONY BROOKS. Das Bildmaterial ist aufgeteilt in A) KEN'S FOOTAGE und B) JONAS' FOOTAGE. Diese Aufteilung der Autorschaft ist insofern bemerkenswert, als sie zugleich die unverkennbare, individuelle Handschrift zeigt, die Mekas' spätere Tagebuchfilme auszeichnet. Beide Kameras begleiten denselben Ausflug ans Meer und feiern das Zusammensein an diesem Ort. Markant ist die stilistische Veränderung von Mekas' Footage im Kontrast zu den vorangegangenen Akten. Das Material erscheint in Farbe, und der Kameraduktus ist lockerer als je zuvor. Gegenlicht und Glanzreflexe werden registriert und blitzen direkt entgegen. Zudem wird mit dem Einzelbildverfahren und der Montage in der Kamera gearbeitet: schnelle, vor Ort vorgenommene Schnitte lassen die Einstellungen vibrieren. Kens Footage zeigt gelegentlich auch Mekas in Person. Er gestikuliert mit seiner Kamera, zieht sie auf, vermittelt zwischen dem Bild und einem Pferd, sitzt am Strand und filmt das Wasser etc. – der Akt des Filmens wird hier als objektivierte Handlung sichtbar. Im Gegensatz dazu sind die Kamera-Handlungen in Jonas' Footage ganz ins Material verlagert und kommen performativ, als Spur eines Dialogs zwischen ihm und seiner Umgebung zum Ausdruck. In beschwingten Gesten, im Einzelbildverfahren und mit schnellen Schnitten in der Kamera reagiert Mekas auf seine

Umgebung, interagiert mit ihr und wechselt schnell zwischen Close-Ups und Totalen: der Blick des Pferdes direkt in die Kamera, schillerndes Fell, das Glitzern auf der Wasseroberfläche, das Flirren der Luft, der Wind in den Haaren, die Ausgelassenheit der Freunde, die in den Kleidern baden. Diese Passage zeugt von Mekas' Entdeckung des Film Diary als ästhetische Praxis, die ganz der sinnlichen Gegenwart verschrieben ist. Die Kamera erweist sich nicht mehr nur als Gerät zur Aufzeichnung optischer Eindrücke, sondern als dynamischer Transformator und Generator einer intensivierten sinnlichen Erfahrung. Der Eindruck, dass sich Filmen und (Er-)Leben im Suspense des Augenblicks gegenseitig steigern, ist ein Effekt von Mekas filmischer Handschrift.

Abb. 1.23

Die Hervorhebung der Gegenwart im Dreh erreicht am Schluss eine besondere Zuspitzung. Die letzte Szene wird mit einer vergangenen Situation abgeglichen und so in Beziehung zu einer Erinnerung gesetzt. Diese Erinnerung wird durch den Film in die Gegenwart geholt und zugleich von einem neuen Hier und Jetzt überschrieben. Das Voice-over beschließt den Film mit den folgenden Worten:

> He remembered another day, ten years ago, he sat on this beach, ten years ago with other friends. The memories, the memories ... again I have memories, I have memories of this place. I have been here before. I have really been here before. I have seen this water before, yes. I have walked upon this beach, these pebbles.[160]

Die grammatikalische Konstruktion der vom Filmemacher selbst gesprochenen Sätze und ihr Verhältnis zu den zeitgleich gezeigten sowie vorausgegangenen Bildern verdeutlicht die komplexe zeitliche Struktur von Mekas' autobiografischen Filmen. Im ersten Satz wird der Akt des Erinnerns durch das Imperfekt des Prädikats [*remembered*] in die Vergangenheit verlegt und an ein diegetisches Subjekt in der dritten Person [*he*] gekoppelt. Die aktuelle Wahrnehmung einer Konstellation – Meer, Sonne, Wärme, Strand und die

160 Jonas Mekas im Voice-over von LOST LOST LOST (1976), Reel 6.

Gruppe von Freunden – stimuliert die Erinnerung des Protagonisten von LOST LOST LOST an einen Ausflug, der Jahre zurückliegt.

Die motivische und kompositionelle Ähnlichkeit ruft ein filmisches Fragment in Erinnerung, das einige Akte zuvor im selben Film zu sehen war. Dabei handelt es sich um eine kurze Bildstrecke in Schwarz-Weiß, gefilmt mit einer tendenziell statischen Kamera, die drei litauische Landesgenossinnen während eines gemeinsamen Ausflugs am Strand begleitet.[161] In dem Moment, in dem die visuelle Übereinstimmung zwischen den zeitlich weit auseinanderliegenden Bildern am größten ist und sich das farbige Bild der aktuellen Gegenwart mit dem schwarz-weißen Bild gedanklich überlagert, setzt der den Film beschließende Zoom ein. Dieser Zoom rückt die beiden Frauen, die in ein geteiltes Badetuch gewickelt sind, scheinbar näher, vergrößert sie optisch und hüllt sie zugleich in eine körnige Unschärfe, die sie schließlich mit der Projektionsfläche verschmelzen lässt.

Abb. 1.24

Diese kameratechnische Handlung am Strand, die durch eine gewisse Verfehlung des Motivs auch auf den filmenden Protagonisten verweist, erscheint als subjektive Artikulation und metaphorischer Akt einer intensivierten Wahrnehmung. Mekas erprobt mit seiner Kamera das Einprägen der aktuellen Gegenwart für eine Zukunft, in der diese Gegenwart bereits wieder Vergangenheit sein wird. Aus dieser inzwischen eingeholten Zukunft dringt die Stimme des Filmemachers zu uns durch. Sowohl die plötzliche Wendung des grammatikalischen Subjekts von der dritten in die erste Person Singular als auch der Wechsel von der Vergangenheitsform des Prädikats in die Gegenwartsform des Präsens („I have memories") koppeln den Akt des Erinnerns mit dem extradiegetischen Subjekt des Filmemachers – dem Autor der Erzählung. Im Hinblick auf die Edition seines Filmes im Jahr 1976 lässt Mekas Bilder seiner eigenen Vergangenheit Revue passieren und spricht dazu in Form eines Voice-overs.

161 Vgl. Abb. 1.4.

Die Postproduktion am Schnittplatz wird zum Ort des Rückblicks, an dem die in früheren Lebensphasen abgelagerten Fragmente gesichtet, ausgewählt, geordnet und zusammengeklebt, mit Zwischentiteln ergänzt und streckenweise mit Ton versehen werden. Die Kompositionsarbeit, in der aus dem angesammelten Material eine filmische Ganzheit entsteht, gleicht einer persönlichen Erinnerungsarbeit. Die Aufnahmen seiner Stimme im Voice-over verkörpern den Filmemacher in einem neuen Hier und Jetzt, während sie die in der Projektion aktual erscheinenden Bildfragmente einer vergangenen Gegenwart zuweisen. Die komplexe Verweisstruktur zwischen subjektiven Artikulationen, die im Damals und im Jetzt verankert sind, verlagert die Erinnerungsarbeit in den Film selbst hinein.

Abb. 1.25

Die neu entdeckte Handschrift aber verschaltet die gezeigte Realität mit der Faktizität und Aktualität der kinematografischen Projektion und schafft so Präsenzeffekte, die die Zeitform der Gegenwart in den Vordergrund treten lassen. Akzentuiert wird der kurze Augenblick in seiner sinnlichen Intensität. Der zunehmende Verzicht auf narrative Verbindungen zwischen den Einstellungen, direkte Reize wie Blendungen des Auges durch das Projektoren- oder Sonnenlicht sowie der Flickereffekt als Resultat des Einzelbildverfahrens adressieren die Betrachter:innen direkt und verweisen auf den gegenwärtigen Moment. Mekas' filmische Handschrift, die er in Lost Lost Lost (er-)findet, wird zur Methode, um die Vergangenheit und damit auch die Erinnerung immer wieder neu zu überschreiben. Seine filmische Arbeit entpuppt sich als eine Praxis, die die Wahrnehmung und achtsame Hingabe an den gegenwärtigen Augenblick ins Zentrum stellt. Indem die einzelnen Momente von der unaufhaltsamen Zeitlichkeit des Films mitgerissen werden, wird die Gegenwart fortwährend neu betont und erschaffen. Zum Schluss scheint eine neue, soziale Gegenwart gewonnen durch die Anerkennung des im Titel dreimal wiederkehrenden Verlusts.

1.3 Von den Alibifiguren zu den eingestandenen Protagonist:innen eines persönlichen Films

Spulen wir LOST LOST LOST zurück zu seinen Anfängen in den frühen 1950er Jahren. Die Gemütsverfassung des leidenden Protagonisten evoziert die zentralen Motive von Einsamkeit und Sprachlosigkeit und erinnert an die gebrochenen Figuren, die die Erzählungen des modernen europäischen Autorenfilms prägen. Es sind zersplitterte Individuen, traumatisiert von der Geschichte, isoliert durch die Kälte ihrer Mitmenschen, weniger handelnd als ausgeliefert, ohnmächtig, streunend, *neurotisch*, – geprägt von einer *Krankheit der Gefühle* oder einem *kranken Eros*.[162] Prominente Beispiele sind Lidia in LA NOTTE (R: Michelangelo Antonioni, IT 1961), Vittoria in L'ECLISSE (IT 1962), Giuliana in IL DISERTO ROSSO (IT 1964) oder der Fotograf in BLOW-UP (GB 1966), dessen Realitätsbezug durch eine mediale Reflexion infrage gestellt und schließlich aufgelöst wird.[163] In seinen begeisterten Kritiken beschreibt Jonas Mekas Antonionis Protagonist:innen als symptomatische Figuren der Gegenwart: „His films are about people, about us, who don't have anything to communicate, who don't feel a need to communicate, whose human essence is dying. Antonioni's films are about the death of the human soul."[164]

Angesichts der Trümmer und Traumata, die der zweite Weltkrieg hinterlassen hat, ist diesen Figuren die Fähigkeit zur (selbstbestimmten) Aktion und angemessenen Reaktion abhandengekommen. Gilles Deleuze zufolge hat der Chronos „das Band zwischen Mensch und Welt" zerrissen.[165] An der Schwelle zwischen seinen beiden Kinobüchern – vom *Bewegungs-Bild* zum *Zeit-Bild* – stellt Deleuze diese gebrochenen Figuren als Symptome der *Krise des Aktionsbildes* vor und beschreibt, wie die Handlungsträger:innen des modernen Kinos gewissermaßen selbst zu Zuschauer:innen geworden sind.[166]

162 Pier Paolo Pasolini: Das Kino der Poesie (Il cinema di poesia, 1965), in: Peter W. Jansen, Wolfram Schütte (Hg.): Pier Paolo Pasolini, München/Wien 1977, S. 49–84, hier: 68; Michelangelo Antonioni: Die Krankheit der Gefühle (1961/1964).

163 Michelangelo Antonioni: Die Krankheit der Gefühle (1961/1964), S. 85.

164 Vgl. Jonas Mekas: Antonioni and La Notte, February 18, 1962, in: Movie Journal (1972), S. 50–52; ders.: Antonioni and Eclipse, December 13, 1962, ebd., S. 75–76.

165 Gilles Deleuze: Das Bewegungs-Bild (L'image-mouvement, 1983), Frankfurt am Main 1997, S. 222–224.

166 Ebd., S. 264–282.

> [Die Figur] bewegt sich vergebens, rennt vergebens und hetzt sich vergebens ab, insofern die Situation, in der sie sich befindet, in jeder Hinsicht ihre motorischen Fähigkeiten übersteigt und sie dasjenige sehen und verstehen lässt, was nicht mehr von einer Antwort oder Handlung abhängt. Kaum zur Reaktion fähig, registriert sie nur noch. Kaum zum Eingriff in die Handlung fähig, ist sie einer Vision ausgeliefert, wird von ihr verfolgt oder verfolgt sie selbst.[167]

Die Handlungsunfähigkeit der Figuren bringt das Ursache-Wirkungsprinzip des klassisch narrativen Kinos ins Stocken: das kausallogische Kontinuum zwischen den Einstellungen schwächt sich ab oder bricht ganz zusammen. Die erste Manifestation dieser Schwächung der *sensomotorischen Verbindungen* erkennt Deleuze mit André Bazin im italienischen Neorealismus. Hier sei eine neue filmische Realität entstanden – eine Realität, die „dispersiv, elliptisch, richtungslos oder schwankend (frz.: ballante) zu denken" und durch „Blöcke mit betont schwachen Verbindungen" charakterisiert sei. Die lose Form der Montage initiiere ein Schlendern und Flanieren, ein visuell und akustisch mehr oder minder aufmerksames Unterwegssein, „und die optischen und akustischen Situationen nehmen zu. Gerade hier zeigt sich, dass die Aktion von einem Kino der Sehenden ersetzt wird."[168] Die klassische Verknüpfung von Zuschauer:in und filmischer Signifikation – wie im Suture-Modell, das das Publikum durch Schuss-Gegenschuss in den filmischen Text integriert und sein Wissen über die *story* sukzessive erweitert – wird hier durchbrochen.[169] Stattdessen verweigert der Film dem Publikum das überlegene Wissen und rückt es, analog zu den Protagonist:innen, in die Situation von Sehenden und Hörenden. Die Figuren des modernen Kinos und seine Zuschauer:innen werden konfrontiert mit einer Erscheinung, die überwältigt, berührt, ergreift, berauscht – oder auch bedrängt und ermüdet. Der moderne Film insistiert auf seinem Status einer *optischen und akustischen Situation*, die keinen Anlass zur

---

167 Gilles Deleuze: Das Zeit-Bild (L'Image-temps, 1985), Frankfurt am Main 1997, S. 13.

168 Ebd., S. 21, 22.

169 Vgl. Die Metapher der *Suture* stammt von Lacan und wurde von Jean Pierre Oudart übernommen als Beschreibung für die Artikulation der Beziehung zwischen dem Zuschauer und der filmischen Signifikation, vgl. Jean-Pierre Oudart: Cinema and Suture, in: Screen 18, 4, 1978, S. 35–47. Bekannter wurde das Modell in der Interpretation von Daniel Dayan, der die Bewegung von *on-screen* und *off-screen* als grundlegende Rezeptionsform des Films bestimmt hat. Durch diese Bewegung würde der Zuschauer in den filmischen Text integriert. Der Schuss-Gegenschuss bildet eine „Nahtstelle", an der die filmische Struktur und die komplementär darauf bezogene Aktivität des Rezipienten „aneinandergenäht" werden, vgl. Daniel Dayan: The Tutor-Code of Classical Cinema, in: Film Quarterly 28, 1, Fall 1974, S. 22–31; vgl. auch: Stephen Heath: Notes on suture, in: Screen 18, 4, 1978, S. 48–76.

Handlung gibt, sondern in erster Linie geschaut und gehört werden soll.[170] „I was looking at the landscape", sagt Mekas im Voice Over des dritten Aktes von LOST LOST LOST. Währenddessen blicken wir aus einer Auto-Frontscheibe auf eine karge Landschaft, die durch den aufkommenden Nebel mit der Kinoleinwand verschmilzt. „What am I doing here I ask myself–there was no answer. The Landscape didn't answer me, there was no answer."[171]

Abb. 1.26

Lange vor dem Erscheinen von Gilles Deleuzes Kinobüchern hat Pier Paolo Pasolini 1965 auf die gebrochenen Protagonist:innen des modernen Kinos hingewiesen und sie als „Alibifiguren" bezeichnet.[172] Ähnlich wie die klassischen Rückenfiguren dienen diese Figuren als Vorwand, um die ästhetische Wahrnehmung des Films zu stärken – als ein freies, filmpoetisches Konstrukt. Pasolini beschreibt das Autorenkino als ein *Kino der Poesie* – als eine filmische Ausdrucksform, die durch eine *indirekte freie subjektive Perspektive* geprägt sei und dem Filmemacher ermögliche, via seine Figuren „in der ersten Person zu sprechen".[173] Diese Ausdrucksform nutzt zwei Register von Bildzeichen, die aus dem „Chaos des Alltags" herausgegriffen würden und daher intersubjektiv verständlich seien. Mit seinem Kino der Poesie versucht Pasolini einen Neubeginn des modernen Films zu begründen – durch die Wiederaneignung einer genuin filmischen Sprache, die sowohl die „tiefe onirische Qualität des Films" als auch seine „absolute, sagen wir: objekthafte Konkretheit" freilegt. Diese Qualitäten seien durch die Industrialisierung des Films, seine „Vergewaltigung zum Evasionsspektakel" verdrängt worden.[174]

Wenn die Kamera in BLOW-UP von ihrem Protagonisten immer mal wieder abschweift, um uns ein blaues Haus, eine Siedlung oder zwei Bäume zu zeigen,

170 Gilles Deleuze: Das Bewegungs-Bild (1983/97), S. 167; ders.: Das Zeit-Bild (1985/1997), S. 14–17.

171 Jonas Mekas im Voice-over von LOST LOST LOST (1976), Reel 3.

172 Pier Paolo Pasolini: Das Kino der Poesie (1965/1977), S. 61, 73.

173 Ebd., S. 76.

174 Ebd., S. 64, 51, 57.

so wird hier beispielhaft deutlich, was Deleuze mit *Kamera-Bewusstsein*[175] und Pasolini als die erste Maxime des Kinos der Poesie beschrieben haben: „die Kamera spüren lassen". Das bis in die 1960er Jahre gültige Prinzip, die Kamera nicht auf sich selbst verweisen zu lassen, weicht einem neuen Paradigma.[176] Nicht nur die Kameraarbeit gibt sich im modernen Film zu erkennen: der Bruch mit dem klassischen Continuity Editing macht die Montage zur *Montrage*.[177] Pasolini spricht auch vom *Stil*, der explizit und sichtbar wird.[178] Antonionis Figuren bewegen sich als Formen auf und mit den Bildern – sie verschmelzen eher mit der Fläche, als dass sie den Bildfluss vorantreiben. Ihre spärlichen Handlungen sind nicht motiviert. Wer hat sie hierhergebracht, was wollen sie, wohin gehen sie? Antonioni ist nur konsequent, wenn er schließlich seine antriebsschwachen Figuren von der Bildfläche verschwinden lässt und den Film als (s)eine Vision erkennbar macht. „What happened to Monica Vitti [in L'ECLISSE]", the critics will ask, as they asked about the girl in L'AVENTURA" schrieb Jonas Mekas 1962 in seinem *Movie Journal*.[179] „Wo ist Gertrud geblieben?", fragte Jacques Rivette in Bezug auf GERTRUD (R: Carl Theodor Dreyer, DK 1964). Die Figuren überspringen die Filmschnitte nicht mehr[180] – sie stürzen zwischen die Bilder oder lösen sich auf, versickern in der Fläche wie der Fotograf am Ende von BLOW-UP. Es ist nicht länger die (souveräne) Handlungsfähigkeit der Figuren, die den Film vorantreibt, sondern die filmische Gestaltung selbst wird zum Motor der filmischen Zeit.

Wenn der Fokus von der Repräsentation weg auf die filmische Vision gelenkt wird, treten die Figuren der Filmproduktion hervor – die Filmpoeten im Kino der Poesie, die Autoren des Autorenfilms – und die kommerziell unabhängigen Filmkünstler:innen des Neuen Amerikanischen Films. Letztere hätten die Filmproduktion aus der kapitalistischen Industrie befreit und in die eigenen Hände genommen, so Jonas Mekas.[181] Der Film LOST LOST LOST zeichnet dieses Narrativ nach. Zu Beginn ist Mekas durch seine Stimme präsent, bleibt

175 Gilles Deleuze: Das Zeit-Bild (1985/1997), S. 38.

176 Pier Paolo Pasolini: Das Kino der Poesie (1965/1977), S. 73.

177 Robert Lapoujade: Du montage au „montrage", in: L'Arc: Fellini, Nr. 45, 1971, S. 57–60, hier: 58, zitiert nach Gilles Deleuze: Das Zeit-Bild (1985/1997), S. 61.

178 Pier Paolo Pasolini: Das Kino der Poesie (1965/1977), S. 72.

179 Jonas Mekas: Antonioni and Eclipse, December 13, 1962, in: Movie Journal (1972), S. 76.

180 Vgl. Jean Narboni, Sylvie Pierre, Jacques Rivette: Montage, in: Cahiers du Cinema, Nr. 210, März 1969, zitiert nach Gilles Deleuze: Das Zeit-Bild (1985/1997), S. 61; vgl. auch Jonas Mekas: On Dreyer's Gertrud, September 23, 1965, in: Movie Journal (1972), S. 207; ders.: More on Dreyer, October 7, 1965, ebd., S. 207.

181 Jonas Mekas spricht in Bezug auf die Neuen Wellen in Europa auch von der *Commercial Avant Garde*, z.B.: Jonas Mekas: Resnais and The Commercial Avant Garde, March 15, 1962, in: Movie Journal (1972), S. 54–56.

jedoch als Figur von den Bildern und der Welt, die sie zeigen, getrennt. Durch subjektivierende Verfahren und die Interaktion mit Kolleg:innen verwickelt sich der Protagonist zunehmend in sein filmisches Material und wird als jene Person erkennbar, die den Film hervorgebracht hat – als ein Filmer, der mit seiner Bolex-Kamera durchs Leben zieht und buchstäblich einsteht für einen persönlichen Film. Nicht aus einer *indirekt-subjektiven*, sondern einer *direkt-subjektiven Perspektive* wird hier gezeigt und gesprochen. Mekas' Konzeption des persönlichen Films überwindet das von Deleuze beschriebene *Kino der Sehenden*[182] zugunsten eines Kinos der Handelnden, das sich aus subjektiver Motivation und situativer Reaktion speist. Dadurch wird der Begriff des *Aktionsbildes* neu definiert, gerettet.

In einer Ansprache von 1966, anlässlich der Entgegennahme eines Preises des Philadelphia College of Art, erklärt sich Jonas Mekas, mit Verweis auf seine Kriegserfahrungen in Europa, exemplarisch zu jenem Patienten, der an dem von Antonioni diagnostizierten *kranken Eros* leidet.[183] Eine ganze Generation, so Mekas, sei durch ähnliche Erlebnisse in ihrem Vertrauen in die Menschheit zutiefst erschüttert worden. Die Filme des New Yorker Undergrounds würden auf unterschiedlichste Weise zeigen, wie diese Generation damit ringt, sich zu befreien, auszuhalten, zu entschlacken und schließlich Möglichkeiten zu entdecken, ein Vertrauen oder einen Glauben wiederaufzubauen. Gilles Deleuze beschreibt den *Verlust des Glaubens an die Welt* als zentrales Merkmal der Nachkriegszeit. Das Band zwischen Mensch und Welt sei zerrissen. „[…] wir glauben sogar nicht mehr an die Ereignisse, die uns widerfahren: an Liebe und Tod, als ob sie uns nur zur Hälfte angingen. Nicht wir machen das Kino, es ist die Welt, die uns als ein schlechter Film vorkommt."[184] Was uns mit dieser Welt verbindet, müsse daher „zum Gegenstand des Glaubens werden". Das Kino sehe sich in der Verantwortung, uns den Glauben an die Welt zurückzugeben oder uns zumindest Gründe zu liefern, „um an diese Welt zu glauben".[185] Unter diesen Bedingungen liegt es nahe, dem schlechten Film, als der die Welt erscheint, bessere Filme entgegenzusetzen – oder zumindest daran zu glauben, dass die Liebe zum Filmemachen Grund genug ist, um an diese Welt zu glauben. Mit seinem unermüdlichen kuratorischen und institutionellen Engagement für den lokalen Film sowie durch seine spezifische Art der individuellen Unterstützung – mit der er Künstler:innen in ihrem Glauben

182 Gilles Deleuze: Das Zeit-Bild (1985/1997), S. 22.

183 Vgl. Jonas Mekas: Where are we the underground? in: Gregory Battcock: The New American Cinema. A critical Anthology, New York 1967, S. 17–20.

184 Gilles Deleuze: Das Zeit-Bild (1985/1997), S. 224.

185 Ebd.

sowohl bestärken als auch selektiv fördern konnte – hat Mekas aktiv an den Bedingungen mitgewirkt, die die Entstehung solcher Filme ermöglicht wie auch reguliert haben.[186]

Der Film LOST LOST LOST macht deutlich, dass sein Protagonist – der Filmemacher selbst – im Akt des Filmens findet, was ihn mit dieser Welt verbindet. Seine filmische Praxis, die sich in und angesichts der Gegenwart entfaltet, ist zugleich eine radikale wie pragmatische Antwort auf den Riss, der seine Biografie markiert, und eine Rebellion gegen den Zweifel, der den *Glauben an die Welt* bedroht. Mekas betont immer wieder, dass er kein Filmemacher, sondern ein Filmer sei. „I am not really a filmmaker. I do not make films […] I just film."[187] Sein filmisches Lebenswerk will er aus der Geste und der Aktivität des Filmens selbst verstanden wissen. „I live; therefore, I make films. I make films; therefore, I live. Light. Movement. I make home movies; therefore, I live. I live, therefore I make home movies."[188] Dieses fundamentale Bekenntnis im Voice-over von Mekas' erstem, 1969 editierten Tagebuchfilm WALDEN bezeichnet David E. James als eine nicht weiter ausgeführte Parodie des *Cartesianischen Cogito* „Ich denke, also bin ich (cogito ergo sum)".[189] Damit legt James die erkenntniskritische Dimension frei, auf die auch der Avantgarde-Filmhistoriker und Kritiker P. Adams Sitney verweist, wenn er die zitierte Passage – „the chant about home movies" – ein *Fool's Cogito* nennt.[190] An die Stelle eines cartesianischen, rationalen Denkens, bei dem das Subjekt nach einer Phase radikalen Zweifelns schließlich seiner selbst gewiss wird und Schritt für Schritt ein konsistentes Verhältnis zur äußeren Welt aufbaut,[191] setzt

---

186 Dazu Andrew Sarris: „Jonas operates by the individual, by the human being, not by what the human being professes. He believes genuinely in individuals singing their song. And he is like a master of ceremonies with all the acts on the same plane, they have the same spiritual value. And my thing was I was interested in American cinema, I had these strange ideas, and well that was me. And he sees me as one entity, he sees Jack smith as another entity, he sees Kenneth Anger as something else. And he just particularizes all these people. And these people are as different from each other as they are from mainstream. But what brings them all together is they *are* doing things. In: Tom Gunning: „Loved Him, Hated It". An interview with Andrew Sarris, in: David E. James (Hg.): To Free the Cinema (1992), S. 62–82, hier: 71; Mekas' kuratorische Rolle war nicht nur eine der Förderung, sondern auch eine der Selektion. Seine Position innerhalb der Avantgarde ging auch mit Ausschlussmechanismen einher, vgl: Maureen Turim: Reminiscences, Subjectivities, and Truths (1992), ebd., S. 193–212, hier: 201.

187 Jonas Mekas im Voice-over von AS I WAS MOVING AHEAD … (2000), Chapter 7.

188 Ders. im Voice-over von WALDEN (1969), Reel 1.

189 Vgl. David E. James: Film Diary/Diary Film (1992), S. 155.

190 P. Adams Sitney: Jonas Mekas and the Diary Film, in: Eyes Upside Down. Visionary Filmmakers and the Heritage of Emerson, New York 2008, S. 83–97, hier: 88.

191 Vgl. René Descartes: Meditationen über die erste Philosophie (1641), Berlin 2009.

Mekas das Handeln mit seiner Kamera. Deren Spiegelreflex dient ihm als Praxis der Reflexion und als Methode, um mit der Welt in ein Naheverhältnis zu treten. Mit seiner ersten Filmaufnahme, die den Anfang von LOST LOST LOST bildet, setzt der litauische Emigrant eine erste von unzähligen Koordinaten auf dem neuen Kontinent. Retrospektiv wird diese Aufnahme zur Initiation eines *unendlichen Vorgehens*[192] im Sinne einer lebenslangen, rastlosen Arbeit an seinem Film und seinem Leben.

192 Michel de Certeau: Kunst des Handelns (1980/1988), S. 250.

KAPITEL 2

Filmtagebuch und die radikale Zeitlichkeit des Lebens (WALDEN)

> Well, what's an exile to do, but make home movies.
> Ken Jacobs

LOST LOST LOST ließ nachvollziehen, wie Jonas Mekas im Zuge seiner Ankunft als litauischer Immigrant den lokalen Film als neue Film- und Lebensform entdeckt und seine eigene künstlerische Handschrift im Austausch mit der filmenden Gemeinschaft entwickelt. Im Gegensatz dazu wird sein erster Tagebuchfilm WALDEN (1969) von keinem durchlaufenden Narrativ zusammengehalten. Das Material dieses dreistündigen Films stammt aus den Jahren 1964–1968. Es schließt also zeitlich an das von LOST LOST LOST an und bezieht sich auf eine Phase des ‚Angekommenseins' – so bewegt diese Zeit auch sein mag. Mekas' kinematografische Handschrift wird hier in erster Linie praktiziert und in Teilen überführt in jenen „Home Movie of the Avantgarde", als der der Diary Film WALDEN bezeichnet worden ist.[1]

Die Repräsentation gelebter Zeit folgt nicht annähernd einer dramatischen Struktur. Vielmehr erscheint sie als Sukzession von narrativ und ästhetisch ungefähr gleichwertigen Bilderbündeln – undatierten filmischen Einträgen, die vom Alltag ihres Produzenten zeugen, von seinem nächsten Umfeld und den Reaktionen, die dieses in der Kameraführung provoziert. Unterbrochen von nachträglich eingefügten Zwischentiteln mit Inhaltsangaben zeigt uns WALDEN Bilder aus den Niederungen des Alltags und handelt gleichzeitig vom Alltagsleben mit der Kamera: „It's me and my Bolex. I go through this life with my Bolex. And I have to film what I see, what is happening right there."[2] Die Tonspur besteht aus spontanen Aufzeichnungen von Alltagsgeräuschen, aus nachträglich aufgezeichnetem Voice-over und Musik. Ihre grundsätzliche Asynchronität bestätigt die relative Autonomie der Bildspur.

1 Jeffrey K. Ruoff: Home Movies of the Avantgarde (1991), S. 6.

2 Jonas Mekas im Voice-over von AS I WAS MOVING AHEAD … (2000), Chapter 7.

© EVA KUHN, 2025 | DOI:10.30965/9783846769355_003

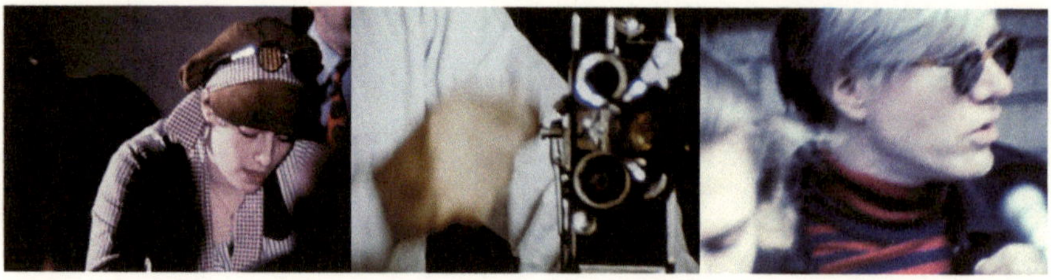

Abb. 2.1

Jonas Mekas' nächstes Umfeld entging nicht der film- und kunsthistorischen Aufmerksamkeit. Diese Niederungen des Alltags sind längst mit Fame und Glamour behaftet. Die „Banalität des Alltäglichen", die nach Langford & West wie auch nach Maurice Blanchot den Charakter eines Tagebuchs annimmt,[3] erhält in WALDEN allein durch die Prominenz der Mitwirkenden einen gehobenen Status.

Abb. 2.2

Hätte der überlange Film einen ordentlichen Nachspann, würde dieser den Film in seiner Dauer übertreffen und zahlreiche Namen von Personen umfassen, die in der New Yorker Kunst- und Filmszene der 1960er- und 1970er Jahre bekannt geworden sind: Andy Warhol, Robert Frank, Storm de Hirsch, Steven Shore, Allen Ginsberg, P. Adams Sitney, Yoko Ono und John Lennon, Stan Brakhage, Gregory Markopoulos, Shirley Clarke, David und Barbara Stone, Barbara Rubin, Lou Reed, Tony Conrad, Timothy Leary, die Sängerin Nico, Edie Sedgwick, Peter Kubelka, Michael Snow, Robert Breer, Hans Richter und viele mehr.[4] Doch nicht nur diesen Kreativen gebührt der Credit, sondern auch den

3 „Banality of everiday-existence", Rachael Langford und Russel West in: Marginal voices, marginal forms. Diaries in European literature and history, Amsterdam 1999, S. 6; „The interest of the diary is its insignificance", Maurice Blanchot in: The Book to Come (Le livre à venir, 1959), Stanford 2003, S. 185.

4 Zur (ikonografischen) Identifikation der Gesichter und Szenen des Films vgl. Pip Chodorov und Christian Lebrat: Frame by Frame. The Annotated WALDEN, in: dies. (Hg.): The Walden Book, Paris 2009, S. 47–129.

vielen Künstler:innen, die in keinen Kanon Eingang gefunden haben – sowie all jenen, die der Zufall dem Filmer über den Weg geschickt hat: der Nachbarin, Spaziergängern, die in die Kamera zwinkern, Kindern, Fabrik- und Straßenarbeitern und allen voran den Demonstrierenden mit ihren Transparenten für die Liebe und gegen den Krieg.

Abb. 2.3

WALDEN ist den Brüdern Lumière gewidmet. Der Film teilt mit ihnen das Interesse an Phänomenen des Alltagslebens und deren spezifisch kinematografische Präsentation als *Attraktion.*[5] Zahlreiche Titel der lumièrschen Filme belegen diese innere Verwandtschaft, rufen sie doch Motive auf, die auch in WALDEN zirkulieren: L'ARRIVÉE D'UN TRAIN EN GARE DE LA CIOTAT (1895), LA SORTIE DE L'USINE (1895) GLISSADE SUR LA NEIGE (1901), LA PETITE FILLE ET SON CHAT (1899); BATAILLE DE BOULES DE NEIGE (1896), REPAS DES CHATS (1896); BARQUE EN MER (1896); CONCERT (1896); COURSES D'ÂNES: II, DOUCHE APRÈS LE BAIN (1896); FÊTE AU VILLAGE (1896); NEW YORK, PATINEURS AU PARC CENTRAL (1896); NEW YORK, PONT DE BROOKLYN (1896); PARTIE DE BOULES (1896); PREMIERS PAS DE BÉBÉ (1896); REPAS EN FAMILLE (1896); RETOUR D'UNE PROMENADE EN MER (1896); BAIGNADE EN MER (1895); REPAS DE BÉBÉ (1895); DÉPART EN VOITURE (1895); LE DÉJEUNER DU CHAT (1895) und viele mehr.

Abb. 2.4

5 Zum Begriff der Attraktion vgl. Tom Gunning: Das Kino der Attraktionen (1986/96), S. 25–34.

Wenn sich in den Filmen der Brüder Lumière die technische Errungenschaft des Films mit Motiven aus der Nachbarschaft und aus dem Alltag koppeln und sich Motiv und Technik als Phänomene gleichermaßen präsentieren, so gilt dies ebenso für Jonas Mekas' WALDEN. In den zuckenden und flirrenden Bildern zeigt sich das Einzelbildverfahren: Form und Technik des Films werden ebenso zur Schau gestellt wie die gewählten Motive. Im Unterschied zu diesen ersten Filmen aber, die auf den Realitätseffekt abzielten – das ist ja wie im echten Leben! – und diesen durch den Wiedererkennungseffekt alltäglich gut bekannter Szenen steigerten, fordert WALDEN durch seinen betont persönlichen und erratischen Stil die gewohnte Wahrnehmung heraus. Er zerrüttet und entfremdet sie und macht sie gerade dadurch erst bewusst. Dabei ist ihr Gegenstand keineswegs zweitrangig. Die Wahrnehmung wird propagiert als Möglichkeit, das alltäglich Unbemerkte überhaupt erst sichtbar zu machen – als Aufmerksamkeit für das, was durch Gewohnheit unsichtbar geworden ist.

Diese moralisierende Implikation von Mekas' Filmen soll im zweiten Teil des Kapitels im Zusammenhang mit dem titelgebenden Buch des amerikanischen Schriftstellers Henry David Thoreau erörtert werden. Das Buch *Walden, or: Life in the Woods* stammt aus dem Jahr 1854 und avancierte in den späten 1960er Jahren – zur Zeit von Mekas' WALDEN – in den USA zu einem Klassiker. Thoreau beschreibt darin sein zeitweiliges Leben als Aussteiger, wobei es nicht um Weltflucht geht, sondern um die Kultivierung eines Nahverhältnis zur unmittelbaren Umgebung und um den Versuch, durch ein bewussteres Leben in der Gegenwart den Blick und Geist zu schärfen. Die Praxis des Schreibens ist in diesem Projekt zentrales Mittel, um Wahrnehmung und Hinwendung zu schulen. Der Fokus auf das Detail – als *pars pro toto* – ist dabei richtungsweisend. Wie Mekas' Film WALDEN (mit seinem Untertitel DIARIES, NOTES & SKETCHES) als Edition seiner akkumulierten filmischen Tagebucheinträge verstanden werden will, ist auch Thoreaus Buch eine editierte Zusammenstellung seiner Tagebucheinträge, die er vor Ort im Wald nahe der Stadt Concord (Massachusetts) verfasste. Sowohl in Mekas' Film als auch in Thoreaus Buch manifestiert sich die Tagebuchpraxis nicht nur durch die Wahl der Motive aus der Nachbarschaft und Nähe. Auch das alltägliche Schreiben selbst (in Mekas' Fall das tägliche Filmen) wird thematisch – entweder explizit oder in der Form impliziert, durch einen Exzess an *Style*. Die kumulative Anordnung der Bestandteile und die repetitive Struktur des Films wie auch des Buchs schreiben das Tagebuch als regelmäßig ausgeübte, routinisierte Praxis in das editierte Werk/Produkt mit ein.

Abb. 2.5

Der Film WALDEN zeugt vom Zusammensein mit Freunden. Die Kamera ist anwesend beim gemeinsamen Essen und Trinken, bei Nichtstun und geselligen Aktivitäten. Sie fängt Szenen aus der Arbeit ein sowie Momente des Spiels mit der Kamera selbst.

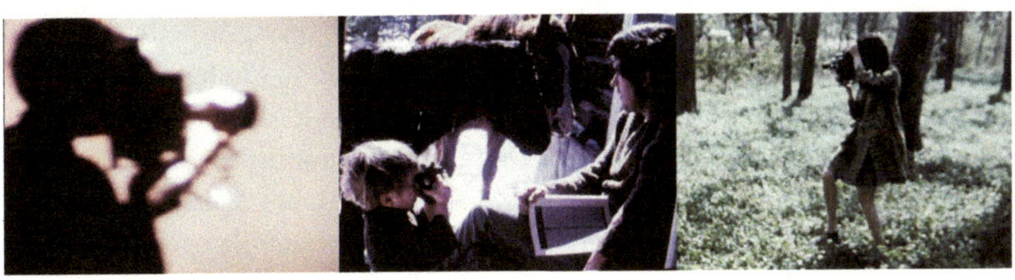

Abb. 2.6

Wichtige Motive sind der Park mit Bäumen und Blätter im Wind, Katzen, Blumen, Schnee und Wiesen. Der Blick geht in die Höhe – erfasst Wolken, Mond, die Sonne, auch ihr direktes Licht. Gesellschaftliche Rituale wie eine Taufe, Hochzeit oder Geburtstagsfeier sind zu sehen – mal gesittet-bürgerlich, mal frei und wild; unter den Konzerten findet sich der allererste Auftritt von Velvet Underground im Jahr 1966. Stan Brakhages Kinder filmen Mekas mit ihren Minikameras – wie er auf einem Esel reitet oder dies versucht. Der Vater Brakhage filmt die ganze Szenerie.

Abb. 2.7

WALDEN versammelt eine ganze Typologie von Porträts: Close-Ups und Halbtotalen, den Bruder, Freunde und Bekannte als Ganzfiguren, Kinder, flüchtig aufgezeichnete Halbprofile, beiäufige Begegnungen, Aug-in-Augenblicke auf der Straße und immer wieder auch ein Bild von Jonas Mekas selbst.

Abb. 2.8

Wie Tom Gunning in Bezug auf das früheste Kino herausgearbeitet hat, sind wir auch hier in keinen dramatischen Verlauf verwickelt, sondern konfrontiert mit einer Abfolge von Ansichten, Aktualitäten, Mikro-Erzähleinheiten, die das Sehen selbst zum Thema machen.[6] Diese Einheiten entsprechen den Takes, den Einträgen vor Ort. Mit der Schreibmaschine getippte Zwischentitel grenzen die einzelnen Einträge voneinander ab und verorten die jeweils folgende Sequenz: BRAKHAGE CROSSES CENTRAL PARK,[7] COMING HOME FROM ST. VINCENT COLLEGE, CARL THEODOR DREYER, TIM'S PLACE,[8] PARTY AT STEPHEN SHORE'S PLACE,[9] WALKING NAOMI BACK TO BELLEVILLE,[10] NOTES ON A CIRCUS etc. Wie ein Zirkus hält WALDEN mehr oder minder

6 Vgl. Tom Gunning: Das Kino der Attraktionen (1986/1996), S. 27.

7 Jonas Mekas über Stan Brakhage: On Stan Brakhage, October 26, 1961, in: Movie Journal (1972), S. 34–36; ders: Changing Techniques of Cinema, August 8, 1963, ebd., S. 91–93; ders.: Brakhage buys 8mm Camera, May 14, 1964, ebd., S. 138; ders.: On SCENES FROM UNDER CHILDHOOD, March 5, 1970, ebd., S. 376–378; u.a.

8 Timothy Leary (1920–1996) war Psychologe, Autor und Guru der Hippie-Bewegung. Leary propagierte in den 1960er und 1970er Jahren einen offenen Zugang zu psychedelischen Drogen (LSD, Mescalin oder Psilocybin), Jonas Mekas über Timothy Leary: On the Psychedelic explorations of Timothy Leary, On Chance, Strobe, and Cinema, July 22, 1965, in: Movie Journal (1972), S. 196–199.

9 Stephen Shore (1947) ist ein US-amerikanischer Fotograf, bekannt für seine Alltagslandschaften und urbanen Szenen. Mit seinen Serien *American Surfaces* (1972–73) und *Uncommon Places* (1982) prägte er die moderne Farbfotografie entscheidend mit.

10 Naomi Levine, Schauspielerin und Filmemacherin; Jonas Mekas über Naomi Levine: On the mystery of the Low-Budget Art Film, February 20, 1964, in: Movie Journal (1972), S. 120–122; ders.: On Obscenity, March 12, 1964, ebd., S. 126–128; ders.: Spiritualization of the Image, June 25, 1964, ebd., S. 144–146; ders.: An Interview with Naomi Levine, December 24, 1964, ebd., S. 168–170.

spektakuläre Nummern bereit, die in erster Linie an die Hör- und Schaulust, an die sinnliche Wahrnehmung appellieren.

Abb. 2.9

Die antidramatische Struktur von WALDEN, die folgerichtig abrupt endet, schließt eine auf die Zukunft bezogene Offenheit ein. Die offene Form des filmischen Produkts entspricht der aus dem Alltagsleben hervorgehenden, ungeplanten filmischen Praxis. WALDEN und alle späteren Filme heben diese Praxis explizit hervor – durch eine Aufeinanderfolge von Einstellungen, die weder eine kausale Verknüpfung noch eine Unterordnung der Teile unter ein Ganzes vornimmt, sowie durch die im Film reflektierte Kameraarbeit vor Ort. Die additive Aufeinanderfolge der Einträge entspricht der regelmäßig praktizierten Aufzeichnung, aus der das Tagebuch hervorgeht.[11] Ästhetisch erlebbar wird die Kameraarbeit vor Ort in den gestischen Bewegungen wie auch in der diskontinuierlichen Sukzession der Bilder – einem Bilder-Zucken, Flickern und Flackern – sowie in der Hochgeschwindigkeit ihrer Aufeinanderfolge, die sich durch den Zeitraffereffekt des Einzelbildverfahrens und die dabei entstehenden Lücken erklären lässt. Gestische Bewegungen und abweichende Kadragen machen die von Hand geführte Kamera erfahrbar, während die diskontinuierliche Abfolge der Bilder auf das Einzelbildverfahren verweist – eine Form der Bildmontage, die direkt in der Kamera, am Ort des Drehs, erfolgt.[12]

11 „The daily repetition of the act of diaristic inscription roots this mode of writing in everyday existence." Rachael Langford, Russel West: Marginal voices, marginal forms (1999), S. 9; „In fact because they are periodic in creation and structure, incremental repetition is an important aspect of diaries." Margo Culley: Introduction, in: dies. (Hg.): A Day at a time. The Diary Literature of American Woman from 1764 to present, New York 1985, S. 19.

12 Die Montage in der Kamera ist eine Technik, bei der die Aufnahmen/Einstellungen in der Reihenfolge erfolgen, wie sie schliesslich auch gezeigt werden, vgl. auch Kapitel 1.1.1 weiter oben.

2.1 Koinzidenz und Kontaktaufnahme. Die (Un-)Mittelbarkeit des filmischen Tagebucheintrags

Das literarische Genre des Tagebuchs lässt sich nicht ohne Weiteres und nicht ohne Widersprüche auf das filmische Medium übertragen. Die Analogie zwischen Schreiben und Filmen greift nur begrenzt. Neben dem grundlegend anderen ästhetischen Ergebnis unterscheidet sich die Simultaneität von Filmen und Erleben sowie der dezidierte Blick der Kamera nach außen deutlich vom eher nachdenklich und nachträglich geschriebenen Protokoll täglichen Erlebens. Roland Barthes' Herleitung des Tagebuchs erlaubt dennoch, den Charakter von Jonas Mekas' filmischer Arbeit als eine Arbeit am Tagebuch zu skizzieren. Der einzelne Eintrag, so Barthes, entstamme dem „Keim des Fragments", der jederzeit über uns kommen könne:

> [...] im Café, im Zug, im Gespräch mit einem Freund (es taucht seitwärts zu dem auf, was er sagt oder was ich sage); dann holt man sein Notizbuch heraus – nicht um einen ‚Gedanken' aufzuschreiben, sondern so etwas wie eine Prägung vorzunehmen – was man früher einen ‚Vers' nannte. Von der regelmäßigen Ausübung des Fragments [...] kommt man dann unmerklich zum Tagebuch.[13]

Das literarische Genre des Tagebuchs zeichnet sich durch eine zeitliche ‚Unmittelbarkeit' aus, die es von der Autobiografie unterscheidet. Während Autobiografien meist mit erheblichem zeitlichem Abstand zu den geschilderten Ereignissen verfasst werden, entsteht das Tagebuch nahezu zeitgleich oder nur kurz nach den beschriebenen Momenten.[14] Die Kamera als Aufzeichnungsgerät perfektioniert diese temporale Eigenschaft des Tagebuchs und erfüllt das bei Barthes anklingende Ideal der ‚Prägung' eines Einfalls. Die Gleichzeitigkeit von Ereignis und Aufzeichnung ist die mediale Notwendigkeit des Films. Anders als die schriftliche Aufzeichnung kann der Film seinen Gegenstand nur einfangen, während, wenn, solange er sich zeigt.

---

13 Roland Barthes: Über mich selbst (Roland Barthes par Roland Barthes, 1975), Berlin 2010, S. 110–111.

14 Vgl. Béatrice Didier: Le journal intime. Ecriture de la mort ou vie de l'écriture, in: Gilles Ernest (Hg.): La Mort dans le texte, Lyon 1999, S. 7–27, hier: 50; zur Differenz von Tagebuch und Autobiografie als literarisches Genre vgl.: Philippe Lejeune: Un journal à soi, Paris 2003; Béatrice Didier: Le journal intime, Paris 1976.

Abb. 2.10

Jeder Eintrag fällt mit dem bezeichneten Phänomen zusammen: Er entsteht im Moment der Belichtung – im Lichttransfer durch den geöffneten Kameraverschluss und der Berührung des lichtempfindlichen Filmmaterials bzw. des digitalen Sensors. Der Eintrag ist Einfall – Lichteinfall. In dieser Hinsicht weisen Tagebuch und Film eine besondere Affinität zueinander auf. Als „unmittelbarste Form autobiografischer Aufzeichnung"[15] findet das Tagebuch im Film das ideale Medium. Umgekehrt verdeutlicht die Verbindung von Film und Tagebuch die elementarste Funktion des Kinos und seines Werkzeugs – der Kamera: die Aufzeichnung und Wiedergabe des Hier und Jetzt aus einer einzigartigen Perspektive. Die tagebuchartige Verwendung von Film veranschaulicht eine seiner spezifischen medialen Eigenschaften: seine Indexikalität und damit das Paradigma eines in der fotografischen Herstellung begründeten, auf physischer Präsenz beruhenden Konnexes zwischen dem Bild und dem, was das Bild zeigt. Das Licht schafft die Verbindung. Im Augenblick der Belichtung verändert es die chemische Struktur der fotografischen Emulsion auf dem Filmstreifen und hinterlässt so auf dem Bild eine identifizierbare oder nicht identifizierbare Spur.[16]

Abb. 2.11

15 Béatrice Didier: Le journal intime (1999), S. 50.

16 In Mekas' künstlerischer Verdichtung des filmischen Eintrags zum *Glimpse* wird die flüchtige Inschrift des Lichts auf den lichtempfindlichen Filmstreifen, der Akt der Belichtung im Moment des Drehs, ikonisch, vgl. Kapitel 3.

Eine tagebuchartige Konzeption des Films stützt den Ansatz des Foto- und Filmtheoretikers Philippe Dubois. Wie schon Denis Roche war ihm daran gelegen, das Spuren- bzw. Ablagerungsparadigma der Fotografie um die Umstände und Instanzen der Bildproduktion zu erweitern. Seine Frage war, „wie sehr dieses mechanische, optisch-chemische und angeblich objektive Medium", von dem „so oft gesagt wurde, es vollziehe sich in Abwesenheit des Menschen, im Grunde ontologisch die Frage nach dem Subjekt und, genauer, nach dem Subjekt als Prozess impliziert".[17] Sein Begriff der *referenziellen Situation* ermöglicht eine erweiterte Rezeption filmischer und fotografischer Bilder. Erfasst werden soll nicht nur ein singulärer Referent, dessen Abglanz sich als sichtbares Motiv auf der lichtempfindlichen Fläche eingeschrieben hat, sondern das Zusammenspiel vielfältiger Faktoren: die situative Interaktion zahlreicher Umstände und Akteure, die das fotografische oder filmische Handeln geprägt und auf das entstandene Bild in entscheidender Weise eingewirkt haben.[18]

Die Entscheidung für Filmmaterial, Kamera und deren Einstellungen, die Wahl von Objekt und Bildausschnitt, der präzise Moment des Auslösens, die Dauer der Aufzeichnung, die Bewegung der Kamera, Raum- und Lichtverhältnisse sowie die physische und psychische Verfassung der Kameraperson konstituieren – gemeinsam mit all dem, was sich zum gegebenen Zeitpunkt in oder außerhalb der Reichweite der Kamera befindet – die *referenzielle Situation*. In irgendeiner Weise hinterlässt sie ihre Spur im Artefakt. Nach dieser indexikalischen Konzeption zeugen fotografische Bilder nicht nur von einem Objekt im Bildfenster, sondern von einem Zusammentreffen – einer Konstellation, die eine spezifische Produktions- und konkrete Lebenssituation einschließt. Diese Situation ist existenzphilosophisch zu verstehen: als jene einmalige, unwiederholbare Lage in Zeit und Raum, in der sich Realität für den Einzelnen konkret darstellt und ihn angesichts der Umstände zu mehr oder minder entschlossenem Handeln herausfordert.

Für ein filmisches Tagebuch entscheidend ist die Koinzidenz. Im Gegensatz zu Autobiograf:innen, die versuchen ihrem Leben im Sinne der von Aristoteles geprägten klassischen Dramaturgie eine Teleologie einzuschreiben,[19] fügen sich Verfasser:innen eines Tagebuchs dem tatsächlichen, unvorhersehbaren

17 Philippe Dubois: Der fotografische Akt. Versuch über ein theoretisches Dispositiv, Amsterdam/Dresden 1998, S. 19; Denis Roche: Entrée des machines, in: Notre Antéfixe, Paris 1978, S. 11–32, hier: 14.

18 Philippe Dubois: Der fotografische Akt (1998), S. 68.

19 Vgl. Aristoteles: Poetik (335 v. Chr.), Stuttgart, 1961.

Rhythmus des Alltags und liefert sich dem Ungewissen aus.[20] Während in der reflektierenden Rückschau einer Autobiografie der Aufeinanderfolge einst unzusammenhängender Ereignisse eine tiefere Bedeutung beigemessen werden kann – was meist auf die Erzählung einer Prädestination hinausläuft – bleibt das Tagebuch in seiner unmittelbaren Form an die Zufälligkeit der Gegenwart gebunden. Seine Autorschaft folgt nicht der Vorstellung von Autonomie, sondern gründet auf einer aktuellen Konstellation, in der der Autor oder die Autorin nur eine von vielen Komponenten bildet.

Abb. 2.12

Viele Stellen in Mekas' Tagebuchfilmen sind überbelichtet, unterbelichtet oder doppelt belichtet – mit Absicht oder aus *Versehen*. Sie zeugen von Reaktionen, die sich der Kontrolle des Autors entziehen – optische und chemische Empfindlichkeiten der Kameratechnik und des Filmmaterials. Indem die hervorbringenden Instanzen im Film spürbar sind, bleiben die Bilder mit dem Subjektiven verknüpft und geben sich als vermittelt zu erkennen. ‚Unmittelbar' ist die tagebuchartige Aufzeichnung, der Eintrag, also keineswegs – im Gegenteil: Wie könnte sich das Subjekt eines filmischen Tagebuchs im Bild sichtbar und spürbar machen, wenn nicht durch die technischen Mittel, die es nutzt – durch den kinematografischen *Style*, den Akt der Gestaltung, mit dem es sich in die Aufzeichnung einschreibt und Welt perspektiviert? „Although an erratic genre, the diary obeys at least two rules: it must say Now, and it must say I."[21]

Schreiben und Filmen unterhalten nicht nur unterschiedliche Beziehungen zum Lauf der Zeit, sondern auch zu Subjektivität und Autorschaft. Die Bedingungen, unter denen Subjektivität in Text und Film eingeschrieben wird, unterscheiden sich grundlegend. Allein die Tatsache, dass sich die Ich-Form aus der Literatur nicht selbstverständlich ins filmische Medium übertragen

20 Vgl. Andrea Battistini: Lo specchio di Dedalo. Biografia e autobiografia, Bologna 1990, S. 183–84.

21 Laura Rascaroli: The personal Camera. Subjective Cinema and The Essay Film, London/New York 2009, S. 119.

lässt, zeigt, dass das filmende Subjekt weniger klar konstituiert ist als jenes der verbalen Äußerung.[22] Entweder inszeniert sich das filmende Subjekt als Objekt – durch ein Spiegelbild, einen Schattenwurf, indem es die Kamera auf ein Stativ stellt oder von einer anderen Person halten lässt, um sich im Bildfeld zu zeigen. Will es jedoch in subjektivierter Form erscheinen, so muss es sich über die Gestaltung einschreiben: den *Style*, eine idiosynkratische Handhabung der Technik. Dies ist eine Form implizierter Selbstinszenierung, wie sie Mekas in seiner respondierenden filmischen Handschrift entwickelt hat.

> My filming had to remain totally private, personal and „unprofessional". For instance, I never checked my lens opening before taking a shot. I took my chances. I knew that the truth would have to hang on and around all those „imperfections". The truth which I caught, whatever I caught, had to hang on me and my Bolex.[23]

Ein filmisches Tagebuch ist nachdrücklich Ausdruck, Äusserung, Einstellung – eine radikale Version des *Personal Cinema*, das im Manifest des Neuen Amerikanischen Films gefordert wurde und das Jonas Mekas durch seine lebenslange Praxis in besonders konsequenter Form realisierte. Das Tagebuch mit seinem explizit subjektiven Impetus muss sich aktiv gegen den Effekt der Objektivierung durch das Kameraobjektiv behaupten – ebenso wie gegen den Transparenzeffekt, den sich der Illusionismus des Mainstream-Kinos und der Dokumentarfilm auf unterschiedliche Weise zunutze gemacht haben. Ein Tagebuch impliziert sowohl physische Inskription als auch geistige Reflexion – „optisch-akustische" wie „mentale Fokussierungen."[24] Beide Formen von Subjektivität setzen eine mediale Selbstreflexion voraus, die gerade in der Störung medialer Transparenz liegt. Denn um den Blick als Blick, die Geste als personengebundene Bewegung oder ein Erinnerungsbild als solches wahrzunehmen, muss das Bild erkennbar machen, was Sichtbarkeit erst ermöglicht: die kinematografischen Mittel und das Dispositiv.

Die medial bedingte Koinzidenz zwischen dem Eintrag (als Akt) und dem Ereignis oder Gegenstand des Eintrags erfordert vom Subjekt mit seiner Kamera eine zugespitzte Aufmerksamkeit für das Hier und Jetzt – für eine aktuelle Konstellation, die sich aufgrund der unhintergehbaren Zeitlichkeit des Lebens stets radikal flüchtig gestaltet. Die Herausforderung der Arbeit

---

22 Vgl. Christine Noll Brinckmann: Ichfilm und Ichroman, in: Die anthropomorphe Kamera und andere Schriften zur filmischen Narration, Zürich 1998, S. 82–113.

23 Jonas Mekas: The Diary Film (1972), S. 195.

24 Christian Metz: Subjektive Bilder, Subjektive Töne, „Point-of-view", in: Die unpersönliche Enunziation oder der Ort des Films, Münster 1997, S. 96–115, hier 98.

mit der Kamera angesichts einer sich unerbittlich wandelnden Gegenwart hat Mekas in verschiedenen Variationen schriftlich formuliert: „To keep a film (camera) diary, is to react (with your camera) immediately, now, this instant: either you get it down or you don't get it at all. To go back and shoot it later, it would mean restaging, be it events or feelings."[25] Oder auch: „In the filming, in keeping a notebook with the camera, the main challenge became how to react with the camera right now, as it's happening; how to react to it in such a way that the footage would reflect what I feel that very moment."[26] Mit diesen Aussagen macht Mekas deutlich, dass es in seinem Verständnis von Film als Diary um eine gestalterische Interaktion und nicht um passive Aufzeichnung geht:

> To get it now, as it happens, demands the total mastery of one's tools: it has to register the reality to which I react and also it has to register my state of feeling (and all the memories) as I react. Which also means that I had to do all the structuring (editing) right there, during the shooting, in the camera. All footage that you'll see in the diaries is exactly as it came out from the camera: there was no way of achieving it in the editing rooms without destroying its form and content.[27]

Im Gegensatz zu einem geschriebenen Tagebuch ist die filmische Tagebuchpraxis in akuter Weise an den Moment des Eintrags gebunden – an den Augenblick und die Rahmenbedingungen der Aufzeichnung. Filmend Tagebuch zu führen bedeutet, es auf besonders pointierte Weise mit der Zeit aufzunehmen. Die Selektion der Gegenstände, Ereignisse und Momente, die in Mekas' Filmen später wiederkehren sollen, erfolgt am Puls der Gegenwart. Die Person mit ihrer Kamera muss sich der Zeit stellen, Wichtiges ein-, Unwichtiges ausblenden, das On und Off der Kadrierung bestimmen und nicht zuletzt auslösen, schwenken, zoomen, schneiden – wenn es gilt. Die Welt und mit ihr die Person mit ihrer Kamera befinden sich im ständigen Wandel – und im Leben gibt es kein Zurück. Die Reflexion des Tages geschieht zunächst durch die Auswahl des Motivs, durch die Kadrierung sowie durch den optischen Spiegelreflex der Kamera, der mit der Belichtung des Filmstreifens konkrete Gestalt annimmt und als Filmspur für die Zukunft abgelagert wird. Diese Arbeit konstituiert ein materielles und zugleich subjektives Gedächtnis, das später – bei der nächtlichen Sichtung des Materials am Schneidetisch – wieder angeeignet, belassen oder umgeschrieben wird.

---

25 Jonas Mekas in: FilmMaker's Cooperative Catalogue (1989), S. 362.

26 Jonas Mekas: The Diary Film (1972), S. 191.

27 Jonas Mekas in: FilmMaker's Cooperative Catalogue (1989), S. 362.

2.2 Tagwerk und Nachtschichten. Das (glückliche) Leben als Laboratorium des Films

Seit der Entdeckung des Autobiografischen als Grundlage seiner Kunst erfolgt Mekas' filmische Produktion in einer experimentellen Anordnung, die seinen gesamten Alltag – und damit auch ihn selbst – erfasst. Sein Leben wird gewissermaßen zum *Laboratorium* des Films.[28] Indem er mit der Hand am Drücker seiner Kamera in Kontakt zu jenem Außen tritt, das sein Inneres mitbestimmt, erhebt Mekas „die Erfahrung zur Nervensache", und „verbindet seine eigene Wahrnehmung mit dem Versuchsaufbau: Er wird Teil des Experiments."[29] Subjektive Wahrnehmungen provozieren reaktive Handlungen, das Filmen strukturiert alltägliche Verrichtungen und bildet Rituale aus. Leben und Filmen folgen einer Haltung, die spontane Wahrnehmung als grundlegenden Zugang zur Welt ins Zentrum rückt. Hartnäckig widersetzt sich Mekas' Lebenswerk jeder Konzeptualisierung oder vorausgreifenden Planung. Wie P. Adams Sitney formuliert: „The most overt repression in his filmmaking is that of a plan or a design."[30]

In dieser experimentellen Anordnung sind zwei Phasen zu unterscheiden, die ich als *Tagwerk* und als *Nachtschicht* bezeichnen möchte. Das *Tagwerk* besteht in der situativen und selektiven Arbeit mit der Kamera – Mekas' filmischen Aktionen und Reaktionen angesichts der vorfilmischen Welt. Die Filmaufnahme, der eigentliche Dreh, deckt sich zeitlich mit dem Alltagsleben. Seit 1949 trägt er eine 16mm-Bolex-Kamera und ein Tonbandgerät bei sich, ab 1987 eine Video- und später, bis zu seinem Tod, eine digitale Kamera.[31] Das Tagwerk – die Kameraarbeit an und mit der Gegenwart – erfolgt mitten aus dem Leben und dennoch nebenbei. Denn diese Produktionsphase nimmt keine zusätzliche Lebenszeit in Anspruch:

> If you have to make a feature film and have a script, there must be months of time you have to allocate. […] And I have only fragments of time, so my filming was reduced to becoming very fragmentary. […] The only time that I can film is if you really feel right – this is it, I should be filming this. That can happen only when you walk somewhere, and you see something, and it provokes something in you – so you film it. And you never know when that will happen. […] You don't

28 Vom „Laboratorium der Schrift" spricht Michel de Certeau, in: Kunst des Handelns (1980/1988), S. 247.

29 Ute Holl: Kino, Trance & Kybernetik (2002), S. 185.

30 P. Adams Sitney: Mekas' Retrospection, in: Eyes Upside Down (2008), S. 372–391, hier: 387.

31 Vgl. Jonas Mekas: 365 Day Project, Karlsruhe 2014.

> need any time for doing that. My filming does not require time. Because I'm part of it. I'm part of whatever is happening. I'm there anyway.[32]

Aus dem Tagwerk geht all das Footage hervor, das Mekas Zeit seines Lebens als seinen eigentlichen Film bezeichnet hat. Sein „one long film which is still continuing" sollte erst mit seinem Tod abbrechen.[33] Durch seine Stimme im Voice-over, durch Zwischentitel sowie nicht synchron zu den Bildern ertönende Geräusch- und Musikfragmente adressieren uns WALDEN und alle späteren Tagebuchfilme jedoch auch aus anderen Räumen und einer anderen Zeit.

„Late at night, late at night, the city is sleeping, everybody is sleeping ..."[34] Wenn sich Gardinen und Lider schliessen, setzt sich Mekas an seinen Schneidetisch und bringt auf dem Umroller seine eigenen Bilder in Umlauf – kurbelt mal schneller, mal langsamer und wirbelt dabei filmischen Sedimente auf, deren Herstellung teilweise Jahrzehnte zurückliegt. Im Gegensatz zum Filmen vor Ort ist diese Phase zeitaufwändig: „Editing [...] requires time and more than one thinks. Because there, time goes so fast, we get so involved [...] but that I do only late at night. When nobody will interrupt me, no demands of any other kind, not even telephone calls [...]."[35] Die *Nachtschicht* besteht in dieser Arbeit am Schneidetisch – in der Begegnung mit dem eigenen filmischen Material. Hier widmet sich Mekas der Edition, der Fertigstellung des Films als einem zu veröffentlichenden Ganzen. In dieser Phase der Wiederaneignung überarbeitet er sein Material, schafft Strukturen, indem er Bildsequenzen mit maschinengetippten Zwischentiteln unterbricht, Exzerpte aus seinen geschriebenen Tagebüchern liest, Textfragmente von Autoren, Philosophen und Dichtern aufspricht, Originalton- und Bildmaterial koordiniert, Musik vom Plattenspieler oder CD-Player einspielt oder in den Film integriert, was zeitgleich im Radio läuft. Methodisch entpuppt sich die Postproduktion als nachträgliche Variante seiner situativen Arbeit mit der Kamera: Die Filmfragmente in der Dunkelheit ersetzen die visuelle Textur des täglichen Lebens. Denn auch hier bleibt die spontane Selektion das leitende Prinzip.

---

32 Jonas Mekas: my films are like haiku poems (2017), URL: https://www.webofstories.com/play/jonas.mekas/77 (letzter Zugriff: 1. Dezember 2022); ders. im Interview mit Scott MacDonald (1984), S. 93.

33 Genevieve Yue: Jonas Mekas, in: Senses of Cinema, Issue 34 (February 2005).

34 Jonas Mekas im Voice-over von OUTTAKES FROM THE LIFE OF A HAPPY MAN (USA, 2012).

35 Ders.: my films are like haiku poems (2017)

> I'm going through all the reels of my sounds. Picking up this, picking up that, splicing it all together, putting it all together, by chance, same as the images, same as I'm putting those images together, same, exactly the same when I originally filmed them, by chance. With no plan, just according to the whim of the moment what I felt that moment that I should be filming this or that, without knowing why. Same with the sounds that I have collected through all those years. I'm picking up all those sounds and putting them here on the soundtrack by chance.[36]

Wesentlich ist Mekas' Analogisierung der beiden Produktionsverfahren und deren radikal prozessuale Konzeption. Weder Filmen noch Editieren folgen einer kausalen oder teleologischen Logik der Herstellung, in der die einzelnen Teile mit Blick auf ein autonomes Ganzes gesammelt und montiert würden. Stattdessen geschehen sie spontan, aus dem *whim of the moment* heraus. Diesem Moment, der später als „ekstatisch" beschrieben werden soll, kommt in Mekas' filmischem Schaffen und dem damit verschränkten Leben eine eigene Autonomie und die größte Bedeutung zu.

Die Aktualisierung der damals aufgezeichneten Vergangenheit im Akt der *Revisio* am Schneidetisch gewinnt für Mekas als Filmemacher wie auch als Protagonist seiner Filme einen persönlich-programmatischen Wert: Er ‚belichtet' sich mit seinen positiv besetzten Bildern, schreibt ‚mnemotaktisch' das Gedächtnis um – wie die Analyse von seinem späteren Tagebuchfilm As I Was Moving Ahead Occasionally I Saw Brief Glimpses of Beauty (2000) zeigen wird. Die filmischen Exzerpte seines Lebens, die glücklichen Momente, die er für die Zukunft festgehalten hat, lässt er am Schneidetisch immer wieder in sein aktuelles Erleben einfließen. Im Gegensatz zu anderen Lektüren möchte ich den Gegenwarts- und Live-Effekt dieser filmischen Fragmente hervorheben. David E. James hat darauf hingewiesen, dass Mekas in ihnen eine Vergangenheit bewahrt, die in der Postproduktion nicht verändert werden kann. Während sich die Praxis des Filmens in einem Präsens der unmittelbaren Wahrnehmung abgespielt habe, sei Mekas in der Postproduktion mit „Ruinen einer jetzt komplett verlorenen Zeit" konfrontiert.[37] Entscheidend aber ist, dass Mekas diese Fragmente durch seine filmische Handschrift so gestaltet, dass seine ‚alten' Bilder in der Nachtschicht aufleuchten, als seien sie vollkommen gegenwärtig. Auch spricht er über sie, als wären sie real:

---

36 Ders. im Voice-over von As I Was Moving Ahead … (2000), Chapter 02; Die Aufnahme dieses Voice-overs stammt aus dem Jahr 2000 und bezieht sich auf Bilder, die mindestens zwanzig Jahre früher aufgenommen wurden.

37 Vgl. David E. James: Film Diary/Diary Film (1992), S. 164.

> I am still in Provence this evening, here, in my editing room, this night, I am in Provence. I feel the sun, I feel the lightness, I see the landscape, the trees, the flowers. I can smell the air of Provence, and I can feel the happiness of that summer in Provence [...] as we drank the wine of Provence, the air of Provence [...] it's still here, now, with me, this very moment, it's stronger than anything that I have experienced, much, much stronger, and closer and much more real.[38]

Ein paar Wochen vor seinem 90. Geburtstag – am 1. Dezember 2012 – sitzt Mekas im Publikum zur Eröffnung der bislang größten Retrospektive seiner Filme und lässt sich abermals von seinen ausgewählten Bildern belichten.[39] Diesmal teilt er seine Lebensbilderschau mit uns. In seiner Ansprache zur Uraufführung seines Films OUTTAKES FROM THE LIFE OF A HAPPY MAN (2012) besinnt er sich auf sein langes Leben und schildert seine Überlegungen zur Edition seines letzten Filmes. Auch in dieser Rede wird deutlich, dass er seine filmische Praxis als Kultivierung glücklicher Momente versteht – als eine Arbeit, die der Gestaltung eines guten und glücklichen Lebens gleichkommt.

> Since [...] the Fates had given me a good long life, I should just thank them for sparing me the horrors of humanity and endowing me with a memory that automatically wipes out all that is unpleasant and ugly and leaves me only with all the beautiful memories, memories of richness and beauty of the world around me, all the good friends, the family, memories that keep away and out of my memory all the unpleasant images and things that have happened in my life, since I was also given to live under the most horrible regimes and go through all the horrible events of the last century.[40]

David James hat in seinem Aufsatz *Film Diary / Diary Film. Practice and Product in Jonas Mekas' WALDEN* die für das Verständnis von Mekas' Lebenswerk wegweisende Unterscheidung zwischen Filmtagebuch (Film Diary) und Tagebuchfilm (Diary Film) vorgenommen. Der erste Begriff fokussiert den Film als Praxis, der zweite als Produkt.[41] Der Diary Film werde in der Projektion öffentlich und finde sich in einem ökonomischen System der Tauschwerte („exchange values") wieder. Das Film Diary hingegen diene einem rein persönlichen Zweck. „It is a private event (the coded or locked diary) where consumption, especially consumption by others, is illicit: a pure use value."[42]

---

38 Jonas Mekas im Voice-over von AS I WAS MOVING AHEAD ... (2000), Chapter 12.

39 Exposition et Rétrospectives Integrales en leur Présence. Jonas Mekas/José Luis Guerin, Centre Pompidou, Paris, 30. November 2012 bis 7. Januar 2013.

40 Jonas Mekas in der Ansprache zur Uraufführung von OUTTAKES FROM THE LIFE OF A HAPPY MAN in der Serpentine Gallery am 5. Dezember 2012.

41 David E. James: Film Diary/Diary Film (1992), S. 146.

42 Ebd., S. 147.

Der persönliche Gebrauchswert seines Filmens zeigt sich im dynamischen Bildmaterial, das mit der Körperlichkeit des Alltagslebens verbunden bleibt. Das Material löst sich nicht in einer lebensfernen Story oder einem schlüssigen Ganzen auf, verschwindet nicht in einer finalisierten Version – vielmehr bleibt es im filmischen Produkt präsent. Darüber hinaus propagiert Mekas den persönlichen Gebrauchswert durch sein Selbstverständnis als *Filmer*, nicht als *Filmemacher* – er filme primär für sich selbst. „Just images for myself and a few others. One doesn't have to watch, but if one wants to, one can," heißt es im Voice-over eines Kapitels in WALDEN, das durch den Zwischentitel A TRIP TO NEW JERSEY eingeleitet wird.[43]

Abb. 2.13

In dieser Szene werden Mekas' Vision und seine Version des Avantgardefilms deutlich. Die Sequenz ist ein höchst verschachteltes Making-of der Dreharbeiten für eine deutsche Fernsehproduktion über den New Yorker Avantgardefilm. Regie führte Gideon Bachman, Mekas' Freund und Mitarbeiter.[44] Mekas stellt in seinem Making-of diese Produktion als parodistische Selbstinszenierung einer Gruppe dar, die dem europäischen Fernsehpublikum jenes Klischee einer Avantgardefilmproduktion vor Augen führt, das es vermutlich selbst erwartet. Das entstehende Produkt erscheint als beliebige und leicht absurde Angelegenheit, deren Sinn sich Außenstehenden nicht erschließt. Die Produktion selbst wird als lustvolles und leichtfüßiges Experiment inszeniert, an dem alle Beteiligten – einschließlich der Mitglieder der TV-Crew – mitwirken.[45] Jede und jeder bringt mit der eigenen Kamera eine persönliche

43 Jonas Mekas im Voice-over von WALDEN (1969), Reel 6.

44 Vgl. P. Adams Sitney: Jonas Mekas and the Diary Film (2008), S. 87.

45 Die Szene ist sowohl von David E. James als auch – in Reaktion auf diesen – von P. Adams Sitney ausgelegt worden, und zwar in gänzlich anderer Weise: James erkennt in ihr Mekas' romantischen Rückzug und eine kritische Distanz zur Gemeinschaft des Avantgardefilms, vgl. David E. James: Film Diary/Diary Film (1992), S. 169, 176; Sitney hingegen behauptet, dass sich Mekas nach anfänglichen Verirrungen letztlich als Teil der Gemeinschaft verstehe und sich durch seine „artistic election" integriert hat, vgl.

Perspektive in das kollektive Erlebnis der Filmproduktion ein. Avantgardefilm wird hier erneut als Möglichkeit begriffen, im Filmen eine Gemeinschaft zu bilden – eine Gemeinschaft auf Zeit, die die Intensität des Hier und Jetzt steigert, ohne dabei individuelle Subjektivität aufzugeben. Zum Schluss der ausgelassenen Szene setzt auf der Tonspur Klaviermusik von Chopin ein. Mekas entfernt sich mit seiner Kamera von der filmenden Gruppe. Die Bilder zeigen einen von herbstlichem Laub bedeckten Waldboden, durchzogen von gestischen Bewegungen. Kurz darauf setzt das Voice-over wieder ein: „I ran around with my camera, pointing at the grass, at the ground: „Underground movies. Underground movies!" – and Hella went, Hella went – click click click – with her still camera."[46]

Mit dem behaupteten Selbstzweck lehnt sich das Filmen gegen jede Instrumentalisierung oder Kommerzialisierung auf und stellt der Idee künstlerischer Autonomie das avantgardistische Ideal entgegen, wonach Kunst im Dienst des Lebens steht und zu dessen Verbesserung beiträgt. Mit WALDEN vollzieht Mekas eine Hinwendung zu Nachbarn, Freunden, Mitwelt und Umwelt. Er exponiert das Film Diary als Mittel zur Kultivierung seiner Sinne – zugleich als Möglichkeit, Nähe herzustellen, Lebendigkeit zu erfahren und Gegenwart zu produzieren. Durch die Edition des Film Diary als Diary Film reklamiert er einen öffentlichen Wert für diese private Arbeit an der Wahrnehmung sowie für seine Sammlung glücklicher Momente aus dem Alltag. Indem er das Unspektakuläre zum filmischen Spektakel werden lässt, erklärt er das Nebensächliche zur eigentlichen Sache, das Kleine und Periphere zur zentralen Angelegenheit. Diese Aufwertung geht einher mit einer weiteren Verkehrung: Zielt Mekas' Arbeit mit der Kamera – WALDEN als Film Diary – auf die Kultivierung einer Präsenz und Gegenwärtigkeit, so führt uns der projizierte Film – WALDEN als Diary Film – die radikal zeitlichen Bedingungen vor Augen, unter denen diese Arbeit stattfindet.

P. Adams Sitney: Jonas Mekas and the Diary Film (2008), S. 87; Beide Lektüren argumentieren in der Kategorie des Ein- bzw. Ausschlusses. Mir scheint jedoch, dass die Szene eine andere Bewegung vollzieht: Sie zeigt eine Gemeinschaft, die sich im Moment des Filmens konstituiert – nicht als statisches Gebilde, sondern als flüchtige, offene Formation, die individuelle Perspektiven nicht aufhebt, sondern gerade durch deren Vielfalt entsteht.

46 Jonas Mekas im Voice-over von WALDEN (1969), Reel 6.

2.3 Das rigorose Zeitregime des Kinos

Die „von allen Regeln befreite literarische Form des Tagebuchs“ müsse doch mindestens einem „scheinbar unbedeutenden, jedoch mächtigen Gesetz“ unterliegen, schrieb der französische Journalist und Autor Maurice Blanchot: „It must respect the calendar. That is the pact it signs. The calendar is its demon, inspirer, composer, provocateur, and guardian.“[47] Das zeitbasierte Medium des Films verleiht diesem Gesetz zusätzlichen Nachdruck. Der Modus des Tagebuchs basiert nicht nur auf dem chronologischen Lauf der Dinge, sondern auch auf der linearen Zeitlichkeit des Trägermediums. In den Projektor eingespannt und projiziert, läuft der Film unaufhaltsam, mit vierundzwanzig Bildern pro Sekunde streng getaktet. WALDEN führt uns – ähnlich einem Strukturellen Film – das rigorose Zeitregime des analogen Kinos vor. Am Puls der Gegenwart verknüpft Mekas die Medialität des Films mit der unhintergehbaren Zeitlichkeit des Lebens und zwingt uns – wie es für Tagebücher charakteristisch ist – die Zeit als Rahmen zu begreifen, vor dem sich individuelle und gemeinschaftliche Erfahrungen entfalten und aufzeichnen lassen.[48]

Abb. 2.14

Die erste Einstellung von WALDEN dauert in der Projektion eine knappe Sekunde. Noch bevor der Regisseur zum zweiten Mal blinzelt – er ist zu Beginn selbst im Bildfeld zu sehen – erfolgt ein Schnitt: ein Blinzeln des Bildes. Es erscheint eine Winterszene: Zwei Erwachsene und ein Kind ziehen einen Schlitten. Doch ehe wir uns versehen, setzt bereits die nächste Sequenz ein: BUT THE WIND WAS FULL OF SPRING. Äste schwingen im Frühlingswind, die Kamera filmt gegen den Himmel, die Sonne blitzt ins Objektiv. Auf der Tonspur weicht das laute Geräusch der Untergrundbahn den Klängen eines Klaviers: Chopin. BARBARA'S FLOWER GARDEN blühend. Zwischen den Schnitten ist

47 Maurice Blanchot: The book to come (1959/2003), S. 183.

48 Vgl. Ewa Mazierska, Laura Rascaroli: The Cinema of Nanni Moretti. Dreams and Diaries, London 2004, S. 35.

es Sommer geworden. Barbara Rubin wässert ein Beet auf dem Fensterbrett, ihre rot lackierten Fingernägel graben sich in die Erde. Ein flüchtiger Schwenk verwischt die Farben, das Flimmern der heißen Großstadt-Luft übeträgt sich durch den zittrigen Bildstand direkt in den Kinosaal. Die Kamera blickt aus der Vogelperspektive auf eine belebte New Yorker Straße. Menschenmassen formen Ornamente, der Verkehr fließt und stockt. Film-Makers' Cinematheque, 4th. St: Ein Junge klettert auf ein Gestänge und blickt direkt in die Kamera. Ein Mann mit langem Bart – P. Adams Sitney – streckt seinen Zeigefinger ins Bild: die Polizei hätte dem Direktor der Cinemathek die Abdrücke abgenommen, vermerkt der Zwischentitel lakonisch. I cut my hair, to raise money. Dann: Sunday at Stone. Die Kamera schwenkt von Gesicht zu Gesicht, stellt die Runde am Mittagstisch kurz vor. Geschirr klappert, Besteck klimpert – die Bildpassagen sind hektisch montiert. Mekas isst und filmt im schnellen Wechsel, als wollte er die Pasta unter die Bilder mischen. Ein Spaziergang im Park – Apfelblüten. Schwarzbild. Dann turnende Schüler, durch die Kamera zum Hüpfen gebracht. Tony Conrad and Beverly Grant at their Second Avenue home.[49]

Abb. 2.15

2.3.1 *Die Gegenwartsform oder (Einzel-)Bilder am laufenden Band*

Die sequenzielle und in die Zukunft offene Struktur von Walden entspricht der Form, die Jim Lane in seiner Definition des filmischen Diary-Formats mit dem grammatikalischen Präsens verbindet: „[In journal entry documentaries] events appear as cinematic entries that later were organized in a sequential

49 Tony Conrad ist der Regisseur von The Flicker (USA 1966). Der Film zeigt rein schwarze und rein weiße Bilder, die sich in verschiedenen Abständen abwechseln. Bei der Projektion wird ein Flimmern oder stroboskopischer Effekt verursacht, der auch dazu führen kann, dass das Auge nicht vorhandene Bilder und Farbmuster sieht. Vgl. auch: Jonas Mekas: An Interview with Tony Conrad. On the Flickering Cinema of Pure Light, March 24, 1966, in: Movie Journal (1972), S. 228–232.

order that creates an unfolding of present tense.“[50] Diese Konzeption von Film als Gegenwartsform im Sinne eines sich entfaltenden Präsens wird von WALDEN besonders pointiert vorgeführt. Doch was sich hier nicht im Präsens entfaltet, sind die Objektbewegungen – die Bewegungen referenzieller Dinge und Personen. Das Leben aus der vorfilmischen Zeit wird nicht reproduziert, nicht synthetisiert. Die durch die Kamera „errettete physische Realität“[51], die die kinematografische Illusion als „Mumie der Veränderung“[52] wiederbeleben und ins Atmen und Pulsieren zurückführen könnte, ist ihrer Integrität beraubt. In Mekas' WALDEN erscheint die reale Welt zersplittert, in jeder Hinsicht fragmentiert. Von ihr verbleiben leuchtende Splitter, Licht- und Schattenreize, Impressionen, „Durchschnittsbilder“ – Bilder, in denen Bewegung nicht eingefroren, sondern direkt gegeben ist.[53] Am wörtlich laufenden Band bündeln sich die Bilder zu kinematografischen Gebilden ohne vorfilmische Entsprechungen. Diese Gebilde artikulieren eine visuelle Präsenz – oder sie zerstreuen sich und lassen den Eindruck des Durchzugs überwiegen.

Es scheint, als stünden die Lichtbilder auf der Leinwand unter Zeitdruck. Die beschleunigte Bewegung erklärt sich nicht von selbst – schließlich unterliegt jeder in einen Filmprojektor eingelegte und projizierte Film der gleichen, konstanten Geschwindigkeit von vierundzwanzig Einzelbildern pro Sekunde. Auch wenn uns die Bilder und Töne um die Augen und Ohren fliegen, verfliegen die drei Stunden von WALDEN nicht im Nu. Die Kürze der einzelnen Einstellungen ist die notwendige Bedingung des Hochgeschwindigkeitseffekts. Doch ebenso entscheidend ist die Härte des Schnitts – die Wucht, mit der uns der Übergang zwischen den Einstellungen trifft. Der Schnitt etabliert eine optische Differenz: Während die Objektbewegungen unterbrochen werden, entfaltet die filmische Bewegung ihr Eigenleben. Die Bilderfolge ordnet sich keinem bewegten Gegenstand unter, vielmehr macht der harte Schnitt die Frequenz sichtbar, mit der die einzelnen Elemente aufeinanderfolgen. Da eine hohe Einstellungsfrequenz vorliegt, stellt sich der Eindruck

---

50 Jim Lane in Bezug auf DAVID HOLZMAN'S DIARY (R: James McBride, USA 1967), in: The Journal Entry Approach. Narrative, Chronology, and Autobiographical Claims, in: The autobiographical Documentary in America, Winsconsin 2002, S. 48–93, hier: 49.

51 Siegfried Kracauer: Theorie des Films. Die Errettung der äußeren Wirklichkeit, Frankfurt am Main 2005, S. 36.

52 André Bazin: Ontologie des photographischen Bildes (1945), in: Was ist Film? (2004), S. 39.

53 In Abgrenzung zu Henri Bergson erklärt Deleuze, dass der Film zwar mit „Phasenbildern, das heißt mit unbeweglichen Schnitten, vierundzwanzig (anfangs achtzehn) Bildern pro Sekunde“ arbeite, doch in der filmischen Erfahrung, wird uns kein Phasenbild gegeben, sondern ein „Durchschnittsbild“, in welchem „Bewegung unmittelbar gegeben“ sei. Gilles Deleuze: Das Bewegungs-Bild (1983/1997), S. 14.

von Geschwindigkeit ein. „You knew when Jonas was around by the clicks, the indefatigable Mekas finger, 24 squeezes per screen second, committing all to film", berichtete Ken Jacobs und betonte damit die körperlich-handwerkliche Dimension von Mekas' Kameraarbeit.[54]

Abb. 2.16

Wie die Schreibmaschine rattert oder klimpert, rattert oder klickt – je nach Aufnahmemodus – auch die 16mm-Bolex-Kamera mit Federwerk, mit der die meisten Avantgardefilmer:innen der 1960er und 1970er Jahre arbeiteten. Beide Arbeitsgeräte – die handliche Schreibmaschine *Hermes-Baby*, mit der Mekas neben seinen Texten auch die Zwischentitel seiner Filme verfasste, sowie die handliche *Bolex-Paillard* – sind auf ihre Weise Präzisionsinstrumente. Produziert wurden sie von einer Firma im schweizerischen Yverdon, die auch Uhren herstellte. Während Uhren im formatierten Standard das Zeitregime bestimmen, ist die Geschwindigkeit, mit der der Filmstreifen durch die Bolex-Kamera läuft – die Bildfrequenz – spontan und manuell einstellbar. Ähnlich den Niederschlägen der einzelnen Buchstaben beim Tippen eines Textes, werden die Bilder im Einzelbildverfahren (mittels eines kleinen Kraftaufwandes) gesetzt. „Fingerübungen" nannte Mekas retrospektiv seine ersten filmischen Experimente – und in diesem wörtlichen Sinn sollte er die Praxis mit dem Einzelbildverfahren weiterverfolgen.[55] Mekas nutzt das Einzelbild- oder das Stop-Motion-Verfahren nicht, um Unbewegtes zu animieren. „Picking up this, picking up that"[56] – er zersplittert Bewegtes und Unbewegtes in Einzelbilder und überträgt diese in eine neue, filmeigene Realität.

Objektbewegungen erscheinen zergliedert, kontinuierliche Zusammenhänge unterbrochen. Absichten werden unterbunden und Pläne durchkreuzt – in Mekas' Film ist nichts mehr vorhersehbar. Ein Stück jagt sein *Nachbarstück*[57],

---

54 Ken Jacobs (1997), in: Pip Chodorov and Christian Lebrat: Frame by Frame (2009), S. 867.
55 Vgl. Jonas Mekas: The Diary Film (1972), S. 190 (Übersetzung E.K.).
56 Jonas Mekas im Voice-over von As I Was Moving Ahead ... (2000), Chapter 02.
57 Roland Barthes: Über mich selbst (1975/2010), S. 110.

bringt es zum Verschwinden zugunsten des Erscheinens des darauffolgenden. Im Durchzug des Filmstreifens durch den Projektor strauchelt und stolpert der einzelne Eintrag und mündet in eine unermüdlich perlende Bilderkette, deren innere Gesetzmäßigkeit nur schwer zu fassen ist. Eine „von den Umständen abhängige chronologische, unkonstruierte Regelmäßigkeit, wie sie sich eidetisch im Tagebuch realisiert, kann als Schöpfung zum Problem werden“, so Roland Barthes.[58] „Wie?“, fragt Barthes an anderer Stelle, „ist denn keine Organisation möglich, wenn man Fragmente aneinanderreiht?“ Doch: „Das Fragment ist wie die musikalische Idee eines Zyklus (la bonne Chanson, Dichterliebe): Jedes Stück ist sich selbst genug, und dennoch ist es immer nur der Zwischenraum der Nachbarstücke.“ Schumann hätte das Fragment „Intermezzo“ genannt: „Er hat in seinen Werken die *Intermezzi* vervielfacht: alles, was er schuf, war zuletzt *eingeschoben*: doch zwischen was? Was besagt eine Folge reiner Unterbrechungen?“[59]

„Cinema lies between the frames“, bemerkt Mekas im Voice-over.[60] Die benachbarten Fragmente gehen in WALDEN eine rhythmische Verbindung ein. Bestimmend dafür ist das *Intervall* – verstanden als Differenz oder als „Bewegung und Sprung zwischen den Einstellungen.“[61] Das Einzelbildverfahren erzeugt in der Projektion eine Disjunktion zwischen den einzelnen Blicken bzw. Ansichten. In einer Mikrostruktur werden die Bilder voneinander geschieden und bilden eine mal holpernd zuckende, mal flirrende, vibrierende Struktur aus. An die Stelle einer Rekonstruktion der an vorfilmische Objekte gebundenen, zeitlichen Textur treten impressionistische Phänomene: Zwinkern, Zucken, Flirren, Vibrieren. Die Wahrnehmung orientiert sich dabei nicht mimetisch an der Optik des Auges, sondern erscheint eher technologisch vermittelt. In dieser Hinsicht unterscheidet sich Mekas’ filmische Ästhetik von Brakhages Vorstellung von Film als *Metaphor of Vision*.[62] Sie folgt eher neoformalistischen Prinzipien und schließt sich Maya Derens Überzeugung

58 Ders.: Die Vorbereitung des Romans. Vorlesung am Collège de France 1978–1979 und 1979–1980, Frankfurt am Main 2008, S. 291.

59 Ders.: Über mich selbst (1975/2010), S. 110 (Hervorhebungen im Original). Gemeint ist der Komponist und Musiker Anton Webern, einer der ersten Schüler von Arnold Schönberg.

60 Jonas Mekas im Voice-over von WALDEN (1969), Reel 6.

61 Oksana Bulgakowa: Vertov und die Erfindung des Films zum zweiten Mal, in: Natascha Drubek-Meyer, Jurij Murasov (Hg.): Apparatur und Rhapsodie (2000), S. 103–117, hier: 115.

62 Stan Brakhage: From Metaphors of Vision (1960), in: P. Adams Sitney (Hg.): The Avant-Garde Film (1978), S. 120–133; Annette Michelsons übt Kritik an Brakhages Konzeption des Films, der die technischen Implikationen der Kamera zugunsten seiner anthropomorphen *Vision* zu überwinden sucht, vgl. Annette Michelson: Film and the Radical Aspiration (1966), in: P. Adams Sitney (Hg.): The Film Culture Reader (2000), S. 404–421, hier: 419.

an: Film sollte aufhören, Realitäten aufzuzeichnen, die unabhängig vom filmischen Instrument existieren.[63] Dieser Ansatz reicht noch weiter zurück – zu Vertovs Kino-Auge, das keine optischen oder audiovisuellen Sensationen zeigt, sondern manuell und technologisch transformierte Realität.[64] Mekas' Kamera erheischt flüchtige Impressionen – Blicke, Fragmente von Gegenständen und Personen – und schafft eine filmische Wirklichkeit aus Bewegung und Licht. Die springenden Kürzestbilder („short bursts of photography"[65]) zeugen vom Glanz und Reiz des täglichen Lebens und involvieren flinke Modulationen des Fokus und der Belichtungszeit, wodurch sich die Farben und Konturen der vorfilmischen Wirklichkeit verwandeln.

2.3.2 *NOTES ON A CIRCUS. Transformation eines vorfilmischen Spektakels*

Das Kapitel NOTES ON A CIRCUS, das von den Verleihern auch als eigenständiger Experimentalfilm aufgeführt wird, zeigt beispielhaft, wie Mekas ein vorfilmisches visuell-akustisches Spektakel – in diesem Fall einen Zirkusabend – in ein genuin filmisches Erlebnis verwandelt: durch das Einzelbildverfahren und die Montage direkt in der Kamera vor Ort. Trotz der vielen, abrupten Schnitte und der Reihung in kurzen Sequenzen wird das in drei Unterkapitel unterteilte Stück als zusammenhängender Clip wahrgenommen – gehalten durch die durchgehende Stimmung, die Lichtpalette und das allem unterlegte Musikstück. Die Bilder scheinen aus der Leinwand hervorzusprudeln – eine pulsierende Matrix – und tanzen im oder gegen den Rhythmus der Musik. Kaum eine vorfilmische Bewegung wird vollständig ausgeführt, kein Hochseilakt in seiner ganzen Länge verfolgt, kein Trapezschwung lückenlos begleitet. Vielmehr schneidet Mekas hart in die Objektbewegungen hinein, reiht schonungslos einen Aspekt an den anderen und erzeugt so den Effekt eines Kaleidoskops, das fragmentierte Bewegungen zu einer eigengesetzlichen Dynamik bündelt.

---

63 Vgl. Maya Deren: Cinematography. The Creative Use of Reality (1960).

64 Vgl. Dziga Vertov: Kinoki. Umsturz (1923), in: Wolfgang Beilenhoff (Hg.): Dziga Vertov. Schriften zum Film, München 1973, S. 11–24, hier: 15–16. Mekas wollte WALDEN zunächst Dsiga Vertov widmen, vgl. Jonas Mekas in: Walden and Thoreau (2017), URL: https://www.webofstories.com/play/jonas.mekas/89 (letzter Zugriff: 1.12.2022); auch David E. James konstatiert viele Parallelen zwischen Mekas und Vertov, insbesondere die Vorliebe für das Kamera-Auge gegenüber dem menschlichen Auge und ihre Hingabe an das Aufzeichnen des alltäglichen Lebens, vgl. David E. James: Film Diary/Diary Film (1992), S. 158.

65 David E. James: Film Diary/Diary Film (1992), S. 157.

Abb. 2.17

Die Bewegungen der Artisten und dressierten Zirkustiere – perfekt einstudiert und ausgeführt – korrelieren mit den spontanen Bewegungen der Kamera, die aus Mekas' Handbewegung hervorgehen. Ein Augenblick des Glitzerkleids und dann das Tigerfell, rot-graue Streifen entlang der Manege, ein Zebra und stets das blaue Zirkuszelt. Ein Jongleur wirft zwei Bälle ein, und ehe er sie auffängt, setzt eine Tänzerin zur Pirouette an. Die Trapezkünstlerin schwingt – ein Stück, in abenteuerlichen Hängen. Einräder drehen eine Runde, ein Pferd betritt die Manege und verschmilzt mit seiner Reiterin zu einem Fleck aus Licht. Roter Samt mit funkelnden Pailletten, dann ein Feuerring. Die Flammen züngeln auf der Leinwand, rhythmisieren die Bildfläche, Löwen werden aus dem Gatter gelassen. Seile durchkreuzen das Bildfeld als Diagonalen und Flammenkeulen strukturieren den Ausschnitt neu. Das filmische Spektakel ist eine Komposition ‚in actu'. Die elastischen Bewegungen der Schlangenfrau setzten sich – nach einem Match-Cut – in der Drehung bunter Wagenräder fort. Dann durchquert ein leiterförmiges Gebilde das Bildfeld, ein Mann in Uniform klettert hoch, verschwindet im oberen Off des Bildes. Der Ausschnitt eines Menschenturms – alle gleich gekleidet – Pferdebeine und ein Fall der Trapezkünstlerin in eine große Glocke. Kurz darauf stehen die Bilder Kopf und erscheinen auf der Leinwand so, wie sie diesseits ihrer Projektion durch den Projektor laufen. Wischbewegungen verweisen auf lange Belichtungszeiten, die Einstellungsgrößen springen zwischen Totalen und Close-Ups hin und her, die manuell instabilisierte Laufgeschwindigkeit rüttelt an der noch verbliebenen Kontinuität. Immer wieder blenden Scheinwerfer und lassen eine Einstellung grell und weiß erscheinen, während im Gegenlicht Schatten über den Spreu der Manege taumeln. Doppel- und Dreifachbelichtungen, Artefakte und Lichteffekte des Spektakels verbinden sich zu jenem Dritten: „The old problem of all artists: to merge reality and self, to come up with a third thing."[66]

66 Jonas Mekas: The Diary Film (1972), S. 192.

Abb. 2.18

Auf der Leinwand wird der Zirkus neu geboren. Einem waghalsigen Luftsprung auf dem Trampolin setzt der Schnitt ein jähes Ende – Bühnenarbeiter in Grau beginnen durch Jump-Cuts zu hüpfen. Die Abfolge der akrobatischen Performances gerinnt zum abstrakten Farbfeld, durchdrungen von Licht- und Glanzflecken, die im Rhythmus der Musik aufflackern und vergehen. Tauben – wie von Méliès hervorgezaubert – flattern um die weiße Tänzerin und hoch ins Zirkuszelt, bevor ein kurz anhaltendes Schwarzbild die Passage unterbricht. Und ehe wir uns besinnen, setzt der nächste Zwischentitel ein: KREEPING KREPLACHS MEET TO DISCUSS WORLD PROBLEMS. Die Musik geht weiter, bildet eine Brücke und begleitet die zum Verstummen gebrachten Filmemacher der Film-Makers' Cooperative, die mit der Presse diskutieren. Haben die Bilder mit den Gebrüder Lumière laufen gelernt, so lernten sie mit Jonas Mekas rennen, stolpern, straucheln, um die Wette rasen. Die vorangegangene Sequenz ist weggeblasen. Die Korrelation von Film, – der einst selbst dem Jahrmarkt zugewandt war – und Zirkus als pointiert bewegtem, vorfilmischem Motiv treibt die Dynamisierung der Bilder auf die Spitze. Mekas manipuliert diese Bewegung gezielt durch seine Kamera – mit Handbewegungen und dem Einzelbildverfahren – und stellt sie als Attraktion zur Schau. Das Medium Film wird in seinen konstitutiven Komponenten – „light, movement"[67] – vorgeführt, wie auch in seiner radikal zeitlichen Verfassung.

2.3.3 *Apparatur und Rhapsodie*

Trotz der Geschwindigkeit ihrer Aufeinanderfolge lösen sich Mekas' Filmsplitter nicht in einer kinematografischen Illusion auf. Nach André Bazin vermag diese Illusion die Integrität der durch die Kamera in Einzelbilder zerstückelten Welt wiederherzustellen: in einer scheinbaren Präsenz, der kinematografischen Re-präsentation, lebt das Ganze wieder auf.[68] Doch in WALDEN werden uns die Nähte und Bruchstellen zwischen den Bildern offensichtlich vor Augen

67 Jonas Mekas im Voice-over von WALDEN (1969), Reel 1.
68 Vgl.: André Bazin: Ontologie des photographischen Bildes (1945 /2004), S. 39.

geführt. Zu groß sind die Lücken, in die all das fiel, was weggeschnitten, nicht gefilmt, dem unverfilmten Lauf des Lebens anheimgegeben wurde, als dass sich eine ästhetisch schlüssige Synthese des gefilmten Spektakels herstellen ließe. In impliziter Bezugnahme auf den etymologischen Ursprung des griechischen Wortes *rháptein* spricht Roland Barthes vom „Rhapsodischen" – der „Idee des Zusammengenähten, des Flickwerks, des Patchworks" –, um die fragmentarische Natur des Tagebuchs und dessen musikalisches Ideal zu charakterisieren.[69] Dieses Vernähen von Fragmenten als ästhetisches Prinzip der Diskontinuität steht dem auf das klassische Continuity-Schnittsystem bezogenen Konzept der Suture diametral entgegen.

Die einzelnen Einträge folgen in der Projektion linear und chronologisch aufeinander. Ihr Rhythmus baut auf der Taktordnung der Projektionsmaschine auf, umspielt sie und macht sie als das Rückgrat des rhythmischen Ablaufs spürbar. Entlang einer sich entfaltenden Gegenwart wird sowohl die Rhythmizität der Einträge als auch die filmische Eigenbewegung als mediale Gesetzmäßigkeit des analogen Films erfahrbar. Was sich im Präsens und im Rhythmus von WALDENS Ton- und Bilderfolgen entfaltet, sind nicht die Objektbewegungen, sondern jene filmische Kraft, die seit der Entstehung des Kinos die Bilder zum Laufen bringt. Es ist jene filmische Bewegung, die Christian Metz als „Eigenbewegung des Films" bezeichnet hat – eine durch das technische Dispositiv regulierte Bewegung, die mit festgelegter Geschwindigkeit die Bilder auf die Leinwand projiziert.[70] Nach Metz ist es diese Eigenbewegung des Films, die auf direkte Weise zum Realitätseindruck im Kino beiträgt – „in dem Maße, wie sie selbst als reale Bewegung erscheint."[71] Der „Eindruck der Realität" und „die Realität des Eindrucks" – also die tatsächliche Bewegung des Filmstreifens – fallen im Kino ineinander.[72] Weil Betrachter:innen im Kino den Film auch in seiner materiellen Dimension erleben, nehmen sie nicht nur an einem imaginären, sondern auch an einem realen, gegenwärtigen Ereignis teil.

Auch Béla Balázs macht den Film als Medium der Gegenwart stark und betont die filmische Erfahrung als Kopräsenz von filmischer Erscheinung und Publikum. Er unterstreicht die radikal performative Verfasstheit des Films

69 Roland Barthes: Die Vorbereitung des Romans (1978–1979/2008), S. 289–290.

70 Christian Metz: Zum Realitätseindruck im Kino (1965/1972), S. 20–35, hier: 26.

71 Ebd.; Christian Metz bezieht sich auf ein „Gesetz in der Psychologie, das besagt, dass die Bewegung von dem Augenblick an, wo sie bemerkt wird, meistens als wirklich angesehen wird im Gegensatz zu vielen anderen visuellen Strukturen wie zum Beispiel dem Volumen, das seinerseits sehr leicht als irreal angesehen werden kann."

72 Ebd., S. 28.

sowie dessen enge Koppelung an *Sehenswürdigkeiten*[73] und unterscheidet ihn damit vom Wort und vom Begriff, die zeitlos seien und auf Ungegenwärtiges verweisen können: „Man kann schreiben: ‚der Held ging nach Hause, und als er eintrat …' Das Bild aber hat nur Gegenwart, und im Film kann man nur zeigen, dass er geht. Oder gar nichts."[74] In seiner Analyse des Spannungsbogens eines filmischen Narrativs interessiert sich Balázs insbesondere für die Rhythmisierung der Bewegung und die Qualität des Zeiterlebens – als affektive Kraft:

> Wie kann der Regisseur diese Stimmung noch steigern […]? Er lässt den Sohn die Mutter auf einen Wagen setzen und mit ihr in rasendem Galopp zu jener Stätte jagen […] das wachsende Tempo wird zum Ausdruck der wachsenden Ungeduld. Häuser, Bäume, Menschen fliegen an dem rasenden Wagen vorbei, in überschwänglichem Rausch des Glücks vergeht die Welt. Und als sie endlich ankommen, hat ihre Ankunft eine heiße Intensität, wie wenn ein Wurfgeschoss ins Zimmer geflogen käme.[75]

Balázs spricht von der „Bilderführung", die „die Reihenfolge der Bilder und ihr Tempo" bestimme: „[…] der Bilderfluss [wird] mal gelassen und breit strömend sein, ein andermal balladenhaft, atemlos aufflackernd und wieder verlöschend oder dramatisch steil getürmt oder kapriziös prickelnd. Die Bilderführung ist der lebendige Atem des Films, und alles hängt von ihm ab."[76]

Im Gegensatz zu Balázs' beschriebenem Galopp ist die Rhythmizität von Mekas' Ton- und Bilderreihen von einer narrativen Funktion entkoppelt. Die filmische Eigenbewegung entwickelt sich unabhängig von der Motorik ihrer referenziellen Gegenstände. Sie lässt die einzelnen Bauteile aufeinandertreffen und entfaltet – in Abhängigkeit von ihrer Länge und ästhetischen Gestaltung – jene sich offen entwickelnde Rhythmizität, die Mekas' Filme charakterisiert. Anstelle einer scheinbaren Präsenz eines Gegenstandes tritt die tatsächliche Gegenwart der filmischen Eigenbewegung umso deutlicher hervor. Ins Zentrum der Aufmerksamkeit rückt die Zeit – in ihrer Produktivität sowie radikalen Vergänglichkeit.

Der Rhythmus von WALDEN variiert je nach Qualität und Länge der einzelnen Einstellungen, bildet formale und inhaltliche Zyklen sowie Leitmotive aus und macht zugleich den zugrunde liegenden Puls spürbar – jene mechanische Metrik des motorbetriebenen Projektors. Die sich entfaltende Bilderfuge

73 Béla Balázs: Der sichtbare Mensch oder die Kultur des Films (1924), Frankfurt am Main 2001, S. 82.

74 Ebd., S. 84, 85.

75 Ebd., S. 80.

76 Ebd., S. 84.

umspielt organisch den unbeugsamen Mechanismus des Apparats, der mit der Präzision eines Uhrwerks ein Fotogramm nach dem anderen auf die Leinwand schickt. Auf den Mechanismus der Projektion wird auch durch die dezidierte Diskontinuität der Bilderfolge angespielt. Der durch aktive Unterbrechungen gezeichnete Fluss des Films verweist auf den ruckartigen Transport jedes in den Projektor eingespannten Filmstreifens – durch den Motor in Gang gesetzt und durch das Malteserkreuz laufend unterbrochen. Die Grundlage der kinematografischen Bewegungsillusion fliegt in diesem Kino auf: Es zeigt sich die Paradoxie, dass nur ein ruckartiger Transport der Bilder ihren kontinuierlichen Bewegungsfluss ermöglicht. Durch diesen intermittierenden Bildfluss wird auch auf das Phi-Phänomen verwiesen, mit dem Hugo Münsterberg zu Beginn des 20. Jahrhunderts die Vorstellung des Nachbildeffekts als Grundlage des Bewegungssehens widerlegte. Münsterberg stellte klar, dass Bewegungssehen nichts anderes ist als ein „mentaler Akt, der von den Apparaten initiiert wird."[77]

Mit dem Begriffspaar *Apparatur und Rhapsodie* wurde dem vorliegenden Kapitel ein Titel vorangestellt, mit dem die Autorin Natascha Drubek-Meyer gemeinsam mit Jurij Murasov zwei gegenläufige Tendenzen im filmischen Werk von Dsiga Vertov beschrieben hat, die sich auf Jonas Mekas' WALDEN übertragen lassen.[78] Drubek-Meyer und Murasov thematisieren mit dieser Begriffskonstellation eine für die russische Avantgarde der späten 1920er und 1930er Jahre charakteristische Verschränkung von Ethik und Ästhetik, die zugleich eine komplexe Interrelation zwischen alten und neuen Medien umfasst. Zum einen hätten in der russischen Avantgarde technisch-mediale Innovationen einen ästhetischen Eigenwert gewonnen: Schrift und Stimme in den verbalen Künsten, „der Körper als biomechanisches Objekt im Theater", Lärm und Geräusche in der Musik, „Material, Chromatik und Geometrie in der bildenden Kunst" und schließlich „die kinematografische Aufnahme- und Projektionsapparatur" sowie „das belichtete Material" beim Film.[79] Gleichzeitig konstruiert und spiegelt sich in dieser vom Apparat geprägten Ästhetik eine politisch-moralische Überzeugung, die die Autor:innen mit dem die Apparatur kontrastierenden Begriff der Rhapsodie in Verbindung bringen. Die neuen, mechanisierten Ausdrucksformen gehen eine Allianz mit einer ethischen Haltung ein, die sich gerade in der technisch bedingten Ästhetik artikuliert. „Der Rhapsode, ein fahrender Sänger bzw. Rezitator, ist mit dem Zusammennähen (griech.: rhaptein) von Versen und Heldenliedern befasst

77 Ute Holl: Kino, Trance & Kybernetik (2002), S. 237.

78 Vgl. Natascha Drubek-Meyer, Jurij Murasov: Zwischen medialem Experiment und *Rhapsody in Red*, in: dies. (Hg.): Apparatur und Rhapsodie (2000), S. 8.

79 Ebd.

und bezieht so seinen Namen aus einem medialen Zusammenhang der Generation von Textstücken."[80] Im heutigen Sprachgebrauch bezeichnet die *Rhapsodie* primär eine musikalische Form, die sich durch starke Rhythmen und Gegenrhythmen auszeichnet. Ursprünglich jedoch war die Rhapsodie ein frei rhythmisiertes Gedicht, vorgetragen von einem wandernden Rezitator, oder aber ein Volkslied, das das Handwerkliche und Mündliche impliziert.[81] Wie auch der Bau von Mekas' WALDEN – eine groß angelegte, manuell im Einzelbildverfahren erstellte Collage – auf einem spontan gestifteten Patchwork basiert, ist die Rhapsodie durch äußere Einflüsse und die Zufälligkeit der Umstände inspiriert und geprägt.[82]

Die Parallelführung von Mekas' singender Sprechstimme im Voice-over und der vor Ort diktierten Rhythmik der Montage legt die Assoziation der Rhapsodie als gesungenes Gedicht oder Volkslied nahe. Man könnte mit Roland Barthes von jenem „präzise abgesteckten Raum" sprechen, „in dem eine Sprache einer Stimme begegnet."[83] Das bedeutet, WALDEN unter die Vorzeichen jener performativen Äußerung zu stellen, die explizit an einen lebendigen Leib gekoppelt ist. Unabhängig von der semantischen Bedeutung des Gesangs transportiert er das Knirschen oder Knistern eines Körpers.[84] Die Stimme zeugt in besonderer Weise von physischer Präsenz und Materialität. Anknüpfend an Julia Kristevas Unterscheidung zwischen *Phänotext* und *Genotext*[85] bringt Roland Barthes diese Idee mit seiner Konzeption der *Rauheit der Stimme* (*grain de la voix*) zum Ausdruck. Das hörbare „Korn" der Stimme – ihr ungeformtes Material – verweigert sich einer kontrollierten Zuschreibung von Bedeutung und entzieht sich einer eindeutigen Semantisierung. Barthes erweitert diese Perspektive und postuliert, dass die Wahrnehmung des Korns jegliches Vernehmen von Körperlichkeit sei – ob „in der singenden Stimme, in der schreibenden Hand, im ausführenden Körperteil."[86] Das Korn ist jenes wahrnehmbare Artefakt, das eine poetische Äußerung jedweder Art an ihren Ursprungsort zurückverweist. Die „Rauheit einer Musik" zu erkennen oder die

---

80 Ebd.

81 Begriffsklärung *Rhapsodie*, in: Meyers Grosses Taschenlexikon Mannheim/Leipzig/Wien/Zürich 2001.

82 Vgl. Charles Baudelaire: Edgar Poe, sein Leben und seine Werke, in: Schriften zur Literatur, Frankfurt am Main 1992.

83 Roland Barthes: Die Rauheit der Stimme (1972/1990), S. 270.

84 Vgl. ders.: Die Lust am Text, Frankfurt am Main 1974, S. 98; hier geht es um die „Rauheit des Schreibens": „[…] das knirscht, das knistert, das streichelt, das schabt, das schneidet: Wollust."

85 Julia Kristeva: Die Revolution der poetischen Sprache, Frankfurt am Main 1978, S. 95 ff.

86 Roland Barthes: Die Rauheit der Stimme (1972/1990), S. 277.

Körnigkeit einer Stimme wahrzunehmen bedeutet, den „Bezug zum Körper" der singenden oder musizierenden Person zu hören.[87]

Abb. 2.19

Darüber hinaus impliziert der Begriff der Rhapsodie eine soziale Dimension: Auch wenn sie singulär geäußert wird – gesungen oder gesprochen – zielt sie darauf ab, ein Gefühl von Gemeinschaftlichkeit zu erzeugen.[88] Während der Begriff der Apparatur in Analogie zu Nietzsches Kunsttrieb des Apollinischen die Frage „nach den Mitteln/Medien der Repräsentation und das Problem von Form, Stil und Material" aufwirft, setzen Drubek-Meyer und Murasov das Rhapsodische in Analogie zum Prinzip des Dionysischen. Es lädt „den Rezipienten zur kommunikativen Teilhabe am Sinnereignis" ein, setzt „auf die (ethische) Intensität des (ästhetischen) Erlebens" und bietet „die therapeutische Möglichkeit", sich „als Erlebnis- und Sinngemeinschaft zu erfahren."[89] Die beiden Autoren legen den Akzent weniger auf den expressiven Ausdruck des Individuums als auf die Intention, eine kollektive, intersubjektive Erfahrung zu ermöglichen.[90] Ob der Film WALDEN ein gemeinschaftliches Kinoerlebnis erzeugt, bleibt fraglich – nicht zuletzt aufgrund der physischen Anstrengung, die es bedeutet, das Flickern der *beliebigen* Momente über drei Stunden hinweg auszuhalten. Unbestritten ist jedoch, dass Mekas mit seiner Kamera immer wieder auf gemeinschaftliche und gemeinschaftsstiftende Motive im Sinne eines ‚Bilderschatzes' zugreift. WALDEN zeigt eine Sammlung von Bildern, die prägende Momente in Mekas' eigenem Leben markieren. Szenen

---

87 Ebd.

88 Zu Jonas Mekas und Gemeinschaftlichkeit („communitas") vgl. Paul Arthur: Routines of Emancipation (1992), S. 19; vgl. Kapitel 1.2.4. weiter oben.

89 Natascha Drubek-Meyer, Jurij Murasov: Apparatur und Rhapsodie (2000), S. 9.

90 Die Rhapsodie eröffnet den Autoren zufolge den Assoziationsraum einer archaischen, vorschriftlichen Kultur und verweist auf den Kontext von „Erzählungen und Gesänge[n]", durch die sich „die Gemeinschaft auf Festen und Totenfeiern ihrer Traditionen versicherte und sich als soziale und Sinngemeinschaft erlebnishaft bestätigte." In: Natascha Drubek-Meyer, Jurij Murasov: Apparatur und Rhapsodie (2000), S. 9.

von Abendessen mit Freunden, Geburtstagsfeiern und Hochzeiten, Spaziergängen oder Picknicks im Park zeugen aber auch von sozialen Ritualen, die über Mekas' einzelne Biografie hinausweisen. Durch die referenzielle Bezugnahme von WALDEN auf die Gebrüder Lumière werden diese gemeinschaftsstiftenden Motive mit jenen ersten filmischen Motiven verknüpft, die die Fotografie überhaupt erst in Bewegung versetzt haben.

2.3.4 *Die Arbeit des Todes: Final Cut (Pasolini) versus Montage in der Kamera (Mekas)*

Die radikal performative Verfasstheit von Mekas' filmischer Rhapsodie evoziert die Idee einer „freien subjektiven Perspektive" – sowohl in Anlehnung als auch in Abgrenzung zu einem Konzept, das Pier Paolo Pasolini 1964 in seinem auf dem Filmfestival in Pesaro vorgetragenen Essay *Das Kino der Poesie* entwickelte.[91] Anders als in Pasolinis Kino der Poesie werden die von Mekas mit seiner Kamera selektionierten, alltäglichen Motive jedoch mit keiner fiktiven Figur assoziiert. Vielmehr bleibt die Audiovision dezidiert an die Person gebunden, aus deren kinematografischem Handeln (Kadrieren, Fokussieren, Schwenken, Schneiden und Montieren) sie konkret hervorgeht. WALDEN trägt nicht eine indirekte, sondern eine direkt subjektive Perspektive vor. Durch die Differenz der Einzelbilder und die Kluft zwischen Bild und Ton erscheint das sich äußernde Subjekt nicht als einheitlich und mit sich selbst identisch, sondern als aufgesplittert. Ein Vergleich zwischen Pasolinis theoretischer Konzeption eines Kinos der Poesie und Mekas' Tagebuchfilm WALDEN erweist sich als höchst spannungsgeladen. Denn Pasolini äußerte sich enttäuscht über die Ausstellung von Filmen des *New American Cinema* auf dem Pesaro-Filmfestival von 1967 sowie in Rom. In der Folge distanzierte er sein Konzept des Kinos der Poesie von nicht-narrativen Tendenzen.[92] Ausschlaggebend für Pasolinis vernichtendes Urteil war – so meine These – eine ideologische Differenz, die sich besonders in einer konträren Praxis der Montage manifestiert. Diese Differenz soll ein Licht auf eine grundlegende Intuition von Mekas filmischem Unterfangen werfen.

Zur Beschreibung des modernen Films der frühen 1960er Jahre entwickelte Pasolini die Idee einer kinematografischen Ausdrucksform, die sich durch eine *indirekte freie subjektive Perspektive* auszeichnet. In Anlehnung an das literarische Mittel der *freien indirekten Rede*, die den subjektiven Standpunkt in einer

---

91 Pier Paolo Pasolini: Das Kino der Poesie (1965/1977).

92 „Speaking of a cinema of poetry, I always meant to speak of narrative poetry", Pier Paolo Pasolini: Living Signs and Dead Poets, in: Heretical Empiricism (Empirismo eretico, 1972), Washington 2005. S. 251.

Prosaerzählung betont, versuchte Pasolini den modernen Film in Analogie zur Sprache als eine intersubjektive Kommunikationsform zu fassen – eine Form, die sich von der klassischen filmischen Narration unterscheidet. Diese filmische Kommunikationsform greift nach Pasolini auf ein genuin bildhaftes Ausdruckspotenzial zurück: Wir alle hätten die „berühmte Dampflokomotive mit ihren Rädern und ihren Kolbenstangen mit eigenen Augen gesehen" – sei es in der Realität, im Museum, auf Fotografien oder in Filmbildern – oder sie uns aufgrund verbaler Schilderungen vielfach vorgestellt. „Sie gehört zu unseren optischen Erinnerungen und zu unseren Träumen", und „wenn wir sie in der Realität" oder im Kino „sehen, *sagt* sie uns etwas."[93] In Analogie zum Wortschatz entwirft Pasolini die Idee eines Bildarchivs, das in einer kollektiven menschlichen Erfahrung wurzelt. Die bildhaften Zeichen fände der moderne Filmautor nicht im Bilderbuch, nicht in „der Schachtel, dem Gepäck, dem Koffer", sondern er „greife" sie – wie Mekas mit der Kamera – „aus dem Chaos des Lebens" auf, wo sie „als pure Möglichkeiten oder als Schatten mechanischer und onirischer Kommunikation" existierten.[94]

Diese Zeichen teilt Pasolini in zwei Kategorien ein. Der eine Fundus besteht aus den *Lin-zeichen* oder *mimischen Zeichen*, die in der Alltagskommunikation wurzeln und „in der Wirklichkeit der mündlichen Kommunikation" das „System linguistischer Zeichen durchdringt und ergänzen."[95] Der zweite Fundus wird durch die *Imzeichen* gebildet – Zeichen, die nicht zum Ausdruck gelangen, sondern lediglich in uns selbst, als Teile unserer Vorstellungen, Gedanken und Träumen zirkulieren. Da die *mimischen Zeichen* in einem Abbildverhältnis zur vorfilmischen Wirklichkeit stehen, seien sie als „Archetypen zutiefst verschieden von denen der Erinnerung und der Träume [...]." Als „grob objektiv" gehören sie „zu einem Typus von Kommunikation mit den anderen, der allen gemein und strikt funktional ist."[96]

> Allein auf der Straße zu gehen, sei es auch mit verstopften Ohren, ist ein ständiges Zwiegespräch zwischen uns und der Umwelt, die sich durch die Bilder, aus denen sie sich zusammensetzt, ausdrückt: durch die Physiognomien von Passanten, ihre Gesten, ihre Winke, ihre Handlungen, ihr Schweigen, ihre Mienen, ihre Auftritte, ihre kollektiven Reaktionen (Menschengedränge an den Verkehrsampeln, Zulauf bei einem Unfall oder bei der Frau mit dem Fischleib an der Porta Capuana); weiterhin Anschläge, Hinweisschilder, Richtungsangaben im umgekehrten Uhrzeigersinn: kurz und gut: Dinge und Objekte, die

93 Pier Paolo Pasolini: Das Kino der Poesie (1965/1977), S. 54.

94 Ebd., S. 51.

95 Ebd., S. 50–52.

96 Ebd., S. 58.

> voller Bedeutungen sind und daher durch ihre bloße Gegenwart unvermittelt „sprechen".[97]

Eine subjektiv-lyrische Qualität, wie sie Pasolinis Kino der Poesie vorschwebt, erhält der Film durch die Auswahl und Gestaltung dieser *mimischen Zeichen* – durch ihre Aneignung, Interiorisierung oder ‚Einbildung' durch die Filmemacher:innen und ihre technischen Instrumente. Auf diese Weise entsteht durch den Film jener zweite Fundus an Zeichen, der entweder an die alltägliche kollektive Erfahrung anknüpft oder aus ihr hervorgeht.[98]

> [...] es gibt eine ganze Welt im Menschen, die sich vorwiegend durch signifikante Bilder (wollen wir in Analogie den Terminus Imzeichen erfinden?) ausdrückt: es handelt sich um die Welt der Erinnerung und der Träume: Jeder Rekonstruktionsversuch der Erinnerung ist eine Folge von Imzeichen, das heißt im ursprünglichen Sinne eine Filmsequenz. (Wo habe ich diese Person gesehen? Warte ..., mir scheint, in Zagora – Bild von Zagora mit seinen grünlichen Palmen vor rosa Erde – ... in Begleitung von Abd el-Kader ...– Bild von Abd el-Kader und der Person, die auf die Kasematten der ehemaligen französischen Vorposten zugehen – etc.) Und so ist jeder Traum eine Folge von Imzeichen, die alle Merkmale von Filmsequenzen haben: Großaufnahmen, Halbtotalen, Details etc. etc.[99]

Dieser zweite Fundus bestünde aus Bildern der „Kommunikation mit uns selbst"– aus den *Imzeichen* im Sinne innerer, in uns eingeschlossener, explizit subjektiver Bilder. Da der Filmemacher solche Bilder in der vorfilmischen Wirklichkeit sucht und zur Ansicht, zur Debatte stellt, werden sie zu Trägern „der indirekten Kommunikation mit den anderen."[100] Pasolini begründet seine These, dass „die Tendenz der Filmsprache eigentlich eine ausgesprochen subjektiv-lyrische sein müsste", mit der zwangsläufig gestalterischen Aufbereitung von Bildern, die uns womöglich „etwas sagen."[101] Sowohl die Wahl der Einstellungsgröße und -winkel, die Kamerabewegung als auch jeder Schnitt und die Montage sind subjektive Manipulationen, die der objektivierenden Tendenz des Films entgegenwirken und die die selektierten Motive perspektiveren. Unter Berücksichtigung der filmischen Gestaltungsmittel liefert ein Film mittelbar – oder sogar automatisch – eine Audiovision, die subjektive

97 Ebd.
98 Vgl. ebd.
99 Ebd., S. 51.
100 Ebd., S. 57.
101 Ebd.

Wahrnehmungen und Erfahrungsweisen wie Mechanismen des Denkens, der Erinnerung oder des Traums nachvollziehbar macht.

In seiner Polemik gegen die New Yorker Avantgardefilme kritisiert Pasolini die in diesen Filmen explizit dargestellten „Illusion des Vergehens von Zeit".[102] Ihm missfällt, wie Lebenszeit in ihrer radikalen Vergänglichkeit inszeniert wird – als wäre das Leben nichts weiter als ein hastig durchgeblätterter Kalender:

> [...] the idea of time which they oppose to what they consider to be conventional is an idea which is taken too generically from the Indian philosophies made fashionable by Ginsberg, and the result is that they arbitrarily and amateurishly capsize time, making films that seem like calendars whose pages are rapidly passed under one's thumb–one glimpses blue skies with black, chopped-off branches, New York under the snow, a good Negro who goes down into the subway; girls who dance dances which go out of style in a month, etc., etc.[103]

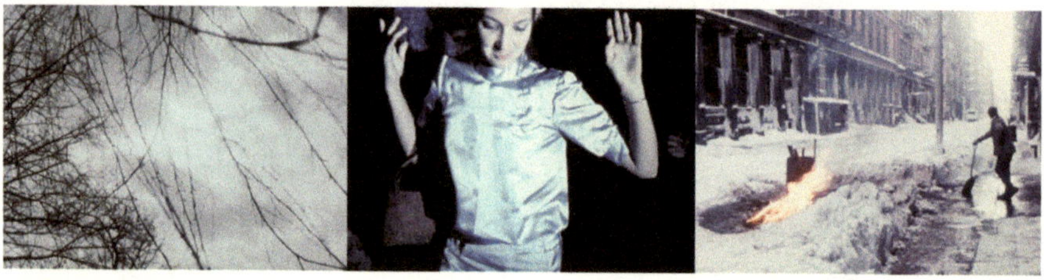

Abb. 2.20

In seinem vernichtenden Urteil, in dem er – mit Ausnahme des falsch benannten „Burkage" (für: Brakhage) – keine weiteren Namen nennt, dient die oben zitierte Beschreibung einer Szene, die exakt auf Mekas' WALDEN zutrifft, als Paradebeispiel.[104] Aus Pasolinis weiteren Ausführungen wird deutlich, dass er Mekas' Filme ablehnt, weil sie sich seiner Konzeption des menschlichen Lebens als eines narrativen Sinnzusammenhangs widersetzen.[105] An dieser Stelle ist Pasolinis Hinweis auf die „östliche Philosophie" folgerichtig, denn in chinesischen, indischen und japanischen Denktraditionen und Kulturtechniken spielt das zumindest zeitweise Unterbrechen eines narrations- und

102 Pier Paolo Pasolini: Living Signs and Dead Poets (1972/2005), S. 250.

103 Ebd., S. 251.

104 Jonas Mekas hat in Pesaro einige Film-Fragmente, die später in WALDEN mündeten, ausgestellt. Pasolini bezieht sich in seiner Kritik u.a. auf diese Fragmente, vgl. P. Adams Sitney: The Cinema of Poetry, New York 2015, S. 105.

105 Vgl. Pier Paolo Pasolini: Living Signs and Dead Poets (1972/2005), S. 250.

kausalitätsstiftenden Denkens eine zentrale Rolle.[106] So etwa in der Zen-Meditation, die die Hingabe an die Gegenwart als einen von Vergangenheit und Zukunft losgelösten Moment kultiviert. Darüber hinaus dürfte Pasolini auch die für WALDEN exemplarische Offenheit der Form missfallen haben. Diese fehlende Geschlossenheit widerspricht seiner Auffassung nach jeder Möglichkeit, sich sinnhaft zu artikulieren. Denn nach Pasolini erfolgt die Sinnstiftung nicht immanent, sondern transzendent – vermittelt durch etwas, das dem Leben selbst äußerlich ist und es als etwas Abgeschlossenes betrachtet.

Als emblematische Figur der poetischen Filmform, die sich um einen Protagonisten/eine Protagonistin organisiert, schlägt Pasolini in seinen *Anmerkungen zur Einstellungssequenz* einen sterbenden Menschen vor: „Kennedy hat sich durch seine letzte Handlung, sterbend, ausgedrückt."[107] Der Sinn seines Lebens werde erst durch den eingetretenen Tod vermittelt – und das Kino sei wie dieses Leben nach dem Tod.[108] Die mehrdeutige Kontinuität des gelebten Lebens verknüpft Pasolini mit der Sequenzaufnahme, die Totalisierung durch den Tod mit dem auf den Dreh folgenden Schnitt. Als Beispiel für die Sequenzaufnahme entwirft er einen Film als potenziell *infinite subjektive Perspektive*, die an eine einzige Person gebunden ist und mit deren Wahrnehmung zusammenfällt – eine Perspektive, die die „Realität vor unseren Augen und Ohren in ihrem Ablauf nicht anders zu sehen und zu hören vermag, als in der Gegenwart, im Präsens und von einem einzigen, konkreten und subjektiven Blickwinkel aus".[109] Ausgehend von einem imaginären „16-mm Filmchen, das ein Zuschauer in der Menge über den Tod von Kennedy gedreht hat", skizziert Pasolini diese filmische Perspektive als „äußerste realistische Grenze jeder audiovisuellen Technik [...], in welcher alle anderen Blickwinkel fehlen."[110] Seine pointierte Engführung von filmischem Akt und menschlicher Wahrnehmung verortet er unter großstädtischen Bedingungen – nicht zufällig wählt er für sein Gedankenexperiment einen Menschen im Gedränge als Operator seines Filmchens: einen gewöhnlichen Passanten als Repräsentanten einer

106 Ebd.

107 Pier Paolo Pasolini: Anmerkungen zur Einstellungssequenz, in: Das Kino der Poesie (1965/1977), S. 77–84, hier: 81. Pasolini konzipiert das menschliche Handeln (Sterben inklusive) in Anlehnung an die Sprache als einen performativen Akt.

108 „Time is not that of life when it lives, but of life after death; as such it is real, it is not an illusion, and it can very well be that of the story of a film." Pier Paolo Pasolini: Is being natural? (1967), in: Heretical Empiricism (1972/2005), S. 238–243, hier: 243.

109 Pier Paolo Pasolini: Anmerkungen zur Einstellungssequenz, in: Das Kino der Poesie (1965/1977), S. 82.

110 Ebd.

„existenziellen Subjektivität",[111] die raumzeitlichen Bedingungen unterworfen und von Hindernissen umstellt ist. Ständig fällt etwas in sein Gesichtsfeld, sein Blick auf das Ereignis ist nicht ideal: Denn „der Zuschauer und Kameramann in einer Person hat [...] einfach von da gefilmt, wo er sich befand".[112] Selbst wenn die Person sich in der Menge nach vorne gekämpft hätte, wäre sie dem unvorhersehbaren Verlauf des Geschehens ausgesetzt geblieben und hätte mit ihren „unvollkommenen natürlichen Organen oder technischen Geräten" jede wünschbare Totale verpasst.[113] Nach Pasolini ist die aus diesen Umständen gewonnene Darstellungsweise, die mit unserer Geburt beginnt, sich entlang der Gegenwart entfaltet und mit dem Tod erst abbricht, „so äußerst arm und beliebig, dass es fast Mitleid erregt, wenn man bedenkt, dass sie nur eine ist und der anderen so viele sind, unendlich viele."[114] Denn für unsere Augen und Ohren spielt sich ein historisches Ereignis, „dieses unwiederbringliche [...] Kapitel der Wirklichkeit" auf bloß eine und einzigartige Weise ab.[115]

Das kinematografische Handeln dieses Menschen im Gemenge mit seiner 16mm Kamera kann mit Pasolini als eine jener „makrobenhaften Praktiken" des urbanen Alltagsmenschen verstanden werden, in welcher Michel de Certeau eine Form von „gewöhnlicher Sprache" erkennt: „Die Sprache in der gewöhnlichen Sprache zu beschreiben, ohne sie von einem entfernten Ort zu ‚übersehen', bedeutet, sie als ein Ensemble von Praktiken zu begreifen, in das man eingebunden ist und in dem die Prosa der Welt am Werk ist."[116] Pasolini begreift diese „Prosa der Welt" als ein unentwirrbares Geflecht aus „verstümmelten und unverständlichen Sprachen", die jede für sich – „quasi tastend und stotternd" – nach sinnstiftenden Relationen sucht.[117] Diese Relationen würden erst durch und nach dem Tod erkennbar – er bewirke eine „schnelle Synthese eines vergangenen Lebens" und mache es als Sinnzusammenhang verständlich. „Das rückwirkende Licht, das der Tod auf dieses Leben wirft, hebt seine wesentlichen Momente hervor und macht aus ihnen Handlungen, die außerhalb der Zeit mythisch oder moralisch sind."[118] Solange der Mensch noch eine Zukunft habe, bleibe er „unausgedrückt" – denn „die Sprache seines Handelns" sei „durch eventuelle künftige Handlungen noch allen Möglichkeiten

111 Ebd.
112 Ebd., S. 77.
113 Ebd., S. 81.
114 Ebd., S. 80.
115 Ebd.
116 Michel de Certeau: Kunst des Handelns (1980/1988), S. 51.
117 Pier Paolo Pasolini: Anmerkungen zur Einstellungssequenz, in: Das Kino der Poesie (1965/1977), S. 81.
118 Ders.: Living Signs and Dead Poets (1972/2005), S. 250 (Übersetzung E.K.).

offen" und daher „modifizierbar".[119] Es ist also der Tod, der Ordnung in das Chaos bringt:

> Es ist also unbedingt notwendig zu sterben, weil es uns, solange wir leben, an Sinngebung fehlt und die Sprache unseres Lebens unverständlich bleibt: ein Chaos von Möglichkeiten, ein Suchen nach Relationen und Signifikanten ohne eine Lösung durch Kontinuität. *Der Tod erst macht eine fulminante Montage aus unserem Leben*, das heisst, er wählt dessen wirklich signifikativen (und nicht mehr durch andere, gegensätzliche oder inkohärente, modifizierbare) Momente aus und stellt sie in eine Folge. Er macht aus unserer infiniten, unstabilen und unsicheren und also linguistisch nicht beschreibbaren Gegenwart eine klare, stabile, sicherere und also linguistisch [...] genau beschreibbare Vergangenheit [...].[120]

Der *Final Cut*, der die endgültige Szenenmontage eines Films besiegelt, erfüllt in Pasolinis Gleichnis dieselbe Funktion wie der Tod für das Leben. Er erklärt die einst offene Gegenwart für abgeschlossen und ordnet die einzelnen Momente retrospektiv neu.

Doch – in Mekas' Sinn gefragt – aus welcher Perspektive blicken wir zurück, und warum? Soll der Sinn erst gefunden werden, wenn das Leben vorbei ist? „On the end of the road there was a piece of rabbitshit"– ein *Memento Mori*, das in Mekas' Filmen wiederkehrt und als Schlüssel zu ihrem Verständnis herangezogen werden kann.[121]

Abb. 2.21

Wegweisend für Mekas' filmisches Tagebuch ist die Lehre des Tao: „Methode = Weg [...] Das Wichtigste ist der Weg, das Fortschreiten auf dem Weg, nicht das, was man am Ende findet."[122] Inmitten seines längsten Films

119 Pier Paolo Pasolini: Anmerkungen zur Einstellungssequenz, in: Das Kino der Poesie (1965/1977), S. 83.

120 Ebd., S. 84.

121 Zwischentitel in LOST LOST LOST (1976), Reel 5.

122 Roland Barthes: Die Vorbereitung des Romans (1978–1980/2008) S. 58.

erscheint der Zwischentitel: „The reader should be carried forward not merely or chiefly by the mechanical impulse of curiosity, nor by a restless desire to arrive at the final solution but by the pleasurable activity of the journey itself. (Coleridge).“[123] Anders als Pasolini mit seinem *Final Cut* praktiziert und propagiert Mekas den *Schnitt vor Ort*, die *Montage in der Kamera*. In und angesichts der Gegenwart des Lebens wird geschnitten und gebaut – im Tagwerk, das dem Akt des Filmens selbst entspricht. Dadurch rückt die „Arbeit des Todes“[124] ins Leben und ins Filmen ein. Die Sinnstiftung für Film und Leben wird bei Mekas und im Gegensatz zu Pasolini nicht an den Rand und ins Jenseits verschoben. Sie wird nicht an eine höhere Instanz delegiert, sondern bleibt in eigener Hand. Mit der Hand am Drücker verwirklicht Mekas Horaz' *Carpe Diem*.[125] Er pflückt und sammelt mit der Kamera dies und jenes – darunter reife Früchte, Beeren oder Blumen – und transformiert das sinnliche Erleben von Stadt und Natur in eine filmische Erfahrung. Die Macht, „die wirklich bedeutsamen Momente“ auszuwählen „und ihre stimmige Folgerichtigkeit konsequent“ herauszufinden, wird nicht wie bei Pasolini an einen „genialen Kopf“ abgegeben.[126] Die Entscheidung, was in Hinsicht auf das eigene Leben und für seinen Film von Bedeutung ist, erfolgt aus eigener Regie – nicht transzendent, sondern immanent, im spontanen Akt des Filmens selbst. Mekas' filmisches Lebenswerk setzt eine gegenläufige Bewegung in Szene: Während der Diary Film WALDEN „wie ein schnell durchgeblätterter Kalender“ die getaktete Zeit nicht als Illusion, sondern als unverhandelbare Bedingung des menschlichen Lebens (mit der Kamera) zeigt, artikuliert das Film Diary WALDEN – das dem Diary Film stets eingeschrieben bleibt – das ethische Gebot des *Carpe Diem*.

---

123 Zwischentitel in: AS I WAS MOVING AHEAD ... (2000), Chapter 5.

124 Pier Paolo Pasolini: Anmerkungen zur Einstellungssequenz, in: Das Kino der Poesie (1965/1977), S. 82.

125 Lat. „Carpe diem“ für „pflücke den Tag“, „genieße den Tag“, „nutze den Tag“. *Carpe Diem* ist eine Sentenz aus der um 23 v. Chr. entstandenen Ode An Leukonoë des römischen Dichters Horaz. Die gartenbauliche Metapher ruft das Pflücken und Sammeln reifer Früchte oder Blumen wach, das Erlebnis eines Moments, der im sinnlichen Erleben der Natur verwurzelt ist. Hedonistisch ist die Wendung nur im Sinne Epikurs gemeint, der für eine möglichst einfache Lebensweise eintrat, vgl. Brockhaus' Kleines Konversations-Lexikon, Band 1, Leipzig 1911., S. 311.

126 Pier Paolo Pasolini: Anmerkungen zur Einstellungssequenz, in: Das Kino der Poesie (1965/1977), S. 82.

Abb. 2.22

2.4 Zum Terrain der Unabhängigen: Jonas Mekas und Henry David Thoreau

Jonas Mekas übernimmt für seinen ersten Tagebuchfilm den Titel eines Lebens- und Schreibexperiments, das Henry David Thoreau (1817–1862) rund 100 Jahre zuvor unternommen hat. *Walden, or: Life in the Woods* ist Thoreaus in Buchform veröffentlichte Rapport eines zweijährigen Aufenthalts am nördlichen Ufer des Walden Pond, einem rund 26 Hektar grossen Toteissee auf dem Stadtgebiet von Concord, Massachusetts. Thoreau verbindet darin die ethische Frage nach einem guten Leben mit der Praxis des Tagebuchs. Im täglichen Schreiben vor Ort erprobt er eine intensivierte Wahrnehmung und damit eine bewusstere Nähe zwischen sich und seiner Umgebung. Wie sein Zeitgenosse Karl Marx (1818–1883) erkennt auch Thoreau in der Herrschaft des Kapitals und der systemischen Notwendigkeit seiner Akkumulation die Ursache einer schleichenden Entfremdung – sowohl zwischen dem Menschen und seinem Tun als auch zwischen ihm selbst und seiner Mit- und Umwelt.[127] Die Möglichkeit, diese Entfremdung sowie die gesellschaftlich verheerenden Verstrickungen, die der Privatbesitz mit sich bringt, zu überwinden, sieht Thoreau nicht wie Marx in der Solidarisierung der Lohnarbeiter:innen und im Klassenkampf, sondern im Einzug ins sogenannte Private – im Prinzip der Subsistenz und Selbstverantwortung. Die Sorge um die Nächsten wie um sich selbst ergibt sich aus Thoreaus Grundappell an seine Leserschaft. Die Basis dafür bildet eine aufmerksame Hinwendung zum Naheliegenden, aus der sich eine Erfahrung von Sinnhaftigkeit speist. In seinem eigenen Alltag – im Lokalen, Kleinen – versucht Thoreau sich den gesellschaftlichen und individuellen Verstrickungen einer an Profit und Mehrwert orientierten Warenproduktion zu

127 Vgl. Henry David Thoreau: Walden, oder: Leben in den Wäldern (1854/2007), insbes.: Kapitel: *Die Menschen führen ein Leben voll Verzweiflung*, in: Ökonomie, S. 21–127, hier: 21–27.

widersetzen. Dieser gelebte Rückzug ermöglicht die Erfahrung eines bewussteren und dadurch intensiveren Lebens jenseits automatisierter Abläufe.

Den Auslöser für sein Experiment am Walden Pond fasst Henry David Thoreau mit diesen Worten zusammen:

> Ich zog in den Wald, weil ich den Wunsch hatte, bewusst zu leben [to live deliberately], dem eigentlichen, wirklichen Leben näher zu treten, zu sehen, ob ich nicht lernen konnte, was es zu lehren hätte, damit ich nicht, wenn es zum Sterben ginge, einsehen müsste, dass ich nicht gelebt hatte. Ich wollte nicht das Leben, was nicht Leben war; das Leben ist so kostbar. Auch wollte ich keine Entsagung üben, außer es wurde unumgänglich notwendig. Ich wollte tief leben, alles Mark des Lebens aussaugen, so hart und spartanisch leben, dass alles, was nicht Leben war, in die Flucht geschlagen wurde.[128]

Thoreau zieht mit seinem Entschluss nicht in die völlige Einsamkeit. Er besiedelt vielmehr ein Stück Wald an einem See unweit seines Wohnorts Concord – aufflackernde Kindheitserinnerungen, etwa an frühere Spaziergänge in diese Umgebung, spielen bei der Entdeckung des Landstücks eine Rolle. Für sein Experiment schien es Thoreau angebracht, sich gerade so weit aus der vertrauten Gesellschaft zurückzuziehen, dass jene Distanz entsteht, die es ihm erlaubte, das Selbstverständliche als Vermeintliches zu erkennen und vom Notwendigen – auch im Sinne des für ihn Bedeutsamen und Wertvollen – zu unterscheiden. Nichts sollte mehr selbstverständlich sein – kein „man" sollte mehr regieren, keine Spur „jene(r) unpersönliche(n) Autorität",[129] von der die Gesellschaft sich unbemerkt regieren lässt. „Ich bin der König, soweit mein Auge reicht, mein Recht kann mir keiner bestreiten."[130] Durch seinen Auszug in eine unbekannte und unbesiedelte Gegend provoziert Thoreau eine existenzielle Krise, die ihn auf ihn selbst zurückwirft und ihm – durch fehlende Informationen – eine geschärfte Wahrnehmung verspricht. Die Nahansichtigkeit seiner ekphratischen Betrachtungen ist dafür paradigmatisch.

2.4.1 *Erbauliche Tätigkeiten: vom Wohnen, Schreiben (und Filmen)*

Die räumliche Distanz zum gewohnt bewohnten Ort ist für Thoreau Voraussetzung, um die industrialisierte Gesellschaft kritisch zu reflektieren und

---

128 Henry David Thoreau: Walden, oder: Leben in den Wäldern (1854/2007), S. 141.

129 Ebd. „Wenn ich ein Kleidungsstück von einer bestimmten Form bestellte, so sagte mir meine Schneiderin mit ernster Miene: *Man macht das jetzt nicht so*, ohne das *man* irgendwie zu betonen, als ob sie eine so unpersönliche Autorität zitierte wie das Schicksal."

130 Ebd., S. 130. Es handelt sich um ein Zitat von William Cowpers: „Verses supposed to be written by Alexander Selkirk" (1782), dem geschichtlichen Vorbild von Defoes *Robinson Crusoe*; zu *Robinson Crusoe* vgl. auch: Michel de Certeau: Kunst des Handelns (1980/1988), S. 277 ff.

zugleich seine unmittelbare Umgebung in voller Gegenwärtigkeit zu entdecken. Auf seinem Waldstück am See baut Thoreau eine Hütte, beackert, bewirtschaftet, durchforstet und beobachtet das anfangs wenig vertraute Terrain. So sucht er allmählich in ein Nahverhältnis zu seinem Umfeld zu treten, Nachbarschaften zu knüpfen, mit Tieren, Pflanzen, Menschen – sein Haus steht Gästen offen –, neue Erinnerungen zu schaffen und Orientierung zu gewinnen. Er trampelt seine Pfade mit der Zeit und ermittelt den Rhythmus und die Qualitäten seiner Tage: „Lange Zeit war ich selbstangestellter Inspektor von Schneestürmen, Regengüssen und Gewittern."[131] Im wachen Austausch mit seiner Umwelt erfindet er einen neuen Alltag sowie Wohnort.

> Bei jedem Wetter, zu jeder Tages- und Nachtstunde war ich bemüht, den rechten Moment auszunützen und meinen Stock entsprechend einzukerben; auf der Linie zu stehen, wo zwei Ewigkeiten zusammentreffen, die Vergangenheit und die Zukunft, welches genau der gegenwärtige Augenblick ist.[132]

In der amerikanischen Originalausgabe fügt Thoreau hinzu, es gehe in seinem Experiment darum, „to toe that line".[133] Auf Zehenspitzen balanciert er auf dem schmalen Grat der Gegenwart – in wachsamer Erwartung entlang jener Linie, an der die „zwei Ewigkeiten zusammentreffen, die Vergangenheit und die Zukunft."[134] Thoreaus Buch handelt vom aufmerksamen Dasein und vom spontanen Handeln aus der Fülle der Erfahrung, die sich durch ebendiese Haltung ansammelt. „In jenem Morgen zu erwachen, von dem er seinen Nachbarn stolz künden will",[135] heißt zu erkennen, dass wir uns stets in einem Zustand der Möglichkeit befinden, in dem wir, Augenblick für Augenblick oder Frame für Frame, entweder etwas verlieren oder etwas gewinnen können.

Abb. 2.23

131 Henry David Thoreau: Walden, oder: Leben in den Wäldern (1854/2007), S. 42.

132 Ebd., S. 40.

133 Jeffrey S. Cramer (Hg.): Henry David Thoreau: Walden. A fully annotated edition, New Haven/London 2004, S. 16.

134 Henry David Thoreau: Walden, oder: Leben in den Wäldern (1854/2007), S. 198.

135 Ebd., S. 130.

Ein Teil von Thoreaus Alltagsarbeit gilt dem Schreiben eines Tagebuchs. In diesem Schreiben behauptet Thoreau nicht nur seine Gegenwärtigkeit in der Welt, sondern diese Nähe zu den Dingen entsteht erst durch das Schreiben. Denn das Schreiben eines Tagebuchs eröffnet die Gelegenheit, den Gegenstand des Schreibens wirklich wahrzunehmen und sich zu ihm in Beziehung zu setzen. Dies ist jene Kopräsenz, die Thoreau im Leben und Schreiben dort entdeckt – und wir in der Lektüre seines Buches hier. Wie Jonas Mekas mit der Kamera schreibt sich auch Thoreau in seine Darstellung ein und präsentiert uns eine von seiner eigenen Subjektivität durchdrungene Wahrnehmung:

> Erst kam es [ein Eichhörnchen] vorsichtig durch die Buscheichen heran, lief wie ein vom Wind gejagtes Blatt in Absätzen über die Schneekruste, dann mit erstaunlicher Eile und Energieverschwendung ein paar Schritte herüber, wobei es mit einer Geschwindigkeit dahinfüßelte, als ob es um die Wette ginge. Dann lief es ebenso viele Schritte hinüber, kam aber nie mehr als ein paar Schritte auf einmal näher. Plötzlich hielt es mit lächerlichem Ausdruck und unter Dreingabe eines Purzelbaumes inne, als ob die Augen der ganzen Welt auf es gerichtet wären – denn alle Bewegungen des Eichhörnchens, selbst in den verborgensten Tiefen des Waldes, lassen, wie die einer Balletttänzerin, auf Zuschauer schließen. Es verschwendete mehr Zeit, als nötig gewesen wäre, die ganze Entfernung langsam abzugehen. Ich sah niemals ein Eichhörnchen langsam gehen.[136]

Die Tätigkeit des Schreibens setzt Thoreau dem Bestellen seines Ackers gleich – einem physischen Akt, der ihn mit konkreter und realer Welt verbindet. Schreiben ist als „a labour of the hands"[137] ein Ackern, Aufwühlen, Ernten. Jede Seite, die der Autor schreibt, fällt auch losgelöst vom Inhalt und Ergebnis ins Gewicht. Und umgekehrt versteht er das Bestellen eines Ackers nicht als rein physische Arbeit, sondern als eine, die mit Geist, Bewusstsein für das Tun erfüllt werden soll. Das Schreiben seines Tagebuchs steht metaphorisch für die Art und Weise, in der er alle anderen Tätigkeiten auszuüben trachtet – das Bauen und Bewohnen seines Hauses und Geländes. Es sind dies alles Varianten erbaulicher Tätigkeiten und damit Wege, dem Leben bewusst zu begegnen. Thoreau sucht, physische und geistige Präsenz zu verbinden, um seine aufmerksame Wahrnehmung und Hinwendung zur Welt zu vertiefen.[138]

---

136 Ebd., S. 390–391.

137 Stanley Cavell: The Senses of Walden (1972/1992), S. 27.

138 Vgl. Ebd., S. 61–62. „Each calling what the writer means (and what anyone means, more or less) by a *field* of action or labor–is isomorphic with every other. This is why building a house and hoeing and writing and reading (and we could add walking and preparing food and receiving visitors and giving charity and hammering a nail and surveying the ice) are allegories and measures of one another."

Thoreaus Schreiben ist zugleich Metapher und Anleitung für ein bewusstes Leben. Es zeugt vom Begehren, den Dingen nahe zu stehen und das Gefühl der (selbst provozierten) Einsamkeit zu überwinden. Sein Experiment führt ihn zur Erkenntnis, dass das Gefühl des Außerhalb-Stehens („outsideness“[139]) im bewussten Leben auch durch Gewohnheit und Erfahrung nicht verschwindet. Im Gegenteil – je vertrauter die Umgebung, der Gegenstand, das Gegenüber wird, desto stärker tritt es hervor. Thoreau habe realisiert – so Stanley Cavell in seinem Buch *Senses of Walden* – dass das, was uns am nächsten steht, zugleich am weitesten entfernt ist. „[D]ie Bewusstwerdung ‚unserer unendlichen Verbindungen‘, unserer Verwandschaften, ist ein unendliches Bewusstwerden unserer Getrenntheit.“[140] Man bleibt ein:e Fremde:r – lebenslang. Der Akt des Schreibens bildet eine Brücke zwischen Subjekt und Objekt – doch nur für einen Augenblick. Denn: „[...] die flüchtige Wahrheit unserer Worte tut immer den Mangel an Übereinstimmung mit dem zurückbleibenden Tatbestand dar.“[141] Daraus lässt sich schließen, dass die Nähe zu den andern und zur Welt nicht ein für alle Mal hergestellt werden kann, sondern durch aufmerksame Hinwendung ununterbrochen kultiviert werden muss.

Wenn wir bewusst oder auch „mit Überlegung leben“,[142] stehen wir – so Thoreaus Erfahrung – nicht nur in einem wandelnden Verhältnis zu den Dingen, sondern auch in einem wandelnden Verhältnis zu uns selbst. Das bewusste Leben erzeugt eine Form der Doppelgängerschaft, die Stanley Cavell als einen Zustand des *Neben-Sich-Stehens* (*‚being next to‘*) beschreibt. Das Selbst entlarve sich als eines, zu dem man in unterschiedlichen, sich stets wandelnden Beziehungen stehen kann. Thoreaus phänomenologische Beschreibung einer ‚Selbstfindung‘ hebe die Relationalität und Unbeständigkeit dieses Selbst hervor und mache deutlich, dass dieses Suchen oder Finden keine rein intellektuelle Beschäftigung ist, sondern eine nicht antizipierbare, kontinuierliche Aktivität des Sich-Verhaltens und Sich-Platzierens in der Welt.[143] Das Paradox von *Walden* besteht Cavell zufolge darin, dass Thoreaus Weckruf an sich selbst und an die Menschheit notwendigerweise mit der Anerkennung der eigenen Verlorenheit und Fremdheit verschränkt ist: „The faith of having a self–of being human–is one in which the self is always to be found.“[144]

---

139 Stanley Cavell: The Senses of Walden (1972/1992), S. 55.

140 Stanley Cavell: Die Sinne von Walden (The Senses of Walden, 1972), Berlin 2014, S. 71.

141 Henry David Thoreau: Walden, oder: Leben in den Wäldern (1854/2007), S. 458.

142 Im Original: „to live deliberately“ (die Übersetzung stammt von Elisabeth Bronfen: Stanley Cavell zur Einführung, Hamburg 2009, S. 131).

143 Vgl. Stanley Cavell: Die Sinne von Walden (1972/2014), S. 71.

144 Ebd.

Angesichts der radikalen Zeitlichkeit und existenziellen Fremdheit fordert Thoreau die Übernahme von Verantwortung durch jede:n Einzelne:n mit einem vernünftigen Maß an Optimismus, Vertrauen und Zuversicht. Dieser Appell geht einher mit der Anerkennung des Verlusts und einer entschiedenen Absage an den Glauben und das Schicksal im Sinne eines im Voraus bestimmten, unabwendbaren Plots, der die Geschicke steuert: „Die Zeit ist nur ein Fluss, in dem ich fischen will."[145] In Thoreaus Lebens- und Schreibexperiment entlarvt sich das Schicksal als eine menschliche Erfindung. Als Metapher dient die Eisenbahn, Motor der Industrialisierung:

> Weit durch unwegsame Wälder, die einst nur der Jäger durchstreifte, schießen nun die in finsterer Nacht hellerleuchteten Salonwagen, ohne dass ihre Bewohner etwas von der Außenwelt wissen; [...] Das Kommen und Gehen der Züge bildet jetzt die Einschnitte im Leben des Dorfes. Es geschieht mit solcher Regelmäßigkeit und Präzision, dass die Farmer ihre Uhren danach richten; so regelt eine gut betriebene Institution ein ganzes Land. [...] Etwas „eisenbahnmäßig" zu tun ist zur Redensart geworden; es bleibt auch nicht ohne Eindruck, wenn man so oft und eindringlich von irgendeiner Macht gewarnt wird, ihr aus dem Wege zu gehen. [...] Wir haben ein Fatum, einen Atropos geschaffen, die nie von ihrem Wege weicht.[146]

Thoreau trampelt seine Pfade selbst und bestimmt im Abgleich mit dem Sonnenstand den Rhythmus seiner Tage. Dieses Tun steht im Gegensatz zu dem auf Schienen vorgespurten Weg und Fahrplan. Die Vielfalt und Nahansichtigkeit seiner ekphratischen Naturbetrachtungen kontrastieren mit der nächtlichen Blindheit der Zugpassagiere, und die Zufälligkeit seiner Begegnungen im offenen Gelände kontrastiert mit dem durchgetakteten Pendlerleben zwischen zwei Städten. Thoreau setzt auf Dynamiken, die sich in der physischen Umgebung im Hier und Jetzt entfalten, und auf die Möglichkeiten, die sich aus diesen spontanen Konstellationen für den Einzelnen ergeben. Die scharfe Beobachtung des Naheliegenden, die sich in Thoreaus phänomenologischem Schreiben realisiert, wird dabei zur Praxis, die der abstrakten Vorstellung einer Schicksalsverhaftung sowie den damit verbundenen Hoffnungen und Ängsten etwas Konkretes entgegensetzt.

> Regelmäßig um halb acht Uhr, nachdem der Abendzug vorüber war, sangen die Nachtschwalben eine halbe Stunde lang ihre Vesper auf einem Baumstumpf bei meiner Tür oder auf dem First meines Hauses. Sie pflegen mit der Präzision einer Uhr innerhalb fünf Minuten einer bestimmten, auf den Sonnenuntergang

---

145 Henry David Thoreau: Walden, oder: Leben in den Wäldern (1854/2007), S. 152.

146 Ebd., S. 179, 180.

> bezüglichen Zeit ihren Gesang anzustimmen. Ich hatte eine seltene Gelegenheit, mit ihren Gepflogenheiten vertraut zu werden. Manchmal hörte ich vier oder fünf von ihnen in verschiedenen Teilen des Waldes, immer um einen Takt hintereinander und so nah bei mir, dass ich nicht nur das Glucksen in der Kehle nach jeder Note hören konnte, sondern auch oft jenen eigentümlich surrenden Ton, wie ihn eine Fliege im Spinnennetz erzeugt, nur verhältnismäßig lauter […].[147]

Durch das Schreiben und dessen nachträgliche Veröffentlichung vollzieht Thoreau jene Geste der Selbstautorisierung, die sein gelebtes, persönliches Projekt öffentlich und politisch macht. Entfaltet wird eine Entsprechung zwischen dem Raum, den er bewohnt, und dem im Schreiben entworfenen Denkraum. Durch seine sprachliche Hinwendung zum Gewöhnlichen führt er – ähnlich wie Ludwig Wittgenstein – die Wörter von einer metaphysischen auf eine alltägliche Verwendung zurück und sucht die Sprache (und mit ihr die Philosophie) in den Kontext zurückzubringen, in dem sie lebendig bleibt.[148] Schreibend begreift Thoreau seine Gegenwärtigkeit in der Welt und in den Worten „als gegenseitige Bedingung einer irdischen Verortung" – er behauptet sie nicht nur, sondern stellt sie aktiv her. Dabei versteht er seine Sprache als „den gemeinsamen Boden, auf dem er sich mit seinen Nachbarn (und seinen implizierten Lesern) treffen kann."[149] Cavell deutet Thoreaus Schreib- und Lebensexperiment als sein persönliches Reenactment des nationalen Ereignisses der Gründung Amerikas: als wolle Thoreau das Gebiet noch einmal ‚entdecken', „mit dem Ziel, es diesmal richtig zu machen, oder den Beweis für seine Unmöglichkeit zu erbringen."[150]

Der Zufall hätte gewollt, so Thoreau, dass der Tag, an dem er in den Wald zog, mit dem Jahrestag der amerikanischen Unabhängigkeitserklärung, dem 4. Juli 1845, zusammenfiel.[151] „Aber warum sagt der Schreibende ‚zufällig'?", fragt Cavell – „bloß um sich über das amerikanische Unabhängigkeitsideal lustig zu machen, und gleichzeitig reuevoll einzugestehen, dass er, alles in allem, einer von uns ist?"[152] Sein persönliches Lebens- und Schreibexperiment Walden stellt Cavell zufolge eine Entdeckung der Gegenwart dar, „die eine Vergangenheit für die Zukunft nochmals aufgreift."[153] Diese Gegenwart ist „keine

147 Ebd., S. 189.

148 Vgl. Stanley Cavell: Die Sinne von Walden (1972/2014), S. 13; Joachim Schulte (Hg.): Ludwig Wittgenstein. Philosophische Untersuchungen, Frankfurt am Main 2011, § 116.

149 Elisabeth Bronfen: Stanley Cavell (2009), S. 130–131.

150 Stanley Cavell: Die Sinne von Walden (1972/2014), S. 21.

151 Vgl. Henry David Thoreau: Walden, oder: Leben in den Wäldern (1854/2007), S. 133.

152 Stanley Cavell: Die Sinne von Walden (1972/2014), S. 21.

153 Ders.: The Senses of Walden (1972/1992), S. 124.

Zeit der Erwartungen mehr, sondern eine Zeit, in der alle Verkündigungen bereits gehört worden sind",[154] wobei mit jenen Verkündigungen auch all die bislang mit dem nationalen Projekt Amerika einhergegangenen, großspurigen Versprechen gemeint sind (die Cavell nicht zuletzt angesichts des Vietnamkrieges allesamt als gescheitert ausweist). Wie der von der europäischen Geschichte ganz und gar enttäuschte Jonas Mekas meint: „Es sind nicht mehr die großen Versprechen, die die Zukunft machen. Die Zukunft wird vom gegenwärtigen Moment bestimmt; dieser Moment, genau diese Sekunde, wird darüber entscheiden, was im nächsten Moment geschieht." Und „was können wir über Hoffnung sagen? [...] Die Idee Hoffnung ist verkehrt, sie sollte abgeschafft werden. [Hoffnungen] verschieben das Leben in diesem Moment auf irgendeine Zukunft. Wir sollten aber in den Moment investieren und alles im Moment richtig machen." Oder aber: „Hoffnung ist Flucht, das Leben ist real, es ist dieser Augenblick, es ist hier."[155]

Thoreaus Buch ist geprägt von einem strengen Pragmatismus, der auch in seiner dokumentierenden Schreibweise zum Ausdruck kommt. Dieses Schreiben kann als performativ verstanden werden – als ein Tun, das Erfahrung nicht bloß in Worte fasst, sondern sie vielmehr hervorbringt.[156]

> The experiment of man („We are the subjects of an experiment") has failed. Not that any of man's dreams may not come to pass. But there is absolutely no more to be *said* about them. What is left to us is the accounting. Not a recounting, of tales or news; but a document, with each word a warning and a teaching; a deed, with each word an act.[157]

Auch wenn die Reflexion über gesellschaftliche Verblendungen und der Appell an jede:n Einzelne:n sehr ernsthaft vorgetragen werden, entpuppt sich die Lektüre als durchaus verführerisch: das Buch evoziert malerisch-sinnliche Momente, hat bezaubernde, fast märchenhafte Pointen und ist von einer gelassenen Ironie durchzogen.[158] „Wie ich schon sagte, beabsichtige ich nicht,

---

154 Ebd., S. 126.

155 Jonas Mekas in: Shoot, Shoot, Shoot. Interview with Hans Ulrich Obrist, in: Barbara Engelbach (Hg.): Ausst.Kat. Jonas Mekas, Köln: Museum Ludwig, London: Serpentine Gallery, London 2008, S. 247.

156 Vgl. auch Stanley Cavell: The Senses of Walden (1972/1992), S. 30. Diese Form des dokumentierenden Schreibens (account) entspricht Cavell zufolge einem performativen Sprechakt, den er in seinen Auseinandersetzungen mit J. L. Austin herausarbeitet, vgl. z.B.: Stanley Cavell: Claim of Reason (1979), S. 49–64.

157 Stanley Cavell: The Senses of Walden (1972/1992), S. 30.

158 Vgl. Henry David Thoreau: Walden, oder: Leben in den Wäldern (1854/2007), S. 148: „Blendwerk und Betrug werden als unerschütterliche Wahrheiten angesehen, wohingegen die

eine Ode an die Niedergeschlagenheit zu singen, sondern so vergnügt wie der Gockel auf seinem Steg am frühen Morgen zu krähen – und wäre es nur, um meine Nachbarn aufzuwecken."[159] Stanley Cavell spürt in Thoreaus' *Walden* jenen unverkennbar amerikanischen Optimismus auf, der im Glauben daran besteht, die Welt neu beginnen zu können („to begin the world anew").[160] Dieser Optimismus hält daran fest, dass sowohl das menschliche Subjekt als auch die Demokratie, der es seine Zustimmung gibt, noch zu erreichen sind. Subjekt wie Demokratie sind als Projekte nie abgeschlossen, sondern müssen „immer wieder neu begründet werden", zum Beispiel in „einem Schreiben" oder aber einem Filmen, „das philosophisch ist, weil es im Sinne Kants auf einer Freiheit des Denkens insistiert, deren Notwendigkeit darin besteht, dem ausweglosen Schicksal eine Selbstbestimmtheit entgegenzuhalten, die man zwar nie erreicht, zu der man aber stets unterwegs ist."[161] Vor diesem Hintergrund ist Thoreaus „Verkündigung eines Morgens",[162] die ihre Autorität aus einer realen Erfahrung bezieht, auch die Deklaration seines Verlangens, seinen Leser:innen ein Beispiel zu geben. Nicht, um sein Leben im Wald zur Nachahmung zu empfehlen, sondern vielmehr als radikal singuläre Erprobung eines Lebens, das sich von vermeintlichen Notwendigkeiten emanzipiert.

> Ich möchte um keinen Preis, dass irgendjemand meine Lebensweise befolge, denn abgesehen davon, dass ehe er sie ordentlich gelernt hat, ich schon wieder eine andere für mich gefunden haben kann, wünsche ich auch, dass es soviel verschiedene Menschen wie möglich in der Welt geben möge; ich möchte nur, dass jeder recht sorgfältig trachtete, seinen *eigenen* Weg zu finden und nicht stattdessen den seines Vaters, seiner Mutter oder seines Nachbarn.[163]

Hundert Jahre nach Thoreaus persönlicher Unabhängigkeitserklärung übersiedelt Jonas Mekas von Europa in die USA und begründet dort sein Leben mit der Kamera. Elf Jahre später rufen Filmemacher:innen rund um ihn ein *New American Cinema* ins Leben – ein Kino, das sich als radikale Alternative zum

---

Wirklichkeit eine Fabel ist. Wenn die Menschen ruhig nur die Wirklichkeit beobachten und sich nicht blenden lassen wollen, so würde ihnen das Leben, um es mit etwas, das wir kennen zu vergleichen, wie ein Feenmärchen, wie Erzählungen aus Tausendundeiner Nacht erscheinen. Wenn wir nur das achten wollten, was unvermeidlich ist und ein Recht auf Existenz hat, so würden die Straßen von Poesie und Musik erklingen."

159 Ebd., S. 133. Mit der „Ode an die Niedergeschlagenheit" spielt Thoreau auf das gleichnamige Gedicht – „Dejection: An Ode" (1802) – von Samuel Taylor Coleridge an.

160 Thomas Paine: Common Sense, London 1976, S. 120, zitiert nach: Elisabeth Bronfen: Stanley Cavell (2009), S. 123.

161 Ebd.

162 Vgl. Henry David Thoreau: Walden, oder: Leben in den Wäldern (1854/2007), S. 471.

163 Ebd., S. 115.

kommerziellen Film versteht. Ebenso wie Henry David Thoreau fordern sie in ihrem Manifest das Einstehen der einzelnen Subjekte gegen das anonymisierende Produktionssystem und pochen auf eine Rückbindung der Arbeitsprozesse an ihre eigenen realen und imaginären Lebenswelten.

2.4.2 *Benachbarn und Kontaktaufnehmen: vom anhaltenden Akt, sich einzugliedern*

Henry David Thoreau zog sich aus freien Stücken in den bewaldeten Stadtrand zurück, um auf sich selbst zurückgeworfen das „Mark des Lebens“ auszusaugen und schließlich so zu leben, „dass alles, was nicht Leben war, in die Flucht geschlagen wurde“.[164] Jonas Mekas hingegen wurde durch politische Umstände zum Flüchtling. Unfreiwillig findet er sich – „a man who never wanted to leave his home“[165] – in der Situation eines Fremden wieder. Die Entfremdung, die Henry David Thoreau in einem selbstbestimmten Akt künstlich herbeiführt, stellt sich in Mekas' Narrativ durch den stählernen „Atropos“ des Krieges von selbst ein. Dieses Verbrechen wird er der Menschheit niemals verzeihen.

> The question is how one is to counteract the destruction. Should one walk around with posters and placards or should one retreat and grow natural food in Vermont and hope that by producing something good, and sharing it with others, one can persuade those others to see the value of what you're doing and to move in a similar direction? Change can't come from the top.[166]

Seit der Entdeckung der Möglichkeit, mit seiner Kamera ein Tagebuch zu führen, widmet Mekas seine filmische Aufmerksamkeit dem *Gewöhnlichen* – jenem Konzept, das Stanley Cavell in seiner Lektüre von Thoreaus *Walden* und in Bezug auf Ludwig Wittgensteins Auseinandersetzung mit der Alltagssprache und seiner Vision der „Weltgerichtetheit (world-bound) von Sprache“ umtreibt.[167] Mekas' Aufmerksamkeit gilt dabei ausschließlich jenen Momenten, die zur Erbauung seiner selbst und seines Walden förderlich sind: „So vergnügt wie der Gockel auf seinem Steg am frühen Morgen“ will denn auch

---

164 Henry David Thoreau: Walden, oder: Leben in den Wäldern (1854/2007), S. 141.

165 Jonas Mekas im Voice-over von LOST LOST LOST (1976), Reel 1; vgl. ders.: Coming to America; the difference between immigrants and refugees (2017), URL: https://www.webofstories.com/play/jonas.mekas/26 (letzter Zugriff: 1.12.2022).

166 Jonas Mekas im Interview mit Scott MacDonald (1984), S. 109.

167 Elisabeth Bronfen: Stanley Cavell (2009), S. 65; vgl. Stanley Cavell: A Pitch of Philosophy. Autobiographical Exercises (1994) S. 114–117; Stanley Cavell: The Senses of Walden (1972/1992), S. 88, 92, 143.

Mekas singen – nach seinem Neuanfang.[168] Er belichtet sich und seine Kamera mit dem, was ihn begeistert, und begeistert sich durch seine Arbeit mit der Kamera. „You look at the sun. Then you return home, and you can't work, you're impregnate with all that light."[169] Wie Thoreau, schreibend, realisiert auch Mekas – filmend – die sich verändernden Lichtqualitäten, die Tages- und die Jahreszeiten beispielsweise, die später in ihren ständig variierenden Manifestationen wiederkehren und seine Filme rhythmisieren. Dabei assistiert er seinem zur Außenposition verpflichteten Instrument – der Kamera – und lässt sich mit ihr belichten. Zugleich stellt er sie in seinen Dienst. Er benutzt sie spielerisch als Zeug zum *Zeitvertreib* – wie Thoreau das Leben oder „sich auf dieser Erde durchzubringen"[170] schlicht bezeichnet – oder aber als Mittel, um seinen Alltag zu gestalten und zu strukturieren: „A Poet needs to discipline himself every day", zitiert er in einem Zwischentitel den japanischen Haiku-Dichter Matsuo Bashō.[171]

In seiner Hinwendung zum Tag und Alltag baut Mekas sein Walden/ WALDEN auf – eine Umgebung, eine Welt, die er bewohnt und in der er sich zunehmend heimisch fühlt. Die Voraussetzung dieses Wohnens ist keine fixe Einrichtung, sondern die anhaltende Kultivierung einer responsiven Tätigkeit: in seinem Fall das Filmen, das ihn immer wieder neu mit dieser Welt verbindet. Indem sich Mekas in seinem autobiografischen Film LOST LOST LOST dezidiert als Geflüchteten oder Immigrant – der er auch ist – entwirft, problematisiert er die Möglichkeit des Wohnens und Heimisch-Seins besonders explizit. Er rückt die Chance eines Neuanfangs an einem neuen Ort ins Zentrum und zeigt die narrative Entwicklung eines Weges dorthin. Der Tagebuchfilm WALDEN erzählt hingegen nicht, sondern zeugt von diesem Neubeginn als einem rastlos-bewegten Dasein, mit dem Mekas von nun an sein Leben bestreitet.

Wie für Thoreau die Praxis des Schreibens ist für Mekas das Filmen eine Methode, um mit den Dingen und dem Ort vertraut zu werden. Es ist Anlass, mit Menschen, Tieren, Pflanzen in Kontakt zu treten, Kontakt zu kultivieren und auch, sich Häuserzeilen, Straßennamen, Fenster, Türen mnemotechnisch einzuprägen.[172] Film bedeutet, Erinnerung zu schaffen – sich Plätze, Parks, Lokale einzuprägen oder aber jenen Baum als Marker in New York, an dem

---

168 Henry David Thoreau: Walden, oder: Leben in den Wäldern (1854/2007), S. 133.

169 Zwischentitel in: OUTTAKES FROM THE LIFE OF A HAPPY MAN (USA 2012), Chapter 3.

170 Henry David Thoreau: Walden, oder: Leben in den Wäldern (1854/2007), S. 115.

171 Jonas Mekas im Voice-over von AS I WAS MOVING AHEAD ... (2000), Chapter 12.

172 Wenn Mekas spricht, fällt auf, dass für jeden städtischen Ort den Namen der Strasse und die dazugehörige Hausnummer kennt und nennt.

sein Blick und sein Herz haftet.[173] „Why do precisely these objects which we behold make a world?"[174] Von seinen *Nachbarn* spricht Henry David Thoreau bei allem, was in seinem aktuellen Umfeld liegt: „What is next to us is what we neighbor."[175] Vor dem migrantischen Hintergrund gewinnt das Filmen auch die Bedeutung einer Orientierung. Indem sich Mekas mit seiner Kamera immer wieder situiert, verhält er sich zur unmittelbaren Umgebung und verortet auch sich selbst. Laut Robin Curtis ist es die Selbstverortung, dank der man sich orientieren kann, „weil man über die Beziehung des ‚Hier' und ‚Dort' reflektiert".[176] Mit seinen filmischen Einträgen, die indexikalisch auf ein konkretes Hier verweisen, setzt der Mann mit seiner Kamera stets auch Koordinaten am Ort, den er bewohnt. Mekas filmische Kultivierung eines Wohnens entspricht der experimentellen Situation von Henry David Thoreau, der sein anfänglich unbekanntes Waldstück mit der Hacke und durch die Schrift beackert und mit der Zeit allmählich heimisch wird, sich als Teil des Waldstücks fühlt, das nun auch zu ihm spricht und ihm etwas bedeutet.

Durch sein Leben mit der Kamera besiegelt Jonas Mekas aber zugleich seinen Status eines Fremden. Auch nachdem er sich längst heimisch fühlt, hält er an jener Außenposition fest, die Cavell sowohl dem Film als Medium als auch Thoreaus Buch zuschreibt.[177] Denn die Kamera bleibt an den Oberflächen haften – dringt nicht dahinter, hält Distanz. Wie für Thoreau das phänomenologische Schreiben, so bildet für Mekas die Hinwendung mit der Kamera eine Brücke zwischen ihm selbst und der Welt. Doch diese Brücke trägt nur für einen Augenblick – vor dem Hintergrund der radikalen Zeitlich-

---

173 „Orte sind fragmentarische und umgekrempelte Geschichten, der Lesbarkeit für andere entzogene Vergangenheiten und erfüllte Zeiten, die sich entfalten können, die aber mehr noch als die Geschichten in Form von Bilderrätseln bereitstehen; sie sind Symbolisierungen, die im Schmerz oder in der Lust des Körpers eingekapselt sind. ‚Ich fühle mich wohl hier': das ist ein Umgang mit dem Raum, bei dem das Wohlbefinden sich auf die Sprache zurückzieht, in der es kurz aufleuchtet." Michel de Certeau: Kunst des Handelns (1980), S. 205–206. Der Autor zitiert aus dem Interview von Luce Giard mit einer Einwohnerin des Stadtteils Croix-Rousse in Lyon, vgl. Michel de Certeau, Luce Giard, Pierre Mayol: L'Invention du Quotitien, II, habiter, cuisiner, Paris 1994.

174 Henry David Thoreau in: Jeffrey S. Cramer (Hg.): Henry David Thoreau: Walden (2004), S. 216.

175 Stanley Cavell: The Senses of Walden (1972/1992), S. 105; vgl. Henry David Thoreau: Walden, oder: Leben in den Wäldern (1854/2007), Kapitel: Besuch (Gastfreundschaft, sonderbare Gäste, aufmunternde Gäste), S. 208–228; Meine Nachbarn, die Tiere, S. 321–342; Frühere Bewohner und Wintergäste, S. 367–386.

176 Robin Curtis: Selbstverortungen. Räumlichkeit und filmische Autobiographie, in: Gertrud Koch (Hg.): Umwidmungen. Architektonische und Kinematografische Räume, Berlin 2005, S. 70–87, hier: 70.

177 Stanley Cavell: The world viewed (1971/1979), S. 133.

keit, die seine Filme affirmieren. So erscheint auch Mekas' WALDEN rastlos – als eine „unsettling motion“[178] – und zeugt, zigfach zerschnitten und montiert, von einem unermüdlichen Wiederholen dieser Überbrückung. Es ist eine aus Prinzip unabschließbare Arbeit daran, sich immerfort und gegenwärtig in die Welt einzugliedern.

2.4.3 *Walden als Fabrikation des Gehens: eine filmische Unterwanderung des städtischen Raums*

Walden von Henry David Thoreau bezeichnet einen Raum, in dem der Autor und Protagonist des gleichnamigen Buchs exemplarisch erprobt, wie sich ein Leben jenseits der kapitalistischen Logik des gesteuerten Konsums gestalten lässt. Dafür zieht er sich in ein vorwiegend ländlich geprägtes Gebiet an der Peripherie der Stadt zurück. Mekas' WALDEN hingegen hat nicht *das Leben in den Wäldern* zur Grundlage, vielmehr das Leben im Herzen der modernen Großstadt New York. Die Aneignung eines zuvor unbekannten Terrains geschieht durch eine Kunst des Handelns/Filmens in der Zerstreuung und gegen sie zugleich.[179] Im Gegensatz zu Thoreaus verschriftlichten Kontemplationen, deren Lektüre das Leben in den Wäldern wiederauferstehen lässt, entzieht sich die ästhetische Erfahrung von Mekas' WALDEN der Rekonstruierbarkeit von dessen Handeln in der Stadt und damit der Lesbarkeit eines Zusammenhangs, der auch außerhalb der filmischen Struktur ein Eigenleben hätte. Die privaten Funktionen von Mekas' Film Diary – die Praxis einer aufmerksamen Hinwendung zu einem neuen Alltag und dem, was dieser spontan bringt – werden durch den Diary Film WALDEN in eine öffentliche filmische Erfahrung überführt, die von den privaten Handlungen kaum etwas preisgibt. Die Spuren des Handelns mit der Kamera erscheinen kaleidoskopisch zersplittert. Die Ansichten, verbinden sich zu einer flickernden, flirrenden und funkelnden Audiovision, die nur im Film und damit jenseits ihrer referenziellen Realität existiert. Das filmische Gebilde WALDEN schillert vor lauter Anschlussfehlern

178 Ders.: A Pitch of Philosophy. Autobiographical Exercises (1994), S. ix; Elisabeth Bronfen umkreist den Ausdruck mit Übersetzungen wie „Haltung der Beunruhigung“ (S. 48) „ungewisse“ oder aber „veränderliche Bewegung“ (S. 58–59), „Unentschiedenheit“ (S. 65) oder auch „Entortung als allgemeiner Zustand“ (S. 69–71), vgl. Elisabeth Bronfen: Stanley Cavell (2009).

179 Mit dieser Auslegung grenze ich meine Lektüre von einer Lesart ab, die in der Zuflucht oder im Rückzug in die Natur die zentrale Parallele zu Thoreaus *Walden* sieht oder Mekas' Lebenswerk als Rekonstruktion eines vorindustriellen, ländlichen Lebens begreift. David E. James verfolgt in seiner Deutung von WALDEN eine solche Tendenz, indem er die Stadt-Land-Opposition und das Abwesende – etwa die litauische Kindheit – besonders betont, vgl. David E. James: Film Diary/Diary Film (1992), S. 158.

und weist keine Establishing-Shots auf. Anstelle räumlicher Orientierung aber blitzen Momente zwischenmenschlicher Zuneigung auf – in Form von Aug-in-Augenblicken, als Zwinkern, Nicken, Lächeln oder anderen Bezugnahmen zwischen dem Subjekt der Kamera und den gefilmten Personen, Tieren, Pflanzen oder Objekten. Als *Glimpses of Beauty* wird Mekas diese geglückten Korrespondenzen zwischen Subjekt und Welt bezeichnen, Augenblicke, die die Möglichkeit des Zufalls zur Bedingung haben.

Abb. 2.24

Durch seine Weigerung, einen begreifbaren raumzeitlichen Zusammenhang zu rekonstruieren, erscheint der Diary Film WALDEN als eine genuin filmische Manifestation jener subversiven Raumbildung durch Fußgänger:innen, die Michel de Certeau in seiner *Kunst des Handelns* beschreibt und poetisiert. Im Anschluss an und in Abgrenzung zu Michel Foucault sieht de Certeau in den „einzigartigen und vielfältigen, mikrobenhaften Praktiken" des „gewöhnlichen Stadtbenutzers" die Möglichkeit eines jeweils singulären Widerstands gegen das in der Stadtplanung umgesetzte kapitalistische Diktat des Konsums, gegen zentralisierte Überwachungs-, Verwaltungs- und Machtstrukturen.[180] Die Möglichkeit, einen vorherrschenden Machtkomplex subversiv zu unterwandern, erkennt de Certeau in einem taktischen Vorgehen der Fussgänger:innen – wobei er *Taktik* und *Strategie* komplementär gegeneinander abgrenzt. Beide Begriffe bezeichnen unterschiedliche Verfahrensweisen der räumlichen Aneignung und implizieren auch unterschiedliche Formen der Sichtbarkeit sowie ein anderes Verhältnis zu Zeit. Unter einer strategischen Aneignung von Raum ist die berechnende Vorgehensweise eines mit Willen und Macht versehenen Subjekts zu verstehen – „(ein Unternehmen, eine

180 Michel de Certeau: Kunst des Handelns (1980/1988), S. 103. In der Ära, in der de Certeau das Buch verfasste, waren die „gewöhnlichen Stadtbenutzer:innen" noch nicht mit Digitalgeräten ausgestattet, die unablässig ihre Daten aufzeichnen und möchtigen Grosskonzernen zugänglich machen. Unter den Bedingungen der Digitalität verkompliziert sich de Certeaus Frage nach den Möglichkeiten alltäglicher Subversion und singulären Widerstands.

Armee, eine Stadt oder eine wissenschaftliche Institution)".[181] Die *Strategie* setzt einen Ort voraus, und dieser Ort kann „als etwas Eigenes beschrieben" und somit als Basis genutzt werden „für die Organisation von Beziehungen oder Bedrohungen (Kunden oder Konkurrenten, Feinde, das Umland der Stadt, Forschungsziele und -gegenstände etc.)." Eine strategische Rationalisierung sei vor allem darauf gerichtet, die Umgebung als Fremde abzugrenzen von einem „eigenen Bereich", das heißt vom Ort der eigenen Macht und des eigenen Willens. Der strategisch angeeignete und vom Bereich eines Andern abgegrenzte Ort figuriert als panoptisches Zentrum des Sehens, von dem aus vermeintlich alle anderen Orte erblickt und via Blick beherrscht werden können.[182] Um die Kontrolle aufrechtzuhalten und künftige Raumaneignungen vorzubereiten, ist für das strategische Verfahren erstrebenswert, sich „eine Unabhängigkeit gegenüber den wechselnden Umständen zu verschaffen" und also eine Autonomie und damit den „Sieg des Ortes über die Zeit" zu erringen.[183]

Während das strategische Verfahren sich die Zeit unterwirft, arbeitet die *Taktik* mit ihrer Hilfe – sie arbeitet mit der Zeit, nicht gegen sie. Die Taktik als die „Kunst der Schwachen" ist der Zeit unterworfen und damit Teil der Gegenwart, die als die eigentliche „Quelle der Zeit" definiert wird.[184] Die Taktik sei ein Verfahren, das durch das Fehlen von etwas Eigenem im Sinne eines definitiv angeeigneten Territoriums bestimmt ist: „Keine Angrenzung einer Exteriorität liefert ihr die Bedingung einer Autonomie."[185] Im Gegensatz zur Strategie brauche die Taktik keine Basis und damit keine Möglichkeit, sich aus Distanz einen Überblick zu verschaffen, um den Andern in einem „abgetrennten, überschaubaren und objektivierbaren Raum" zu erfassen. Stattdessen macht sie „einen Schritt nach dem anderen" und schafft sich auf diese Weise einen eigenen „Nicht-Ort", der zur unablässigen Mobilität anhält – „immer in Abhängigkeit von den Zeitumständen, um im Fluge die Möglichkeiten zu ergreifen, die der Augenblick bietet."[186] Während die Strategie auf den Widerstand setzt, den „die Etablierung eines Ortes dem Verschleiß durch die Zeit entgegenhalten kann", setzt die Taktik „auf einen geschickten Gebrauch der Zeit, der Gelegenheiten, die sie bietet, und auch der Spiele, die sie in die Grundlagen der Macht einbringt."[187] De Certeau überträgt die Terminologie von General Clausewitz

181 Michel de Certeau: Kunst des Handelns (1980/1988), S. 87.

182 Ebd., S. 88.

183 Ebd.

184 Ebd., S. 84–89. Michel de Certeau bezieht sich zur Ausführung dieses Zusammenhangs auf Emile Benveniste: Problèmes de linguistique général, 2, Paris 1974, S. 79–88.

185 Michel de Certeau: Kunst des Handelns (1980/1988), S. 89.

186 Ebd.

187 Ebd., S. 92.

auf die Stadtbenutzer:innen und spricht von deren Kunst, „Coups zu landen", was „ein Gespür für die passende Gelegenheit" beinhalte.[188]

Wenn die Stadt durch die Art und Weise, wie sie in baulicher Hinsicht konzipiert ist, eine Reihe von Möglichkeiten und Verboten aufweist – ein Park lädt zum Spazieren und Verweilen ein und Brücken, Unterführungen und Fußgängerstreifen leiten das Überqueren einer Straße an – dann aktualisieren die Benutzer:innen einer Stadt bestimmte dieser Möglichkeiten, verleihen ihnen Existenz und Erscheinung. Zugleich würden sie auch neue Möglichkeiten erfinden, da sie durch „Abkürzungen, Umwege und Improvisationen auf dem Weg bestimmte räumliche Elemente bevorzugen, verändern oder beiseite lassen können." Die Stadtbenutzer:innen „wählen also aus" – kadrieren, montieren während des Gehens, am Ort des Geschehens – so wie Mekas mit der Kamera.[189] Im Gegensatz zu demjenigen, der von der „Spitze des World Trade Centers" gleich einem „Sonnenauge" mit einem gottähnlichen Blick die Stadt überschaut – eine Position, von wo aus die „Fiktion des Wissens" konstruiert wird –, sei der Fußgänger am Fuße des Turms leibhaftig von den Straßen umschlungen, „die ihn nach einem anonymen Gesetz drehen und wenden".[190]

In ständiger Bewegung „ohne eigenen Ort", ohne Überblick, „blind und scharfsinnig wie im direkten Handgemenge", von Spontaneität und Zufällen abhängig, wird die Taktik im Gegensatz zur Strategie durch das „*Fehlen* von Macht" bestimmt, während die Strategie „von einer Macht organisiert wird".[191] Die Fußgänger:innen seien zugleich Spieler:innen wie Spielbälle – sie werden vom „Wirrwarr der vielen Gegensätze und von der Nervosität des New Yorker Verkehrs" erfasst und bahnen sich dennoch eigene Wege. Anders als der „Voyeur-Gott", der sich „aus den undurchschaubaren Verflechtungen des alltäglichen Tuns heraushalten" muss, spielen die Stadtbenutzer:innen „mit unsichtbaren Räumen, in denen sie sich ebenso blind auskennen, wie sich die Körper von Liebenden verstehen".[192] Von diesen Erfahrungen würden die Kontrollinstanzen wenig verstehen. Die taktischen Formen der Raumbildungen, Raumerschließungen „entziehen sich der Lesbarkeit", unterlaufen den von einer erhöhten Machtposition leicht zu entziffernden Text, zu dem sich die Stadt in den Augen des „Ikarus dort oben" verwandelt. Eine „herumwandernde Stadt dringt somit in den klaren Text der geplanten und leicht lesbaren Stadt ein".[193] Ein kohärenter, simultaner Raum, der beherrscht und panoptisch kon-

188 Ebd., S. 90.
189 Vgl. ebd., S. 190.
190 Ebd., S. 179, 180.
191 Ebd., S. 90.
192 Ebd., S. 180–182.
193 Ebd.

trolliert werden könnte, würde durch die Geh- und Wegfiguren der einzelnen Subjekte unterwandert oder gar ersetzt.

> Die Figuren dieser stilistischen Metamorphose des Raumes sind die Gebärden. Beziehungsweise, wie Rilke sagt, „Bäume von Gebärden“ in Bewegung. Sie versetzen sogar die festgefahrenen und mechanisierten Abteilungen der medizinisch-pädagogischen Anstalten in Bewegung, wo [...] Kinder anfangen, ihre „Raumgeschichten“ zu spielen und zu tanzen. Diese Bäume von Gebärden setzen sich überall in Bewegung. Ihre Wälder marschieren durch die Straßen. Sie verändern die Szenerie, aber kein Bild kann sie an einem Ort festhalten. Wenn trotz allem eine Illustration nötig wäre, so wären dies die Transit-Bilder, die gelb-grünen und stahlblauen Kalligrafien, die tonlos die Untergründe der Stadt durchhallen und durchstreifen, das Buchstaben- und Ziffern-„Gebrodel“, vollkommene Gesten der Gewalt, mit der Sprühdose gemalt, Shivas in Schriftzeichen, tanzende Graphen, deren flüchtige Erscheinung von Rattern der U-Bahn begleitet wird: die Graffiti von New York.[194]

„Kein Bild kann [die Gebärden] an einem Ort festhalten“– diese These unterstützen Mekas’ rastlos-ruhelose Filme. Sie sind *Transit-Bilder*, die nicht mit einer *can* [Sprühdose], wohl aber durch eine *cam* [Kamera] in der Großstadt New York erstellt worden sind.[195] „With a Bolex [...] you shoot in spurts, as much as the spring allows ...“[196] – in Portionen, Spritzern sozusagen. Der Auslöser ersetzt den Sprühknopf. Mekas’ Tagewerke sind auch *tags*– räumliche Markierungen, deren vorrangiges Ziel es ist, „einen guten und innovativen Stil zu haben, sekundäres Ziel, in einer Stadt, einem Bezirk oder einer Gegend möglichst präsent zu sein.“[197] Mekas filmt an *hot spots*– an zum Sprühen vorgesehenen Orten, die aufgrund von starkem Verkehrsaufkommen oder vielen Passant:innen ein besonderes Maß an Aufmerksamkeit und Schnelligkeit fordern. *Burner* wären jene filmischen Momente, die ihm besonders gut gelungen sind. Zu Mekas’ filmischem Repertoire gehören zudem Techniken wie das Sprühen auf offener Straße (*street-bombing*) oder in Innenräumen (*insides*), auch im Inneren von Zügen (*inside-bombing*) oder auf Züge – im Fahren oder Stehen (*backjump*).[198] Anders als der Sprayer schreibt Mekas seine Bilder jedoch nicht in die Orte ein. Denn was er nutzt und filmisch transformiert, trägt er mit sich fort – als Spur, verinnerlicht in seiner Kamera. Mekas ist ein Wilder

194 Ebd., S. 196.

195 Graffiti-Jargon für „Sprühdose“, vgl. Bernhard van Treeck: Das grosse Graffiti-Lexikon, Berlin 2001.

196 Jonas Mekas: The Diary Film (1972), S. 195.

197 Bernhard van Treeck: Das grosse Graffiti-Lexikon (2001), S. 54.

198 Vgl. ebd.

im Sinne de Certeaus: „Der Wilde geht nur vorüber: er macht sich bemerkbar (durch Spuren, einen Lapsus etc.), aber er schreibt sich nicht ein." Er verändert einen Ort durch seine Gegenwart, „er bringt ihn durcheinander" – durch seine Taten, im Gespräch und durch Präsenz – einen *eigenen* Ort aber gründe er niemals.[199] Denn zu filmen ist wie zu gehen: „bedeutet, den Ort zu verfehlen".[200] In dieser Weise kultiviert Jonas Mekas sein Terrain Walden – ortlos, rastlos, flüchtig – mit jener „Haltung der Beunruhigung", die in der Ästhetik seiner Filme ihre Entsprechung findet.[201]

Abb. 2.25

Für seinen Film unterwirft sich Mekas der radikalen Zeitlichkeit des Lebens in der Großstadt und erheischt flugs Augenblicke, die sich im Einzelbildverfahren syntaktisch unverbunden aneinanderreihen und eine hochgradig diskontinuierliche Bewegung schaffen. Dadurch gewinnen die „unsichtbaren Fabrikationen", die Benutzer:innen einer Stadt mit ihren Wegen erzeugen, in WALDEN eine filmästhetische Form. Diese lässt sich mit den von de Certeau angeführten rhetorischen Figuren beschreiben: der *Synekdoche* und dem *Asyndeton.*[202] Während die Synekdoche als *pars pro toto* zum Beispiel einen Kopf für einen Menschen oder einen Baum, eine Steinhütte oder einen Erdhügel stellvertretend für den Park setzt, beschreibt das Asyndeton eine Satz- oder Textbildung, die durch das Fehlen von Bindewörtern bestimmt ist – es lässt „Konjunktives und Konsekutives weg [...] (ein Nichts anstelle von etwas)".[203] In einer Poetik des Gehens in der Stadt würden beide Figuren miteinander verbunden: „Die eine dehnt ein Raumelement aus, damit es die Rolle eines

199 Michel de Certeau: Kunst des Handelns (1980/1988), S. 279. Der Kontext dieser Stelle ist eine Analyse von Daniel Defoes *Robinson Crusoe* von 1719.

200 Michel de Certeau: Kunst des Handelns (1980/1988), S. 197.

201 Elisabeth Bronfen: Stanley Cavell (2009), S. 59.

202 Vgl. Jean-François Augoyard: Pas à Pas, Essay sur le cheminement quotidien en millieu urbain, Paris 1979; in Bezug auf Mekas' WALDEN schreibt David E. James von der *Synekdoche* als vorherrschende Trope, vgl. David E. James: Film Diary/Diary Film (1992), S. 157.

203 Michel de Certeau: Kunst des Handelns (1980/1988), S. 194–195.

,Mehr' spielen und sich an die Stelle eines ganzen Raumes setzen kann", die andere „erzeugt durch eine Weglassung ein ,Weniger', schafft Lücken im räumlichen Kontinuum und behält nur ausgewählte Stücke, Relikte zurück." Die eine ersetzt ein Ganzes durch ein Fragment, die andere löst ihre Verbindung. „Die eine verdichtet: sie vergrössert das Detail und verkleinert das Ganze. Die andere unterbricht: sie zerstört die Kontinuität und stellt deren Wahrscheinlichkeit in Frage." Diese „Aufblähung, Schrumpfung und Zerstückelung" führe zu einem „räumlichen Satzbild analogischer (nebeneinanderstehende Zitate) und elliptischer Art (Lücken, Lapsus und Anspielungen)".[204] Durch die additive Aufeinanderfolge von Einzelbildern oder kurzen Einstellungen – herausgepickt aus Mekas' Leben in der Großstadt („picking up this, picking up that")[205] – und durch harte Schnitte unterbrochen, wird WALDEN zu einem filmpoetischen Ausdruck des Gehens in der Stadt – einer subversiven Praxis im Sinne Michel de Certeaus.

Abb. 2.26

Mekas sammelt und inkorporiert die Augenblicke mit seiner Bolex-Kamera – ohne Drehbuch, ohne absehbaren Plan. Kein Wissen um ein Ganzes im Sinne eines zu rekonstruierenden Überblicks ist WALDEN eingeschrieben. Wohl aber eine Wendigkeit – eine responsive Agilität angesichts der Gegenwart, aus der sich die fragmentarisch eingeschriebene Zeit im Film speist. Ebenso wie Charlie Chaplin die Möglichkeiten seines Spazierstocks vervielfältigte, benutzt und manipuliert auch Mekas seine Kamera – die Wegbegleiterin – auf eigenwillige Weise.[206] Er lotet ihre impliziten, vorfabrizierten Möglichkeiten aus und nutzt sie entgegen den Intentionen ihrer Hersteller. Fehler und Defekte lässt er kreativ mitarbeiten; die Kamera stellt er im Handumdrehen auf den Kopf. Neben der „Aktualisierung bestimmter Möglichkeiten, die die räumliche

204 Ebd.

205 Jonas Mekas im Voice-over von AS I WAS MOVING AHEAD ... (2000), Chapter 02.

206 Zu Charlie Chaplin und Spazierstock vgl. Michel de Certeau: Kunst des Handelns (1980/1988), S. 194.

Ordnung zur Verfügung stellt" und dem „Schaffen von Diskontinuität durch die Auswahl" hebt de Certeau *das Phatische* hervor, das einer Rhetorik des Gehens eigen sei.[207] Der Akt des Gehens, vollzogen durch die Fußgänger:innen, sei für das urbane System das, was „die Äußerung (der Sprechakt) für die Sprache oder die formulierte Aussage" sei – oder der filmende Akt für den Film oder das artikulierte Filmen.[208] Im Gehen erzeugt der Fußgänger „im Verhältnis zu seiner Position eine Nähe und eine Ferne" – im Sinne eines Hier und eines Da. Diese Konstellation entspricht der sprachlichen Äußerung, in der diese beiden Adverbien die sprechende Instanz im Verhältnis zu ihren Adressat:innen bestimmen. De Certeau spricht vom *Wandersmann* – eine Figur, die an den singenden und filmenden Rhapsoden denken lässt.[209]

Anders als Henry David Thoreau, der in schriftlicher Form sein Terrain Walden durch Beschreibung wiederauferstehen lässt, lässt Jonas Mekas das im Zuge seiner Immigration filmisch angeeignete Terrain als raumzeitlichen Zusammenhang kollabieren und nurmehr in Fragmenten aufblitzen. Auf die Pointierung des Augenblicks als direkte Reizung, Adressierung des Betrachter:innenauges zielen seine Filme. Der Produktion und Kultivierung solcher Gegenwartseffekte – Aug-in-Augenblicken, in denen die plötzliche Präsenz eines Nachbarn oder einer Nachbarin Raum und Zeit voll und ganz besetzt – ist Mekas' Leben in New York verschrieben. Seine ‚Heimat' wird aus den Momenten, Augenblicken Stück für Stück und unentwegt gebaut, sie wird kultiviert im Sinne eines Wohnens oder Lebens mit der Kamera: „I live, therefore I make films. I make films, therefore I live. Light. Movement. I make home movies, therefore I live. I live, therefore I make home movies", heißt es im Voice-over von WALDENS erstem Akt.[210]

---

207 Ebd.; de Certreau nimmt hier Bezug auf: Roman Jakobson: Poetik. Ausgewählte Aufsätze 1921–1971, Frankfurt am Main 1979, S. 91.

208 Michel de Certeau: Kunst des Handelns (1980/1988), S. 189.

209 Ebd., S. 183.

210 Jonas Mekas im Voice-over von WALDEN (1969), Reel 1.

KAPITEL 3

Das Glänzen des Unscheinbaren (As I Was Moving Ahead Occasionally I Saw Brief Glimpses of Beauty)

Wie bewundernswert ist doch
Wer nicht denkt: „das Leben ist vergänglich“
Wenn er einen Blitz sieht
Matsuo Bashō

Der Countdown des 20. Jahrhunderts läuft ... Jonas Mekas sitzt kurz vor Mitternacht an seinem Schneidetisch und montiert filmische Einträge aus seinem Archiv zu seinem längsten Tagebuchfilm zusammen. As I Was Moving Ahead Occasionally I Saw Brief Glimpses of Beauty (2000) macht sein eigenes Making-of stets mit zum Thema. Der Film umfasst Einträge der vorausgegangenen 29 Jahre und zeigt Bilder der gemeinsamen, glücklichen Zeit mit seiner Frau Hollis Melton – zu Hause, auf Ausflügen und auf Reisen – und Bilder aus der Zeit mit ihren Kindern Oona und Sebastian. Im Kontrast zu seinem ersten Tagebuchfilm Walden (1968) – ein *Home Movie of the Avant-Garde*,[1] der das kulturelle Leben in der Großstadt fokussiert, steht im Zentrum von As I Was Moving Ahead. ... Mekas' Leben als Partner, Freund und Vater. Jener Begriff *Home*, um welchen alle seine Filme kreisen, wird hier in seiner engsten Bedeutung, gewissermaßen trivial, gefasst. Die „Banalität des Alltäglichen“[2] erfährt nicht wie in Walden eine Elitisierung aufgrund der Prominenz seines Personals, vielmehr findet die Aufwertung des Gewöhnlichen durch die Konsequenz seiner Aufzeichnung statt und durch seine spezifisch filmische Darstellung. Mekas' filmische Augenblickspoetik findet in diesem Film ihren Höhepunkt.

In As I Was Moving Ahead ... finden sich Bilder von den Blicken eines Kindes. Geblendet vom Sonnenlicht blinzelt es wie der belichtete Film im Einzelbildverfahren. Bewegte Blätter, ihr Rauschen im Wind, Lichterflackern und staunende Gesichter. Ein Kind krabbelt auf dem Boden, wagt erste Schritte, stolpert, trotzt der Schwerkraft, steht wieder auf den Beinen – und wird durch die Montage in der Kamera in ein Hüpfen versetzt. Freudige Blicke

1 Jeffrey K. Ruoff: Home Movies of the Avantgarde (1991), S. 6–28.
2 Rachael Langford, Russel West: Marginal voices, marginal forms (1999), S. 6.

von allen Seiten. Kinder streicheln Katzen, Katzen streichen um die Ecken und um Beine, Katzen blicken direkt in die Kamera. Ihre Augen fokussieren, zucken wie die Bilderreihe, folgen Tauben ... Taubenfüttern, Taubenflattern. Der Film flackert, flickert und verstärkt das Taubenflattern. Trauben, Beeren, Birnen, Äpfel – mal arrangiert in der Schale, mal am Strauch oder Baum – sie werden gefilmt, gepflückt, gegessen.

Abb. 3.1

AS I WAS MOVING AHEAD ... präsentiert eine Fülle von Motiven, die in der akademischen Tradition der Malerei den niedrigsten Rang eingenommen haben. Stillleben und Genreszenen werden filmisch aufbereitet und motivisch aufgewertet – durch das Einzelbildverfahren zum Schillern und Glitzern gebracht. Wiederkehrende Leitmotive sind die Tages- und die Jahreszeiten sowie meteorologische Erscheinungen: Wind und Wolken, Sonne, Nebel, Regen. Sie ziehen sich quer durch Tage, Jahre und Jahrzehnte. Eine Katze trippelt durch den Schnee und wirft einen strengen Blick zur Kamera, ein Feuer flackert im oder gegen den Rhythmus der vereinzelten Bilder. Wind in Vorhängen und ein Mückenschwarm im Gegenlicht vermischen sich mit Staub auf der Linse. Gleißendes Licht in leeren Straßen, Regentropfen, Hagel, Meeresrauschen. Kinder kneten Teig, messen ihre Größe, schlafen quer im Bett, die Arme wie Antennen ausgestreckt. Gemeinsames Kochen, Essen, Trinken, Tänze und Ballett. Oona tanzt den *Schwanensee* gegen den Rhythmus der Bilder, ein Wettrennen auf der Wiese, Spiele, Musizieren, Weihnachts- und Geburtstagsfeste – Lebensfeiern und heiteres Zusammensein zu zweit, zu viert, mit Freunden.

Abb. 3.2

Der Titel des fünfstündigen Films beschreibt die zeitliche Struktur seines Geschehens und impliziert Mekas' Bekenntnis: „I go through this life with my Bolex."[3] Während er mit seiner Kamera durch den Raum und durch die Zeit, die Stadt und durch das Leben geht, und wir in der Rezeption des Films voranschreiten (MOVING AHEAD), während die Zeit verstreicht und das Filmband Frame um Frame durch den Projektor spult, zeichnen sich visuelle Ereignisse in Form von kurzen Einblicken (in etwas Schönes) ab (BRIEF GLIMPSES OF BEAUTY). Diese Lichtphänomene – Lichtreflexe und Glanzeffekte, die sich mit Momenten aus dem persönlichen Alltag verbinden – erscheinen von Zeit und Raum enthoben. Mekas nennt sie auch *Fragments of Paradise*.[4] Der Zeitpunkt ihres Auftretens wird (kontrolliert) dem Zufall überlassen (OCCASIONALLY), und ihr Erscheinen möchte ich mit Roland Barthes als Form des *Abenteuers* fassen: „C'est cela qui m'advient."[5]

Wenn der Film WALDEN in erster Linie die Affirmation der radikalen Zeitlichkeit des Lebens (mit der Kamera) als Hintergrund wie auch als Motivation für eine lebenslange Praxis mit der Kamera sichtbar macht, kommt in AS I WAS MOVING AHEAD OCCASIONALLY, I SAW BRIEF GLIMPSES OF BEAUTY Mekas' Kunst des kondensierten Tagebucheintrags in ausgereifter Form zur Ansicht: die Produktion und Rezeption von *Glimpses* wird als das Grundprinzip von Mekas' Lebens-Werk erkennbar. Ein *Glimpse* ist ein pointiertes visuelles Ereignis, in dem sich der Blick des Subjekts – der Person mit ihrer Kamera – und der Glanz des Objekts verbünden. Im *Glimpse* artikuliert sich, Aug-in-Augenblick, eine gegenseitige Gegenwart im Sinne einer kurzen Korrespondenz zwischen Filmer:in und Gefilmtem, Rezipient:in und Rezipiertem. Dabei soll das kinematografische Ereignis des *Glimpse* als eine Art Ekstase des Blickens von Seiten der Kameraperson beschrieben, wie auch in engster Verbindung mit dem Begriff und dem Phänomen der Eklipse betrachtet werden. Letzteres bezieht sich hier auf den Aussetzer, der dem ‚Kino-Sehen' immer wieder zustößt, eine unterbrechende Verdunkelung, die für gewöhnlich unterhalb der Wahrnehmungsschwelle liegt und die kinematografische Erscheinung überhaupt erst ermöglicht. Indem Mekas' filmische Handschrift den für das ‚Kino-Sehen' notwendigen Flicker – den schnellen Wechsel zwischen dem Bild und seiner Absenz – oberhalb der Wahrnehmungsschwelle ansiedelt, werden

3 Jonas Mekas im Voice-over von AS I WAS MOVING AHEAD ... (2000), Chapter 7.

4 Ders. im Voice-over von PARADISE NOT YET LOST, OR OONA'S THIRD YEAR (R: Jonas Mekas, USA 1980). Die Formulierung wurde titelgebend für den 2022 an den Internationalen Filmfestspielen von Venedig als *Best Documentary on Cinema* ausgezeichneten Dokumentarfilm über Jonas Mekas: FRAGMENTS OF PARADISE, (R: K.D. Davison, USA 2022)

5 Roland Barthes: La chambre claire (1980), S. 38.

das gezeigte Motiv und der Moment von kleinen Blitzen durchsetzt und zum Flackern, Glänzen, Schillern gebracht.

Vor Ort produzierte Mekas mit der Bolex-Kamera filmische Augenblicke, die einen Kurzschluss nicht nur zwischen rezipierendem Subjekt und rezipierter Welt vornehmen, sondern auch zwischen Vergangenheit und Zukunft. Denn der Gegenwartseffekt der *Glimpses* überlistet die Tatsache, dass die erscheinenden Momente in Wahrheit vergangen sind.[6] Für alle Zeit besticht der *Glimpse* im Kino. Im Gegensatz zum klassisch illusionistischen Film, der seit jeher Abwesendes als scheinbar Anwesendes präsentiert und auf den Effekt von Gegenwart im Kino abzielt, sind Mekas' Gegenwartseffekte kurz und höchst fragil: Vor dem Hintergrund einer rasenden Zeit erscheint das immer wieder neue Hier-und-Jetzt als eine von der filmischen Technik durchdrungene, augenblickliche Erscheinung. Uns zeigt sich ein aufgeschnappter Ausschnitt einer Welt, die für einen kurzen Moment aufleuchtet und wieder zerfällt, um einem neuen Augenblick zu weichen.

WALDEN entzieht sich jedem (autobiografischen) Narrativ – die Repräsentation von gelebter Zeit folgt nicht ansatzweise einer dramatischen Struktur. Im Gegensatz dazu drängt sich in AS I WAS MOVING AHEAD … die Frage nach dem Dramatischen als konzeptuelle Kategorie des Films wieder auf und lässt sie auf die Frage nach Mekas' Lebensentwurf beziehen. Das Drama als Überbegriff aller dramatischen Gattungen (griech.: δρᾶμα, *dráma*: Handlung), wie er von Aristoteles geprägt wurde, bezeichnet die erzählerische Konstellation rund um eine Figur, die eine Krise durchmacht, vor eine lebensverändernde Entscheidung gestellt wird und/oder ihr Leben auf Grund von Verlust, Verfolgung, zufälligem Glück oder anderem neuformieren muss.[7] Eine solche erzählerische Konstellation ist in AS I WAS MOVING AHEAD … angelegt, wenn auch subtil. Zum Zeitpunkt der retrospektiven Montage, mit der der Film auch einsetzt, hat Hollis Melton, Mekas' langjährige Partnerin, den gemeinsamen Haushalt verlassen.[8] Das Zusammenleben mit ihr und das Erwachsenwerden der beiden Kinder bilden die unterschwellige Klammer des Films. Wie in LOST LOST LOST steht somit auch in AS I WAS MOVING AHEAD … ein Verlust

6 Harmony Korine hebt diese Fähigkeit der Manipulation hervor, wenn er Jonas Mekas – „a true hero of the underground and a radical of the first degree" – als „a shapeshifter and timefucker" bezeichnet. Harmony Korine in: Jonas Mekas. The man who inspired Andy Warhol to make films, in: The Guardian, 1.12.2012.

7 Vgl. Aristoteles: Poetik (335 v. Chr.), Stuttgart, 1961; Artikel *Drama*, in: Lexikon der Filmbegriffe, URL: https://filmlexikon.uni-kiel.de/doku.php/d:drama-7008 (letzter Zugriff: 3. Dezember 2023).

8 Hollis Melton über die Trennung von ihrem Mann, in: FRAGMENTS OF PARADISE (2022); vgl. auch: P. Adams Sitney: Mekas' Retrospection (2008), S. 372–391.

am Anfang: Die Trennung mit Hollis Melton und die unwiederbringlich vergangene Kindheit ihrer gemeinsamen Kinder.

Abb. 3.3

Zu Beginn spricht der Filmemacher direkt zu uns – aus dem nächtlichen Schneideraum, wo sein Film Gestalt annimmt:

> Dear viewer, in the background you can hear some noises from the New Year's celebration. New Year's 1999 into 2000. Tomorrow will be the first day of the year 2000. I am here in my editing room splicing, splicing, splicing. I made about 150 splices today and I am looking at my old footage, footage of the 20th century, the last quarter of the 20th century, as the world is celebrating the new year, the new year.[9]

Als Auftakt zu jedem weiteren Akt erzählt Mekas, was bisher geschah. Genauer: Der Sprecher betont wiederholt, dass bislang nichts geschehen sei, oder nur wenig: „Nothing much, nothing extraordinary has so far happened in this movie, nothing much extraordinary ... no drama, no great climaxes, no tension what will happen next."[10] Im Gegensatz zu Lost Lost Lost, in welchem Mekas vierundzwanzig Jahre zuvor aus stilistisch heterogenem Bildmaterial ein selbstreflexives, autobiografisch gerahmtes Narrativ als Filmer entwickelt, verweigert sich As I Was Moving Ahead ... dieser Form der Geschichtsschreibung. Wie für Walden gilt auch hier das Prinzip der Reihung von gleichwertigen Einträgen, die sich dem jeweils anderen weder unter- noch überordnen. Diese additive Ordnung der Teile bildet eine serielle Struktur, die die Autonomie jedes einzelnen Eintrags stärkt und eine dramatische Erzählweise mit Spannungsbögen und unterschiedlichen Gewichtungen von Ereignissen grundsätzlich kontrastiert. Für As I Was Moving Ahead ... als erzählerische und dramaturgisch zugespitzte filmische Form ist nicht die Ordnung der Teile entscheidend, sondern der Konflikt zwischen der heiter

9 Jonas Mekas im Voice-over von As I Was Moving Ahead ... (2000), Chapter 1.

10 Ebd., Chapter 3.

besetzten Bildspur und der depressiv gestimmten Tonspur – ein Spannungsverhältnis, das sich schließlich im Sinne eines Happy Ends zugunsten der Bilder auflöst.

Die in As I Was Moving Ahead ... versammelten Momente werden explizit als schöne und glückliche Momente bezeichnet: *Glimpses of Beauty* und *Moments of Happiness*.[11] Sie haben Mekas im Alltag mit der Kamera ergriffen. Zerstückelt und montiert im Einzelbildverfahren, bringt er sie in seinen Filmen zum Schillern und Glänzen. Wie Thoreau sein Schreiben, erklärt Mekas sein Filmen als ein Zelebrieren dessen, was ihm gefällt – und was ihm gefällt, sucht und findet er im Alltag. Mit seiner spezifischen Handschrift würdigt er das Übersehene, Unspektakuläre und macht die Fragilität dessen erfahrbar, was als selbstverständlich gilt. Das Fragile, vermeintlich Selbstverständliche verklärt er mit der Kamera und seiner lockeren Hand zu leuchtenden Inbegriffen des Glücks.

Im Unterschied zu seinem Film Walden zeichnen sich in As I Was Moving Ahead ... diese entgegenkommenden Momente ab vor einem Hintergrund, der auf der Tonspur als tiefer Abgrund zum Ausdruck kommt und einen Gegenpol schafft zu den auf der Bildspur unablässig artikulierten Metaphern des Glücks. Im Voice-over der ersten Akte ist von Trennung und tiefer Liebe, von traumatischer Einsamkeit, Schmerzen, wieder aufreißenden psychischen Vernarbungen, von Trauer und der Frage nach dem Wert und Werten des Lebens die Rede. Der Widerspruch zwischen Bild- und Tonspur schafft in As I Was Moving Ahead ... die Bedingung einer Entwicklung, in der die glücklichen Momente – geglückte Augenblicke – die im Voice-over zum Ausdruck kommende Depression allmählich vertreibt. Die prinzipiell unendliche Wiederkehr dieser ausgezeichneten alltäglichen Momente hat einen antidramatischen Effekt, der das im Voice-over angelegte Potenzial einer Tragödie nicht zur Entfaltung, sondern aktiv zum Verschwinden bringt. Damit konzipiert Mekas seine Arbeit mit der Kamera und die Ansammlung von *Glimpses* als eine selbsttherapeutische Praxis, deren kontinuierliches Ausüben die Heilung einer tiefen Wunde bewirkt.

Einerseits zeigt As I Was Moving Ahead ... eine deutliche Neigung zum Melodrama, andererseits verweigert er sich den Spielregeln dieses Genres. So wird er als manifeste Alternative zum konventionellen Drama lesbar. Im Drama richtet sich die Erzählung teleologisch auf einen Endpunkt hin aus und folgt dem klassischen Ablauf in fünf Akten. As I Was Moving Ahead ... hingegen besteht aus zwölf Akten und zielt auf kein Ende ab. Der Film assoziiert den potenziell unendlichen, zyklischen Rhythmus der Jahreszeiten und

11 Vgl. ebd. Chapter 1.

damit verbunden ein Leben jenseits einer einzelnen Biografie. Im klassischen Drama dienen Handlungen, Interaktionen und widerfahrende Ereignisse dem Aufbau von Konflikten und der Erzeugung von Spannung – wodurch sie zugleich die erlösende Wirkung eines Happy Ends verstärken. As I Was Moving Ahead … hingegen verweigert sich *dieser* Form der emotionalen Manipulation. Mit seiner filmischen Kunst und Taktik, die äußeren Reize des Alltags in filmischen Skizzen festzuhalten – *Tagwerk* – und in der Zukunft zu rezipieren – *Nachtschicht* – arbeitet der Protagonist von As I Was Moving Ahead … aktiv an der Sublimierung seines Leids und bringt sich im Laufe des Films implizit als jener „Happy Man" zum Ausdruck, als den er sich in seinem vorausgegangenen Tagebuchfilm explizit bezeichnet hatte.[12]

3.1 Einsichten und Sinnesreize – die Frage nach dem Sinn (des Lebens)

As I Was Moving Ahead Occasionally, I Saw brief Glimpses of Beauty beginnt mit dem handschriftlich verfassten Titel auf Papier, gefolgt von einem maschinell getippten Untertitel, der Chapter One ankündigt. Im Voice-over kommentiert der Autor seine Postproduktion mit Blick auf die Frage nach der Darstellbarkeit seines Lebens und der Erkennbarkeit von dessen Sinn:

> I have never been able, really, to figure out where my life begins and where it ends. I have never ever been able to figure it all out what it's all about, what it all means. So, when I began to put all these rolls of film together, to string them together, the first idea was to keep them chronological, but then I gave up and I just began splicing them together by chance, the way I found them on the shelf. Because I don't know where any piece of my life really belongs to. So let it be, let it go just by pure chance, disorder.[13]

Auf dieser Grundlage erklärt der Autor seine Ablehnung klassisch dramaturgischer Möglichkeiten der biografischen Darstellung. Er dementiert hier erstmals, was später in Varianten wiederkehrt: die Vorstellung, das Leben sei eine in sich geschlossene biografische Struktur, die nach gesellschaftlich vereinbarten, kausallogischen Gesetzmässigkeiten funktioniere. „There is some order in it, order of its own which I do not really understand, the same as I never understood life around me, the real life as they say or the real people, I never understood them, I still do not understand them, and I do not really

12 Vgl. Out-Takes from the Life of a Happy Man, (R: Jonas Mekas, USA 2012)
13 Jonas Mekas im Voice-over von As I Was Moving Ahead … (2000), Chapter 1.

want to understand them."[14] Mit diesem Auftakt werden die folgenden Skizzen und filmischen Aufzeichnungen aus dem Alltag in ein Spannungsverhältnis zu einem rational fassbaren, intellektuell zugänglichen Bereich gesetzt – und als die *eigentlichen Einsichten* ins Leben präsentiert.

Auf den Titel folgen bunte, durch einen gestischen Schwenk miteinander verbundene Lichter in der Nacht. Es folgt ein Schnitt und dann ein großes Fenster: Weißes Gegenlicht strömt ein und verwandelt potenziell wiedererkennbare Motive in eine grafisch-flächige Struktur. Abstraktionen dieser Art kehren die sinnliche Dimension der sichtbaren Welt heraus und verschränken sie mit den selektionierten Motiven aus dem Alltag. Die Möglichkeit zur *Einsicht* (in den Sinn des Lebens) liegt in einer intensivierten Wahrnehmung von Alltag – geprägt von Wetter, Licht und Zufall, gestaltet durch die Liebsten, Nächsten, Freunde und Passanten sowie durch Arbeit, Freizeit, Essen, Trinken, Schlafen und andere Aspekte des Lebens.

Ein nächstes Bild zeigt eine von einem Mädchen schroff bespielte Geige. Eine Maus saust in einer Wohnung auf dem glänzenden Parkett herum, verfolgt von einer Katze. Ein schneller Schwenk zum grauen Himmel, ein blauer Schal in Nahaufnahme windet sich um Hollis Meltons Hals. Von einer herbstlichen Sonne geblendet, blickt sie in Mekas' Kamera und lacht. Der Wind weht über die harten Schnitte hinweg und bringt Fransen von Storen in Bewegung. Nun ist es Frühling, windstill – doch die Bilder flattern weiter: Das Einzelbildverfahren lässt in Mekas' Filmen keinen ruhigen Bildstand zu – das Laufbild zittert, wackelt, tanzt. Magnolienknospen stehen kurz vor ihrem Sprung in eine opulente Blüte: „Springtime, yes, it is Springtime".[15] Hinter den Ästen der Magnolie steht Mekas mit der Tochter Oona im Arm. Eine Großaufnahme zeigt die Augen dieses Babies, Zwinkern, Mekas' Augen zwinkern auch. Dann folgt der Zwischentitel BAPTISM OF UNA ABRAHAM, und wir sehen Hollis mit dem Kind auf die Kamera zugehen, sie strahlt – es folgen Blumen in Gelb und in Rot. Ein Laib Brot mit Trauben und Käse, festlich gekleidete Kinder versammeln sich um den gedeckten Tisch. Nach dem Verstummen von Mekas' Stimme setzt Klaviermusik ein – sie begleitet Bilder, Bilderketten, Skizzen, visuellen Tagebucheinträge. HOME SCENES. Das kleine Kind berührt mit seinen Händchen die Tatze einer flauschigen Katze, zieht sie zurück, dann streichelt es sie tapsig. Die Hand der Mutter macht es ihm vor. Die Katze räkelt sich, genießt, blickt zackig in die Kamera, dann blickt das Kind. Es folgt der Zwischentitel SUMMERS OF CENTRAL PARK und eine neue Szene schließt

---

14 Ebd.

15 Dieser Hinweis ist einer späteren Stelle entnommen: Jonas Mekas im Voice-over von AS I WAS MOVING AHEAD ... (2000), Chapter 10.

sich an: ein Picknick auf der Wiese. Jonas, Hollis und eine weitere Person reichen eine Flasche Wein und die Kamera im Kreis herum, sie schneiden und verteilen Brot. Währenddessen zappeln vergnügte Babyfüßchen auf der Picknickdecke. Dann zeigt die Kamera das grüne Gras von unten – Mekas liegt wohl in der Wiese, filmt Bäume und Freunde, die nun um neunzig Grad verdreht erscheinen. Es folgen Close-Ups von Früchten in den Bäumen, Schatten von Blättern im Wind. Hollis und die Kinder, Freunde, die ersten Schritte, wankend, trippelnd, rennen, rasen, auf der Wiese, auf der Straße.

Abb. 3.4

3.1.1 *Filmen gegen den Abgrund der Innerlichkeit*

Die Frage nach dem Sinn des Lebens, die der Film an seinen Anfang setzt, stellt sich vor allem in der Krise. Die positiv, von Licht und Leichtigkeit besetzte Bildspur steht in As I was Moving Ahead ... im Kontrast zu einem Abgrund, der das Potenzial dramatischer Erzählungen birgt. Zu Beginn des dritten Kapitels wird die Krise manifest. Die im Voice-over verlesenen Texte sowie Textfragmente in den Zwischentiteln sind Zeugnisse von Traurigkeit und Depression: „About a man whose lip is always trembling from pain and sorrow experienced in the past which only he knows."[16] Die Ursache dieses Schmerzes wird weder erläutert noch biografisch verortet. Die Trennung von Hollis Melton und die im Alleinsein aufkeimenden Traumata der russischen Besatzung Litauens im Zuge des Hitler-Stalin Paktes und der politischen Umwälzungen des Zweiten Weltkriegs werden als mögliche Erklärungen nahegelegt. Die Beschreibung des psychischen Leidens wird in einer Weise offengehalten, dass es auf Erfahrungen und das Leiden anderer Menschen übertragbar bleibt. Während auf der Bildspur ein Schmetterling auf einer Blume landet, eine Biene Nektar saugt, während die kleine Tochter mit der Mutter einen Handstand übt und Purzelbäume schlägt, während Jonas Mekas kocht und Freunde und Familie essen, während Oona durch die Fenster eines Cafés auf die Straße blickt und belustigt an die Scheibe haucht, Regentropfen in einer Pfütze den ganzen

16 Jonas Mekas im Voice-over von As I Was Moving Ahead ... (2000), Chapter 3.

Bildausschnitt bestimmen, das Mädchen kleiner ist als der blaue Schirm in ihrer Hand und ihre Schuhe im Close-Up die Leinwand füllen, während die Kamera auf einem schlafenden Kind innehält und eine Katze leise um die Ecke schleicht … spricht Mekas auf der Tonspur, in monotoner Stimme und wie aus einem tiefen Schlund:

> The pain is stronger than ever […] The deeper I swing into the regions of nothingness, the further I am thrown back into myself each time more and more frightening depths below me until my very being becomes dizzy. My heart is poisoned, my brain left in shreds of horror and sadness. I never let you down, world, but you did lousy things to me. This feeling of going nowhere of being stuck. The feeling of Dante's first strophe, as if afraid of the next step, next stage. […] My life has become too painful, and I keep asking myself, what am I doing to get out of where I am, what am I doing with my life. It took me long to realize that it is love that distinguishes men from stones, trees, rain and that we can lose our love and that love grows through loving, yes. I have been so completely lost, so truly lost. There were times I wanted to change the world, I wanted to take a gun and shoot my way through the western civilization. Now I want to leave others alone, they have their terrible fates to go. Now I want to shoot my own way through myself into the thick night of myself. Thus, I change my course, going inwards. Thus, I am jumping into my own darkness […] And I sit here alone and far from you, and it is night and I'm reflecting on everything all around me and I am thinking of you. I saw it in your eyes, in your love, you too are swinging towards the depths of your own being in longer and longer circles. I saw happiness and pain in your eyes and reflections of the paradises lost and regained and lost again, that terrible loneliness and happiness, yes, and I reflect upon this, and I think about you, like two lonely space pilots in outer cold space, as I sit here this late night alone and I think about all this.[17]

Nicht nur zeichnen sich die lichten Skizzen vor diesem düsteren Abgrund ab, auch sind sie aktiv gegen diese Grundstimmung gerichtet. Im Fortgang von As I Was Moving Ahead … ist eine deutliche Abnahme der im Voice-over gesprochenen leidvollen Passagen festzustellen[18] – als hätten die ständige Praxis des filmischen Tagebuchs und die nächtliche Rezeption der heiteren Momente, die im Tagwerk gesammelt wurden, die heftigsten Qualen verdrängt. Durch diese Dramaturgie wird der Glaube an die heilende Wirkung lichtdurchsetzter, positiv besetzter Augenblicke formuliert. Das intensive sinnliche Erleben ausgewählter und radikal vergänglicher Phänomene, die alltäglich sind und daher für gewöhnlich selbstverständlich scheinen, trägt zur Genesung bei: Das Wahrnehmen und Wertschätzen geteilter Zeit mit Freunden und Familie, gemeinsames Essen, Feiern, Sonne, Regen, Schnee und Jahreszeiten, Farben,

17 Ebd., Chapter 3.

18 Vgl. P. Adams Sitney: Mekas' Retrospection (2008), S. 372–391.

Blüten, Knospen, Laub, Spazieren in der Stadt, im Park, die Gestalt von Blumen, der Geschmack von Beeren, Blütenstaub im Gegenlicht.

Dieser Glaube geht einher mit der Kultivierung einer Zuversicht in den offenen Verlauf der Zeit – denn die unscheinbaren Augenblicke fallen *unversehens* zu und realisieren sich nur, wenn sie wahrgenommen werden: „I must be very open and watchful now."[19] Anstelle einer Auseinandersetzung mit den Tiefenschichten seiner Psyche schlägt Mekas seinem gequälten Protagonisten vor, seine Sinne im Zustand einer inneren Wachsamkeit nach außen zu richten. Die Umgebung entfaltet ihre sinnliche Fülle und positive Wirkung dann, wenn sie auf eine Leere an Gedanken trifft und dadurch als ganz gegenwärtig wahrgenommen und erfahren werden kann. Nicht die Introspektion, sondern die Extrospektion wird das Mittel zur Überwindung seiner Krise. Die Kamera mit ihrer ontologischen Außenposition[20] ist dabei Mekas' Krücke: ein Instrument, das Oberflächen und Lichteffekte reflektiert – ohne sich in den Fängen der Reflexion zu verstricken.[21]

„It's me and my Bolex. I go through this life with my Bolex. And I have to film what I see, what is happening right there."[22] Nach diesen Worten im Voiceover folgt das Klick-Geräusch der Einzelbildaufnahme und dann ein Surren: das Geräusch von vierundzwanzig Bildern pro Sekunde. Auf diese Weise präsentiert der Filmemacher aus dem Schneideraum die Eigenlaute seiner Kamera und Wegbegleiterin. Im Verbund mit dieser wurden all die Phänomene produziert, die zeitgleich auf der visuellen Spur erscheinen: die Skizze einer Abenddämmerung – erblickt und eingefangen aus dem in die Stadt einfahrenden Zug, lesende Passagiere und dann erneut die kleine Tochter, die vor der Kamera energisch mit der kleinen Geige spielt. Stumm gemacht, begleitet sie das Rattern seiner Kamera, beziehungsweise: die Klicks von seiner Kamera begleiten Oonas tonloses Konzert. Die Kamera und Wegbegleiterin ist ein Instrument, das selbst nichts weiß, keinen Vorausblick und keinen Rückblick kennt, sich ganz konkret dem Fluss der Gegenwart verschreibt. Sie bündelt, fokussiert das hier und jetzt Präsente. Jonas Mekas verordnet seinem Protagonisten die Haltung seiner Kamera und investiert mit vollem Einsatz in die sinnliche Wahrnehmung seiner nächsten Umgebung.

---

19 Jonas Mekas im Voice-over von As I Was Moving Ahead … (2000), Chapter 3.

20 Im Sinne ihrer *Outsideness* vgl: Stanley Cavell: The world viewed (1971/1979), S. 133.

21 Zur „dunklen Konvergenz zwischen Reflexion (im Sinne des Denkens) und Reflexion (im Sinne des Lichteffektes)" vgl. Andreas Cremonini: Über den Glanz. Der Blick als Triebobjekt nach Lacan, in: Claudia Blümle, Anne von der Heiden (Hg.): Blickzähmung und Augentäuschung. Zu Jacques Lacans Bildtheorie, Zürich/Berlin 2005, S. 217–248, hier: 217.

22 Jonas Mekas im Voice-over von As I Was Moving Ahead … (2000), Chapter 7.

Abb. 3.5

Durch die Gegenläufigkeit von Passagen der Hochstimmung und solchen der Depression wird die Produktion und Rezeption solcher Augenblicke auch als eine *Mnemotaktik* propagiert – als eine Praxis, die dem Aufkeimen von traumatischen Erinnerungen mit einer konkreten und in ihrer Sinnlichkeit gesteigerten, positiv konnotierten Gegenwart begegnet: THE BEAUTY OF THE MOMENT OVERTOOK HIM AND HE DID NOT REMEMBER ANYTHING THAT PRECEDED THAT MOMENT – steht auf einer Texttafel im vierten Kapitel geschrieben. Während des Filmens in der Gegenwart hinterlässt das Präsens für die Zukunft seine Spur – in Form der Bilder, Bilderketten, Skizzen, visuellen Tagebucheinträge, die sich chronologisch geordnet auf der in die Kamera eingelegten Filmspule auffädeln. Ab dann sind sie latent präsent und jederzeit bereit, aus dem Filmarchiv ergriffen und durch den Filmemacher in der Nachtschicht in eine neue Gegenwart geschleust zu werden. Das Erleben eines im Sinne Freuds weniger bedeutsamen, jedoch in seiner Sinnlichkeit gesteigerten Augenblicks befördert das Vergessen von früheren Qualen.[23] Mekas' Kultivierung der Rezeption und Produktion von positiv besetzten Augenblicken aus dem Alltag könnte als eine Kultur der Deckerinnerung verstanden werden, die – zieht man den subtilen Plot und die Abnahme der leidvollen Passagen in Betracht – ein befreiendes Vergessen befördert.[24] YOU LOOK AT THE SUN. THEN YOU RETURN HOME AND YOU CAN'T WORK, YOU'RE IMPREGNATED WITH ALL THAT LIGHT.[25] Die beständige Belichtung der ‚inneren Festplatte' überschreibt andere Erinnerungen – eine List, durch die sich jener intensive Gegenwartseffekt erst einstellt. Mekas' filmische Augenblicke verweisen

---

23 Vgl. Sigmund Freud: Zur Psychopathologie des Alltagslebens. Über Vergessen, Versprechen, Vergreifen, Aberglaube und Irrtum, in: Gesammelte Werke, Bd. IV, 1904, London 1941, S. 51–52.

24 Vgl. ebd.; Sigmund Freud: Über Deckerinnerungen (1899), in: Gesammelte Werke, Bd. I, Werke aus den Jahren 1892–1899, London 1952, S. 531–554. Zum Konzept der Deckerinnerungen und Kino vgl. Matthias Wittmann: MnemoCine. Die Konstruktion des Gedächtnisses in der Erfahrung des Films, Zürich 2016, S. 349–353.

25 Zwischentitel in WALDEN (1969), Reel 6.

nämlich weniger auf einen vergangenen Moment in seinem Leben, als dass sie diesen als einen Moment produzieren, der sich in der Gegenwart neu präsentiert.

3.1.2 *Außer sich, in der sinnlichen Fülle des Lebens*

Diese subjektive Investition in die filmische Wahrnehmung des gegenwärtigen Moments und seines Gegenübers geht einher mit einer Euphorie, die sich sowohl in seiner filmischen Handschrift und der Exzessivität ihrer Ausübung zeigt, als auch in den in Hochstimmung gesprochenen Passagen, die den Akt des Filmens thematisieren. So heißt es beispielsweise im Voice-over zu Beginn des siebten Kapitels:

> My dear viewers. I guess you have come to another realization by now, that I am not really a filmmaker. I do not make films, I just film. I just film. I am obsessed with filming. I am really a filmer. [...] What an ecstasy just to film. Why do I have to make films when I can just film, when I can just film what is whatever is happening there, in front of me and now, my friends and whatever I see.[26]

Die von Mekas inszenierte Begeisterung für das Filmen erscheint als freudige Erregung und leidenschaftlicher Eifer, dem eine transformative Kraft innewohnt. Dabei wird der Akt des Filmens immer wieder als ekstatisches Involviert-Sein in den gegenwärtigen Moment beschrieben – mitsamt allem, was er zeigt und mit sich bringt. Im Akt des Filmens lösen sich die Grenzen des Filmemachers auf. Er geht in etwas auf, das ihn übersteigt, umfasst, in jedem Fall größer ist als das Konzept des Individuums.

Der Begriff der Ekstase entstammt dem griechischen ἔκστασις, was ein *Außer-Sich-Sein* und die Überwältigung durch *ein Anderes* bezeichnet – sei dieses *Andere* Gott, ein Mensch, ein Gegenstand oder eine Tätigkeit.[27] Für Jonas Mekas ist Filmen eine Art, sich entweder ganz in etwas hineinzuwerfen oder aber vollkommen draußen zu sein, bei und mit den Dingen. Dieser Zustand wirkt – wie der subtile Plot andeutet – Depression und Einsamkeit entgegen. Wenn nach Georges Bataille die „innere Erfahrung" – wie sie der Protagonist von AS I WAS MOVING AHEAD ... in den düsteren Passagen des Voice-overs formuliert – eine radikal individuelle ist, die von hoffnungsloser Einsamkeit geprägt ist,[28] lässt sich dieser klaustrophobische Zustand durch die Identifikation mit der ontologischen Außenposition der Kamera und den

---

26 Jonas Mekas im Voice-over von AS I WAS MOVING AHEAD ... (2000), Chapter 7.

27 Vgl. Friedrich Pfister: Ekstase, in: Reallexikon für Antike und Christentum. Bd. 4, Stuttgart 1959, S. 944–987.

28 Vgl. Georges Bataille: Die innere Erfahrung nebst Methode der Meditation und Postskriptum 1953, München 1999.

ekstatischen Akt des Filmens überwinden. Das Filmen versetzt das Subjekt des Films in einen Zustand, in dem es seine ursprüngliche Trennung überwinden, sich mit Welt verbinden und ein Gefühl von Sinn herstellen kann.

Die zur Charakterisierung der Ekstase herangezogenen Beschreibungen sind ambivalent, denn der damit bezeichnete Zustand wird sowohl als „unterwaches wie überwaches, als eingeengtes wie geweitetes Bewusstsein, als Leere wie Fülle, als Chaos wie Integration, als Verlöschen wie Erwachen des Ichs“ verstanden.[29] Mekas selbst beschreibt den ekstatischen Zustand, in den ihn das Filmen versetzt, als eine Form der Hingabe an seine unmittelbare Umgebung und als ein selbstvergessenes, versunkenes Handeln: „Ecstasy is doing something without knowing *why* you are doing it and you forget that you are doing it […] you are just so immersed in it.“[30] Unter den Bedingungen eines ekstatischen Handelns wird die Logik des rationalen Denkens sowie die mit dem Denken verbundene Vorwegnahme der Zukunft oder Rückbesinnung auf die Vergangenheit unterbrochen. Dies gilt nicht nur im Hinblick auf einen selbsttherapeutischen Ansatz, sondern auch für Mekas' Konzept filmischer Spontaneität, mit der er den konventionellen, klassisch narrativen Kinoformen begegnet. Die manifeste Ablehnung eines Skripts setzt sich in der Entscheidung fort, die Tagebucheinträge keiner Chronologie oder anderweitig übergeordneten, vorauskonzipierten Dramaturgie unterzuordnen. Im Bund mit seiner Kamera, die weder Vorausblick noch Nachdenken kennt, reagiert er auf die sinnliche Gegenwart, die sich ihm eröffnet: „I'm not making films, I'm just filming. The ecstasy of filming, just filming, life around me, what I see, to what I react, to what my fingers, my eyes react, this moment, now, this moment, when it's all happening. Ah, what an ecstasy.“[31]

Im Gegensatz zur Askese, die als bewusster Verzicht auf sinnliche Fülle verstanden und als Antipode zur Ekstase angeführt wird, ist die Ekstase – der Zustand des *Außer-Sich-Seins* in sich selbst – ein Zustand, in dem die sinnliche Fülle des Lebens bewusst genossen werden kann.[32] Entscheidend ist, dass sich in Mekas' Filmen die Ekstase als eine Transzendenzerfahrung *par excellence* auf das explizit Immanente bezieht – auf den profanen Alltag, den er mit seiner Kamera in seiner sinnlichen Intensität entdeckt und inszeniert. Zelebriert wird die fragile Schönheit des mit Anderen geteilten, unspektakulär

---

29 Helga Peskoller, Jörg Zirfas: Zur Bildung der Begeisterung, in: Die Kunst der Begeisterung, Weinheim, Basel 2023, S. 7–21, hier: 12.

30 Jonas Mekas im Gespräch mit Benn Northover: Techniques of Ecstasy, in: An Other (25.10.2010), URL: https://www.anothermag.com/fashion-beauty/570/jonas-mekas (letzter Zugriff: 3. Dezember 2023).

31 Jonas Mekas im Voice-over von As I Was Moving Ahead … (2000), Chapter 7.

32 Vgl. Helga Peskoller, Jörg Zirfas: Zur Bildung der Begeisterung (2023), S. 12.

Gewöhnlichen, indem er dieses durch seine Fingerfertigkeit und Kunst zum sinnlichen Spektakel verklärt. Aus dem Alltag steigen die vortrefflichen Momente wie (zeitlose) Epiphanien empor, um in der Nachtschicht erneut ihre Wirkung zu entfalten. Für den Gegenwartseffekt entscheidend ist die Verzahnung von vorfilmischem Motiv und kinematografischen Mitteln – sie bringen sich zugleich zur Darstellung und verdichten sich zu jenem Augenblick, der auf der Leinwand kurz erglimmt.

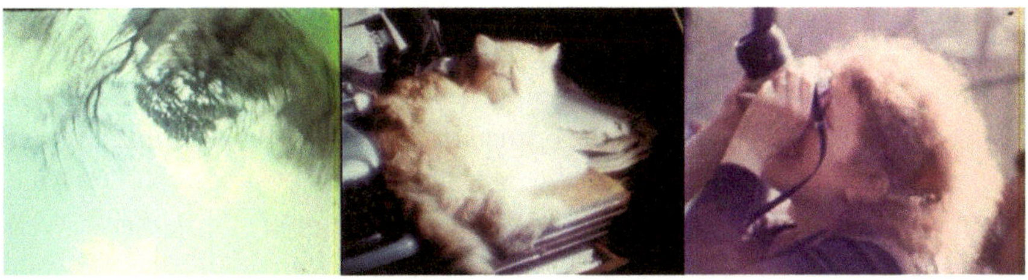

Abb. 3.6

3.2 Gesteigerte Sichtbarkeit: die Produktion und Rezeption von Glimpses

Die Impression einer kadrierten Gegenwart wird in Mekas' Kunst in ihrer sinnlichen Präsenz gesteigert und filmisch zelebriert. Die gefilmten Phänomene und das selbstreflexive kinematografische Handeln durchdringen einander auf innige Weise. Was im Kino konventionell unterhalb der Wahrnehmungsschwelle bleibt – etwa das Ticken der Einzelbilder – tritt hier oberhalb der Wahrnehmungsschwelle zutage und wird mit den *übersehenen* Details aus dem Bereich des *Gewöhnlichen* in Einklang gebracht. Die im Flicker-Effekt sichtbare Eigenbewegung des Filmmaterials, die mit der Handkamera ausgeführten Gesten und eine durch zahlreiche Artefakte betonte filmische Materialität interagieren mit den gefilmten Szenen derart, dass kinematografische und vorfilmische Realität ununterscheidbar werden.

Abb. 3.7

Laboreffekte wie Verfärbungen des Filmmaterials lassen Bilder des herbstlichen Parks erröten, vergilben oder verblassen. Die Verfärbung des Laubs an den Bäumen und jene des Filmmaterials verschmelzen zu einer einzigen Wahrnehmung. Hat die Jahreszeit die Erscheinungen des Films eingefärbt – oder der Film die Erscheinungen der Jahreszeit? Sichtbare Auf- und Abblenden dimmen oder steigern das Tageslicht. Unklar bleibt, ob sich eine Wolke vor die Sonne geschoben hat oder ob die Kamera die Modulation der Belichtung verantwortet. Ist das Rauschen in der Tonspur auf technische Umstände zurückzuführen oder auf das Rattern der U-Bahn, das Rauschen des Winds? Hat langjährige Lichteinwirkung die Tapete ausbleichen lassen – oder eine Unterbelichtung oder der Alterungsprozess des Filmmaterials? Filmische und vorfilmische Physis scheinen sich gegenseitig zu affizieren. Sie verbinden sich in Mekas' Handschrift zu einem in seiner Sinnlichkeit gesteigerten Eindruck, Eintrag, Augenblick – dem *Glimpse*. Dieser nimmt Anteile der äußeren Welt, des Objekts im Sinne eines Abbilds, ebenso auf wie Anteile des Subjekts und seiner Technik. Die gesteigerte Sinnlichkeit findet ihre äußerste Zuspitzung in der direkten Blendung des Auges – einer Form des Augenblicks, die in AS I WAS MOVING AHEAD … immer und immer wiederkehrt.

Abb. 3.8

3.2.1 *Korrespondenzen zwischen Subjekt und Objekt des Blickens/ Glänzens*

„We can read in the word *glimpse* both the oblique, angular *glance* of the eye off its object and the *glimmer* or *glow* of the object attracting the eye: the root g∧hlend(h) (sic!) encompasses words for *shining, gold, sheen*, and *illumination*."[33] Diese von P. Adams Sitney nicht weitergeführten Assoziationen zum Begriff *Glimpse* machen die zugespitzte Augenblicklichkeit als das eigentliche

---

33 P. Adams Sitney: Mekas' Retrospection (2008), S. 379 (Hervorhebungen im Original). Der Autor nimmt bei seiner Analyse von Mekas' Film Bezug auf Emersons *Fossil Poetry*, vgl. Ralph Waldo Emerson: The complete essays and other writings of Ralph Waldo Emerson, New York 1940.

Grundprinzip von Mekas' Filmen lesbar. Der Begriff *Glimpse* bezeichnet *Blick* und *Glanz* zugleich. Entsprechend provoziert er einen Kurzschluss zwischen Subjekt und Objekt des Blickens/Glänzens. Der *Glimpse* als Glanz ist auch der ‚Blick' des Objekts, denn dieser Glanz ist nicht nur seine Eigenschaft, sondern ein Reflex, der das sehende Subjekt aktiv angeht. Und der *Glimpse* als Blick, im Gegenzug, ist der Glanz, mit dem das Subjekt durch seinen Blick das Objekt ausstattet. Blick und Glanz verbünden sich zu einem impressionistischen Ereignis – einer kurzen Korrespondenz, die eine physisch-sinnliche Kopräsenz und gegenseitige Gegenwart voraussetzt und eine Bezogenheit formuliert.

Der Kurzschluss zwischen Subjekt und Objekt ereignet sich im vorliegenden Film andauernd. Denn der kameratechnische Effekt des Zwinkerns und Flickerns lässt sich gleichermaßen auf die Kamera als blickendes Subjekt beziehen wie auf die Szene oder das erscheinende Objekt. Das Zwinkern und Flickern entzieht der Sichtbarkeit des vorfilmisch Präsenten ihre Selbstverständlichkeit. Sie wird vergegenwärtigt in ihrer Abhängigkeit vom Blick wie vom Licht. Die für gewöhnlich unsichtbare Blickaktivität eines Subjekts – hier: einer aufzeichnenden Kamera – wird in Mekas' Film sichtbar gemacht und das filmische Blicken zeigt sich als Teil des Phänomens. Das Zwinkern und Flickern dekonstruiert auch die für gewöhnlich selbstverständliche Sichtbarkeit des Objekts und erzeugt durch das Stakkato einen Überschuss an sinnlichem Reiz, was zum Eindruck einer Affektion der gezeigten bzw. sich zeigenden Situation führt. Ein Teil oder Detail der sichtbaren Welt wird in Erregung versetzt. Unklar bleibt – die für den *Glimpse* typische Interrelation – wer hier wen affiziert: die sichtbare Welt den Blick oder umgekehrt der Blick die sichtbare Welt.

Eine räumliche Bezogenheit von Blick und Glanz hat Andreas Cremonini als das zentrale Merkmal herausdestilliert, das die Wahrnehmung eines Glanzes von der Wahrnehmung anderer Lichteffekte unterscheidet. Niemals kann ein Glanz *an sich* auftreten. Seine Wahrnehmung ist an ein Subjekt gebunden, genauer „an die Konjunktion von drei räumlichen Positionen", an die „Triangulation von Lichtquelle, Objekt und Auge".[34] Das *Glanzsehen* handelt vom Zusammenfall dieser drei Faktoren und ist eine hochgradig labile sowie kontingente Angelegenheit. Verschiebt sich die Lichtquelle, der Gegenstand oder die Betrachterposition auch nur minimal, „so verschwindet der Glanz entweder ganz oder er weicht einer anderen Verteilung der Glanzreflexe auf dem beobachteten Gegenstand".[35] Mit Blick auf den vorliegenden Film und das

34 Andreas Cremonini: Über den Glanz (2005), S. 220.
35 Ebd., S. 221.

Prinzip des *Glimpse* ist diese „dreistellige fragile Konstellation"[36] unbedingt auch in ihrer zeitlichen Dimension zu begreifen. Die gleichzeitige Konstellation aller drei Komponenten ist singulär und unwiederbringlich.

3.2.2 *Geglückte Ergebnisse des Zufalls*

Die räumliche und zeitliche Labilität macht das *Glanzsehen* zu einem Ereignis, das für den Augenblick alle anderen Möglichkeiten aussticht. Meist verdankt sich das Erhaschen eines Glanzes dem Zufall – der Glanz tritt zu einem überraschenden Zeitpunkt ein, ist nur schwer zu rekonstruieren und kaum antizipierbar. Das Wahrnehmungsereignis des Glanzes *verdankt* sich nicht nur dem Zufall, vielmehr hebt es seine sinnliche Produktivität als geglücktes Ergebnis desselben hervor. Indem das *Glanzsehen* eine kontingente Konstellation mit Glanz versieht, wird sie in ihrer Einmaligkeit und Besonderheit ausgezeichnet. Gerade darin zeigt sich das Potenzial der für Mekas' Methode des Filmens und Montierens so zentralen Improvisation. Aus solchen Auszeichnungen besteht AS I WAS MOVING AHEAD ...

Abb. 3.9

Wie das *Glanzsehen* bedingt auch Mekas' filmisches Prinzip des *Glimpse* einen Modus, in dem sich Zufall überhaupt ereignen kann. Gerade deshalb erteilt AS I WAS MOVING AHEAD ... einer an den Prinzipien der klassischen Dramaturgie orientierten Erzählweise mit einer kausallogischen Aufeinanderfolge der Elemente eine Absage. Was der Film uns zeigt, besteht aus narrativ funktionslosen Details. Auch ein weiteres, klassisches Ordnungsprinzip wird ausgeschlagen: Die Anordnung der einzelnen Fragmente verweigert das für ein Tagebuch typische Prinzip der Chronologie. Mekas' Absage an die Chronologie sowie die Verweigerung einer klassisch narrativen Anordnung der Teile stärkt die Autonomie jedes einzelnen Eintrags. Der gegenwärtige Moment steht in keinem Verhältnis zu einem Vorher oder Nachher. Von Erinnerung an

36 Ebd., S. 220.

Vergangenes und von Erwartung auf Zukünftiges ist der Moment gelöst und umso mehr ‚an sich' erfahrbar: eine im Geiste des Zen von Gedanken leere, volle Gegenwart.[37]

Konsequenterweise gilt Mekas' größte Ablehnung dem Suspense – jenem klassischen dramaturgischen Mittel zur Erzeugung narrativer Spannung. Dieses Mittel zeigt auf pointierte Weise auf, was jeder klassischen Erzählung eignet: die Unterwerfung einzelner Elemente unter die Herrschaft eines vorausbestimmten Plans. Im Suspense wird das Wissen um den Verlauf von diesem Plan kunstvoll aufgeschoben. Die so produzierte Anspannung und Erwartung ihrer Auflösung in einer vorbestimmten Zukunft ist mit Mekas' filmischem Konzept nicht kompatibel.

> [...] I guess by now you have noticed that I do not like any suspense [...] So let's continue, let's continue and see, maybe something will happen, maybe. If not, forgive me, dear viewers, if nothing happens, let's continue anyway. That's how life is, it's always more of the same, always more of the same. One day follows another, one second follows another second, yes. Okay, I'll give you now some suspense and let's see, and let's see how the time is going.[38]

Die folgende Parodie auf den Suspense definiert die Spannung neu: Auf der Tonspur hören wir ein lautes Ticken im Sekundentakt und Mekas' Stimme: „I will record exactly one minute – beginning – now ...". Es erscheint der Zwischentitel NOTHING HAPPENS IN THIS FILM, dann folgen Bilder aus dem Leben: Kinder auf der Straße, Oona spielt Himmel und Hölle, hüpft gegen oder im Rhythmus der Bilder in den mit weißer Kreide aus- und eingegrenzten Feldern, eine stark überbelichtete Aufnahme eines Blicks aus dem Fenster auf die Straße, lachende Freunde bei einem gemeinsamen Nachtessen, eine Person spielt mit einer Maske vor dem Gesicht, eine Mauer füllt die Leinwand aus, verstellt den Blick, darauf ein Schattenspiel ... eine Minute später setzt Mekas' Stimme wieder ein: „Cut. That was one minute." Er lacht: „One minute is longer than one thinks", und die Bilder flackern weiter. ...[39] Exemplarisch für Mekas' Tagebuchfilme bildet AS I WAS MOVING AHEAD ... einen räumlich und zeitlich begrenzten Aus-Schnitt aus, in dem sich Zeit *ereignet*. In dieser Hinsicht erinnert Mekas' Arbeit an John Cages Nicht-Kompositionen, welche die „De-Finition"

---

37 Alan Watts (1915–1973) hat in den 1960er Jahren die Praxis und Philosophie des Zen-Buddhismus in den USA bekannt und populär gemacht, durch Bücher wie ders.: The Way of Zen, New York 1957.

38 Jonas Mekas im Voice-over von AS I WAS MOVING AHEAD ... (2000), Chapter 4.

39 Ebd.

von Musik entgrenzen, um ihr ein Anderes entgegenzustellen.[40] Dieses Andere sei „eine De-Finition oder Grenz-Setzung durch die Zeit, die allererst eröffnet, und zwar so, dass die Zeit nicht länger vom Ton, dem Erklingenden oder Erscheinenden gedacht" wird, sondern umgekehrt als „Riss, als Kluft" erscheint, aus dem Erklingendes oder Erscheinendes zuallererst hervorgeht – oder auch nicht.[41] Am prominentesten erfahrbar war dies in John Cages Aktion *4'33"* von 1952. Indem diese Aktion im titelgebenden, präzise abgesteckten Zeitfenster *nichts* zur Aufführung brachte, lenkte sie die Aufmerksamkeit auf die immer schon anwesende Soundkulisse der Umgebung. Der Fokus kam aber nicht nur auf die zufällig in den Zeitrahmen hineingeschwemmten Phänomene zu liegen. Er richtete sich auch auf die Performativität des Geschehens, Ereignens oder eben Zufallens. So wurde Zeit an sich, als offene erfahrbar. Die Zeit trat nicht durch etwas anderes und in gebundener Gestalt auf, sondern erschien als das, was die *Möglichkeit* des Geschehens eröffnet: als ein zeitlicher Freiraum. In diesem passiert etwas oder auch nicht: „Ton, Stille, Geräusche oder Klänge – ohne Vorrang oder Distinktion, vielmehr als grundlose Ankunft ihres Ereignens, das Cage ihre *Zelebration* nennt".[42] Wenn Mekas immer wieder betont, dass seine Filme von nichts handeln, in ihnen nichts geschehe, dass er besessen sei von dem, was klein, nicht wichtig und belanglos sei,[43] so wird dadurch der Eindruck gestärkt, dass seine Filme von jener „grundlosen Ankunft des Ereignens" handeln, wie es in Bezug auf Cage dargelegt wurde.

Abb. 3.10

40 Vgl. Dieter Mersch: Mass und Differenz. Zum Verhältnis von Mélos und Rhythmós im europäischen Musikdenken, in: Simone Mahrenholz und Patrick Primavesi (Hg.): Geteilte Zeit. Zur Kritik des Rhythmus in den Künsten, Argus 2005, S. 37–61, hier: 38.

41 Ebd., S. 50; Zur Beeinflussung Mekas' durch John Cage: Jonas Mekas im Interview mit Scott MacDonald (1984), S. 96; John Cage über den Zufall und seine Beeinflussung durch Henry David Thoreau, in: Stephen Montague: John Cage at Seventy. An Interview, URL: https://www.ubu.com/papers/cage_montague_interview.html (letzter Zugriff: 3. Dezember 2023).

42 Ebd., S. 52 (Hervorhebung im Original).

43 Jonas Mekas im Voice-over von As I Was Moving Ahead … (2000), Chapter 5.

Die visuellen Ereignisse und Erscheinungen, die das Voranschreiten von AS I WAS MOVING AHEAD ... mit sich bringt, folgen der Zeitachse, die durch die analoge Motorik der filmischen Eigenbewegung vorgegeben ist. Durch den Flicker tritt diese Eigenbewegung nicht hinter die vorfilmische Erscheinung zurück, sondern tritt selbst in Erscheinung und wird erfahrbar als jene produktive wie auch destruktive Kraft, die Film überhaupt ermöglicht und in Schwung hält. Die filmische Eigenbewegung dient also nicht der Synthese einer in vierundzwanzig Bildern pro Sekunde zerlegten Objektbewegung, sondern *konfrontiert* vielmehr die einzelnen, auf dem Filmstreifen festgehaltenen Bausteine – „spurts“, „little bits“, „fragments of time, little fragments of the time of my life“ und stellt das diskontinuierliche Wesen des Films zur Schau. Angesichts dieser freigesetzten Eigenbewegung erinnert Mekas' Film an jenen *élan vital*, wie ihn Henri Bergson für seine Definition der Dauer als offene Zeit konzipiert: Die „Lebensschwungkraft“ oder „Lebensbegeisterung“ funktioniere in hohem Grade „sprunghaft“, „zerlegend“ und „zergliedernd“ und zeige sich für einen ständigen Wandel, für die Genese von Neuem und Unvorhergesehenem verantwortlich.[44] Insbesondere in der Darstellung der Jahreszeiten findet Bergsons *élan vital* einen filmischen Ausdruck. AH, WINTERS – steht in Großbuchstaben und getippten Zwischentiteln – Schneedecken, eine weiße Leinwand, dann fliegende Flocken, schlittelnde Kinder, Schneeballschlachten. Inzwischen der Bilder ist es bereits Frühling geworden: „a tree in the spring suddenly all in blossoms, all in blossoms“. Die Magnolie explodiert eines unbeachteten Morgens, verbreitet gute Laune, ihre Blütenblätter sind kaum entfaltet und schon bald zu üppig, um sich selbst zu halten. „Extasy of Summer and being in New York“ – matt liegen Menschen und Katzen auf dem Bett:

---

44 Vgl. Henri Bergson: Schöpferische Evolution (L'Évolution créatrice, 1907), Hamburg 2013, S. 93–103. Seit Bergson die Dauer als schöpferischen Prozess begreift, der neue Lebensformen gestaltet, denkt er sie als Diskontinuität (was sich in Bildern ausdrückt, die ein plötzliches Geschehen andeuten, wie Sprung, Explosion, Feuerwerk). Dabei wird der Augenblick „nicht mehr vom Fluss der Dauer mitgerissen“, sondern erhält eine grössere Bedeutung und Autonomie, vgl. Erik Oger in der Einleitung von: Henri Bergson: Materie und Gedächtnis. Eine Abhandlung über die Beziehung zwischen Körper und Geist, Hamburg 1991, S. XXI. Henri Bergson zieht die Handbewegung bei, um seinen Bewegungsbegriff im Sinne des *élan vital* „von der Vorstellung einer aus einzelnen Momenten oder Punkten zusammengesetzten Bewegung“ zu distanzieren. „[...] um Punkte in bestimmter Ordnung zu verteilen, ist erst die Vorstellung dieser Ordnung und danach deren Realisierung durch Punkte, ist eine Zusammensetzarbeit, ist Intellekt vonnöten, während die einfache Handbewegung von alledem nichts enthält. Sie ist nicht intelligent im menschlichen Sinne des Worts, und sie ist kein Zusammengefügtes; denn sie besteht nicht aus Elementen.“ In: Henri Bergson: Schöpferische Evolution (1907/2013), S. 97.

> New York downtown rooms are hot and the mysterious wind comes through the windows and blows the curtains gently. Ah the winds of New York summers! You sit or maybe you lie in your hot bed in your hot room and you are sweating, and you don't know what to drink and whatever you drink comes out immediately through your skin as sweat […] And you sit maybe by the window and you look out and maybe you don't even have a fan going and it's hot in the room too, and you look out, and it's all white and washed out by the sun. Then you go to the park and you lie in the grass and you look at the blue sky, maybe there is not a single cloud in it, and it is hot, and it is hot. There are millions of people around you on the blankets, the trees, the trees, the trees, and there is you, maybe just by yourself, in the middle of the summer.[45]

Das Licht verwandelt sich, verfärbt, worauf es trifft. Der Herbst treibt das Chlorophyll aus den Blättern und verleiht sowohl den Pflanzen als auch dem Filmmaterial neue Töne; fallende Blätter, ein streunendes Kätzchen mit irritiertem Blick, Laubrascheln im Park – „That was John running through the autumn leaves"[46] –, bevor über Nacht der erste Schnee fällt. Dann, irgendwo und unverhofft, ein Hinweis auf den Frühling:

> The seasons of the year pass New York, quietly, very often unnoticed. Here is winter [in den Bildern ist Herbst] and then, before you know, suddenly, spring. Sometimes you think it's already spring, and then it snows, for a surprise. And then again, the spring takes over and suddenly everything is blooming. Everything is blooming. And the spring, you know then it's really Springtime, yes, it is Springtime. And then you go to Central Park […].[47]

Abb. 3.11

3.2.3 *Gegenlichter*

Vom geglückten Ergebnis des Zufalls oder einer geglückten Korrespondenz zwischen (Kamera-)Subjekt und sichtbarer Welt zeugen die gefilmten

45 Jonas Mekas im Voice-over von As I Was Moving Ahead … (2000), Chapter 6.

46 Ebd.

47 Ebd.

Lichtreflexe und Glanzeffekte, die AS I WAS MOVING AHEAD ... zahlreich aufblitzen lässt. Diese partiellen Gegenlichter stellen besonders pointierte Formen von *Glimpses* dar. Im Unterschied zu dem im Einzelbildverfahren und vor Ort erzeugten Flicker wird der Glanzeffekt nicht künstlich produziert, sondern mit der Kamera eingefangen und durch den Film vermittelt. Die Sonne glitzert auf der Oberfläche von Pfützen, Teich, Fluss und Meer oder blendet bei tiefem Stand oder steilem Kamerawinkel direkt in die Linse, reflektiert von der Leinwand und übt wie der Flicker einen starken, sinnlichen Reiz auf die Retina der Betrachter:innen aus. Gleißendes Licht aufgrund glänzender Straßen und glitzernden Schnees: Eine weiße, funkelnde Leinwand. Lichtblitze in der bewegten Fensterscheibe erzeugen Lensflares – Linsenreflexe, die die gleichzeitige Anwesenheit, die Kopräsenz der Lichtquelle und der Kamera als Lichtempfängerin bezeugen und zugleich einen Gegenwartseffekt hervorrufen, in dem sich die Singularität des Zusammenfalls, die geglückte Korrespondenz aktualisiert.

Abb. 3.12

In seiner Analyse von Jan Vermeers Tafelbildern und der Rolle der Glanzlichter zeigt Cremonini mit Blick auf Lacans Bildtheorie auf, wie der gemalte Glanzpunkt zum einen als leuchtender Lichteffekt der dargestellten Materialität aus der Tiefe des Farbgrundes aufsteigt und das dargestellte Objekt mit Präsenz und Lebendigkeit versieht.[48] So betrachtet, ist der gemalte Glanzpunkt ein wesentlicher Aspekt von illusionistischer Malerei und adressiert sich an ein wiedererkennendes Sehen bzw. an das, was Lacan *Auge* nennt.[49] Doch der gemalte Glanzpunkt ist auch abstrakt zu sehen: als opaker, weißer Fleck, der als *paint* auf der schieren Materialität der Farbe insistiert und sich einer mimetischen Funktionsbestimmung widersetzt. So betrachtet, unterbricht der gemalte Glanzpunkt (und hierin ist er *Blick* in Lacans Sinn) die visuelle Textur des illusionistisch Dargestellten und verweist als *pars pro toto*

48 Vgl. Andreas Cremonini: Über den Glanz (2005), S. 232–237.

49 Vgl. ebd.

der gesamten Bildfläche auf die darstellende Materialität als Bedingung des Erscheinens.[50]

Dieselbe Zweideutigkeit des Glanzpunkts in der Malerei offenbaren die gefilmten und filmisch erzeugten Glanzlichter, die *Glimpses* in As I Was Moving Ahead ... Einerseits treten diese Glanzlichter in realistisch-impressionistischer Manier als Lichtreflexe in Erscheinung. Als solche evozieren und steigern sie den Eindruck der Lebendigkeit, die Erfahrung gegenseitiger Präsenz. Die Glanzlichter erscheinen aber stets auch jenseits einer mimetischen Bestimmung, als schieres Licht – Bedingung der Sichtbarkeit, der Entstehung und Erscheinung von Film. Anders als die weiße Farbe in der Malerei, die das Glanzlicht nachahmt und zugleich durch den Eigenwert der Farbe strahlt, ist der aufblitzende Glanz im Film ebenfalls durch Licht vermittelt. Licht hat auf den Filmstreifen eingewirkt, und Glanzlicht, vermittelt durch den Projektor, reizt unseren Blick. Flickern, Flackern und Schillern verstärken den direkten Reiz. Als optische und physische Aggression – „an assault and battery on the retina"[51] – verunmöglicht die verstärkte Blendung ein selbst- und medienvergessenes Eintauchen in eine imaginäre Welt und entlarvt sowohl die filmische Materialität als auch den die Erscheinung bedingenden intermittierenden Transport des Filmstreifens durch den Projektor.

In Mekas' *Glimpses* verbünden sich der Spiegelreflex sowie der durch ihn bewirkte Abglanz der vorfilmischen Erscheinung mit der Faktizität des kinematografischen Apparates zu einem Gegenwartseffekt, der sich in einer direkten Reizung des Auges manifestiert, einer Blendung. In dieser Hinsicht ist As I Was Moving Ahead ... auch ein Metafilm über den „ekliptischen Wahrnehmungsmodus", aus dem die „bestechende Wirkung von Filmen überhaupt sprießt."[52] Für das *Glanzsehen* sowie die *Glimpses* ist entscheidend, dass die äußere Welt nicht objektiviert und im Sinne des Blicks als Distanzsinn auf Distanz gehalten wird. Glanzlicht fügt sich keiner zentralperspektivischen Raumkonzeption. Als plötzliche Berührung überwindet es jede zeitliche und räumliche Distanz und drängt uns, direkt adressiert, Teile und Details der äußeren, sinnlichen Welt auf. Diese Berührung von empfangendem Subjekt und äußerer Welt findet im Belichtungsakt – und dem daraus resultierenden Abglanz eines durch die Kamera aufgezeichneten Phänomens auf

---

50 Vgl. ebd.

51 William Grimes: Robert Breer. Pioneer of Avant-Garde Animation, in: The New York Times, 17.08. 2011. URL: https://www.nytimes.com/2011/08/18/movies/robert-breer-pioneer-of-avant-garde-animation-dies-at-84.html (letzter Zugriff: 3. Dezember 2023).

52 Vgl. Petra Löffler: Ekstase des Blicks. Augenblicke des Kinos, in: Kritische Berichte. Zeitschrift für Kunst- und Kulturwissenschaften, Bd. 38 Nr. 4, 2010, S. 39–47, hier: 43.

dem lichtempfindlichen Filmstreifen – eine materielle Entsprechung und eine medienreflexive Metapher. Zudem wird im aufleuchtenden Glanz die Inschrift des Lichts zum Zeitpunkt des Drehs ikonisch – es besticht, es blendet hier und jetzt erneut.

Den gefilmten Glanzlichtern und dem Flicker gemeinsam ist der kurze, starke Reiz der Retina, ein Blendeffekt, der das Auge derart intensiv adressiert, dass es kurzzeitig außerstande ist, visuelle Informationen über das Sichtbare zu erfassen. Für einen immer wieder kurzen Augenblick wird die wiedererkennbare und damit codierte Textur der gefilmten Welt für das Sehen unterbrochen. Während das Phänomen der Beleuchtung so etwas wie „die allgemeine Regel des Sehens" darstellen würde – „Sehen ist Sehen von beleuchteten, das Licht reflektierenden Oberflächen" – so sei für das *Glanzsehen* ein Moment der Blindheit konstitutiv.[53] Cremonini beschreibt den Glanz als Spezialfall der Spiegelung, da er – wie der Spiegel – die Materialität seines Mediums auszulöschen scheint. Das Glanzphänomen ließe sich zwar im Rahmen der physikalischen Reflexions- und Brechungsgesetze erklären, entscheidend sei jedoch, dass es nicht mehr als Spiegelreflex *gesehen* wird: „Die anamorphotische Pointe des Glanzes besteht darin, dass sich der Glanz aus seiner räumlichen Verweisstruktur zu lösen beginnt und ein visuelles Eigenleben entwickelt."[54] Er erscheint am Gegenstand, partizipiert aber nur negativ an seiner Sichtbarkeit. Der Glanz als „lokale Blendung" ist demnach eine „örtlich begrenzte Außerkraftsetzung des räumlichen Gefüges" oder eine partielle Auflösung eines nach perspektivischen Gesetzen geordneten Sehaums.[55]

3.2.4 *Gegenwartseffekte: Belichtungen und Zeitsprünge*

Die punktuelle Außerkraftsetzung des wiedererkennenden Sehens im Akt der Rezeption entspricht den kameratechnischen Produktionsbedingungen: Am Ort des Glanzpunkts oder Schneeflecks hat die Belichtung keine identifizierbaren Spuren hinterlassen. Wiedererkennbare Informationen wurden nicht aufgezeichnet, sondern ausgelöscht – überschrieben durch ein Zuviel an Lichteinfall, durch einen Überschuss an sinnlichem Reiz. Die Gegenlichter, Glanzeffekte und Lichtreflexe in As I Was Moving Ahead ... illustrieren mit den Mitteln des Films nicht nur den fotografischen Akt, der eine zeitliche Kontinuität unterbricht. Sie markieren zugleich die äußerste Zuspitzung jenes Paradigmas vom Bild als Lichtspur, das in den Debatten zur Indexikalität der Fotografie aufgegriffen wurde. Mit der Betonung der Tatsache, dass ein

53 Andreas Cremonini: Über den Glanz (2005), S. 219.

54 Ebd., S. 220.

55 Vgl. ebd.

fotografisches Bild die Spur des in die Kamera eingefallenen Lichtes darstellt, wurde in Abgrenzung zum Abbildungsparadigma eine innige Verbindung zwischen der Fotografie und dem Objekt, von dem es zeugt, begründet. Für das Indexparadigma zentral ist nicht der wiederzuerkennende Gehalt des Bildes als solcher, sondern der Moment der Aufnahme vor Ort, in dem das durch die Kamera einfallende Licht auf die fotografische Emulsion des Filmstreifens einwirkt und im Moment der Belichtung oder Blendung eine Spur hinterlässt.[56]

Abb. 3.13

Nach Charles Sanders Peirce unterhält ein indexikalisches Zeichen eine „existenzielle Relation" zu seinem Objekt. Denn das Gezeigte zeugt von seiner physischen Präsenz.[57] Dabei stützen Mekas' *Glimpses* im Medium des Films den Ansatz von Philippe Dubois, der mit dem Begriff der *referenziellen Situation* darauf hingewiesen hat, dass diese „existenzielle Relation" nicht nur die dargestellten Objekte, sondern auch die herstellenden Subjekte einzuschließe.[58] In Mekas' filmischer Produktion sind es jene unwiederholbaren Konstellationen seines Lebens, von denen seine Bilder zeugen. Insbesondere anhand der Bilder seiner Kinder, die zum Zeitpunkt der Montage von As I Was Moving Ahead ... der Kindheit längst entwachsen und von zu Hause ausgeflogen sind, wird das irreversible Vergehen der Lebenszeit manifest: Oona liegt als Baby in den Armen ihrer Mutter und blickt dem Vater und der Kamera entgegen. Sebastian macht die ersten Schritte, stolpert, schreitet wieder stolz voran und blickt zurück zu Mekas und der Kamera. Oona spielt als Kind mit den Katzen,

56 Eine Zusammenfassung der Indexdebatte findet sich in Peter Geimer: Bilder durch Berührung. Fotografie als Abdruck, Spur und Index, in: Theorien der Fotografie zur Einführung, Hamburg 2009, S. 13–69; zur Unterscheidung zwischen Index und Abbild vgl.: Philippe Dubois: Von der Wirklichkeitstreue zum Index. Ein kleiner historischer Rückblick auf das Problem des Realismus in der Fotografie, in: Der Fotografische Akt (1998), S. 29–57.

57 Charles Sanders Peirce: Phänomen und Logik der Zeichen (1903), Frankfurt am Main 1993, S. 65.

58 Philippe Dubois: Der fotografische Akt (1998), S. 19, 68.

kitzelt, streichelt, hilft den Freunden in der Küche, spielt auf ihrer kleinen Geige – mal zu Hause, mal auf der Bühne während eines Weihnachtsspiels ... SEBASTIAN IS BUSY, lautet ein Zwischentitel. Wir sehen, wie der kleine Junge eine transparente Tüte mit Äpfeln befüllt. Diese radikal singulären Momente sind (erstmal) für immer vorbei.

Abb. 3.14

Während Mekas in seinem Tagewerk filmt und schneidet, hinterlässt die Gegenwart auf dem Filmstreifen eine Spur. Was eben gegenwärtig war, wird als Bild- und Tonspur abgelagert und als *Schatz* für die Zukunft angelegt. Filmen geschieht entlang jener „Linie", die Thoreau hervorgehoben hat – am Scheideweg einer offenen Zukunft und einer Vergangenheit.[59] Auf diese Weise wird „der verborgene Grund der Zeit" im Sinne von Gilles Deleuze manifest: „[...] das heißt ihre Differenzierung in zwei Strahlen, den der vorübergehenden Gegenwarten und den der sich bewahrenden Vergangenheiten. Die Zeit lässt die Gegenwart vorüber gehen und bewahrt die Vergangenheit in sich."[60] Deleuze spricht von einem „Gegenwartsgedächtnis", das sich in dem Augenblick konstituiert, in dem das Vergangene noch gegenwärtig ist: „In der Gegenwart bildet man sich ein Gedächtnis, um sich seiner in der Zukunft zu bedienen, wenn das Gegenwärtige vergangen sein wird."[61] Diese Gedächtniskonzeption erlangt für Mekas' Arbeit eine besondere Brisanz. In seinem Tagewerk wird die Zukunft als nachträgliche Erinnerung an diesen Ort vorweggenommen – eine simple Feststellung in Bezug auf ein Speichermedium, das dazu dient, Vorfilmisches aufzuzeichnen und die erfassten Informationen für die Zukunft bereitzuhalten. Da die *Glimpses* nicht nur auf den Gegenstand, sondern stets auch auf die herstellenden Instanzen verweisen, insistiert das Filmbild auf den Moment und Akt des Registrierens. Die Selbstreflexivität der Einprägung offenbart sich als

59 „To toe that line", Henry David Thoreau in: Jeffrey S. Cramer (Hg.): Henry David Thoreau: Walden (2004), S. 16; zu diesem Sinnbild von Thoreau vgl. auch Elisabeth Bronfen: Stanley Cavell (2009), S. 261.

60 Gilles Deleuze: Das Zeit-Bild (1985/1997), S. 132.

61 Ebd., S. 75.

Akt des Memorisierens. Ein Bewusstsein um das Vergangen-Sein-Werden alles Präsenten, um die ‚Nachhaltigkeit' der aktuellen Erfahrung, haftet den apparativ und subjektiv durchdrungenen filmischen Bildern an. Weil die subjektiven Manipulationen und filmtechnischen Artefakte im Bild sichtbar bleiben, tritt die Filmaufnahme selbst in ein reflexives Verhältnis zu dem, was sie zeigt. Damit weisen Mekas' Bilder Züge dessen auf, was Deleuze als *mentale Bilder* bezeichnet hat – Bilder, die „Gegenstände, die eine Eigenexistenz außerhalb des Denkens haben, als Gedankenobjekte behandelt" und sich „Relationen zum Gegenstand" nehmen.[62]

Abb. 3.15

Für Mekas' Kunst der Glanzeffekte ist entscheidend, dass jenes Licht, das auf dem Filmstreifen seine Spuren hinterlassen hat, in der Projektion am Schneidetisch oder im Kino restlos mit dem Projektorlicht zusammenfällt. In der emphatisch gesteigerten Sinnlichkeit des *Glimpse* überblenden sich eine vergangene und eine aktuelle Wahrnehmung. Auf diese Weise wird der Zeitsprung via Kino möglich: Im sinnlichen Reiz des Blendens verschaltet sich der Zeitpunkt der Rezeption mit dem vergangenen Zeitpunkt des Drehs, dem Belichtungsakt und Eintrag. In der Rezeption der projizierten und durch die Bewegung des Filmstreifens transitorisch verfassten Fotografien blitzt im Gegenlicht die vergangene Zusammenkunft auf und aktualisiert sich – für einen Augenblick – in der Wahrnehmung einer vierten Instanz. Durch diese vierte Instanz, in der Postproduktion durch Mekas selbst verkörpert, im Kino durch den Körper der Betrachter:in, wird die „dreistellige fragile Konstellation", die das *Glanzsehen* ermöglicht,[63] um eine Position erweitert und bleibt für alle Zukunft offen für ihre immer wieder neue Besetzung. Es scheint, als ließe sich Mekas, mitunter Jahrzehnte nach dem Dreh, am Schneidetisch durch seinen eigenen Film belichten – „late at night, late at night" – und seinen M*indscreen* immer wieder überschreiben mit den von ihm eingefangenen und zugleich

62 Gilles Deleuze: Das Bewegungs-Bild (1983/1997), S. 266.
63 Andreas Cremonini: Über den Glanz (2005), S. 220.

filmisch konstruierten Augenblicken, auf welche seine Hände und seine Augen (damals) reagierten.[64] Es scheint, als ließe er sich affizieren, überzeugen von der Liebe und dem Glück, die damals waren, fortwirken und in ähnlicher Weise wiederkehren – in neu einzufangenden und filmisch zu konstruierenden *Glimpses*. Wenn der Baum im Winde zittert – gemeinsam mit dem Bildstand –, wenn die Vögel mit dem Geflicker der Bilder flattern, der Wind am Mikrofon zerschellt, Haare immer wieder ins Gesichtsfeld wehen, wenn ein Feuer gegen oder mit dem Rhythmus der Bilder züngelt, die Musik das Feuer und die Bilder beschwingt in Atem hält, wenn der Blick der Freundin – klick – hier und jetzt ins Bildfeld fällt, kann von jener oft hervorgehobenen melancholischen Retrospektion eigentlich nicht die Rede sein. Einzug hält ein Live-Effekt, der für einen kurzen Moment die verführerische, illusionistische Kraft des Kinos bestätigt und jene einzigartige Konstellation von damals vergegenwärtigt.

Abb. 3.16

3.2.5 *Direkte (Augen-)Blicke*

Vom geglückten Ergebnis des Zufalls oder einer geglückten Korrespondenz zwischen (Kamera-)Subjekt und sichtbarer Welt zeugen nicht nur die gefilmten Lichtreflexe und Glanzeffekte, die AS I WAS MOVING AHEAD ... zahlreich aufblitzen lässt, sondern auch die direkten Blicke in die Kamera. Der Blick in die Kamera ist als Variante des Glanzeffekts zu verstehen, als eine (explizierte) Form des *Glimpse*. Auch von diesen Augen-Blicken wimmelt es in AS I WAS MOVING AHEAD ...: Katzen – immer wieder Katzen – zielen mit dem Blick in Mekas' Kamera, durch sie hindurch zu ihm und zu uns Betrachter:innen. Immer wieder sehen wir die Augen sowie Blicke eines Babys, das – noch kaum belichtet von der Welt – die Kamera fixiert. Es blinzelt, lächelt, wird wieder ernst und wendet den Blick ab, die Aufmerksamkeit wieder etwas anderem zu. Mekas' Kinder, Hollis und die Freunde sind mit seiner Kamera so gut vertraut, dass sie ihn durch sie hindurch zu adressieren scheinen oder aber Jonas und

64 „To what my fingers, my eyes react, this moment, now, this moment while it's all happening", Jonas Mekas im Voice-over von AS I WAS MOVING AHEAD ... (2000), Chapter 8.

die Kamera als eins verstehen. Bei einem Picknick picken auch die Vögel auf der Wiese, hüpfen, picken weiter, blicken plötzlich in die Kamera und wieder weg. Während der Zusammenkunft von Freunden – man kocht gemeinsam, plaudert, isst und trinkt – treffen immer wieder Blicke – geradewegs ins Hier und Jetzt des kurz aufleuchtenden Bildes.

Abb. 3.17

Wie der Glanzeffekt führt auch der direkte Blick in die Kamera zum punktuellen Zusammenbruch der raumzeitlichen Kontinuität. Direkt adressiert, werden die Betrachter:innen in ihrer versunkenen Rezeption unterbrochen und – wie auch die Kamera – in ihrem aktuellen Setting lokalisiert.[65] Durch diese selbstreflexive Implikation des Produktions- und Rezeptionszusammenhangs richtet sich der direkte Blick in die Kamera besonders wirkungsvoll gegen die im westlichen, narrativen Kino verbreitete, voyeuristische Konzeption des Zuschauens. Das filmische Bild wird zu einer Art Kontaktzone, die bei jeder Projektion erneut nicht nur ein *Ich* und ein *Du* miteinander in Verbindung setzt, sondern auch den Raum und die Zeit des Drehs mit der aktuellen Raumzeit verschaltet. Sowohl für Mekas am Schneidetisch als auch für das Publikum im Kino produziert der direkte Blick in die Kamera den Effekt einer gleichzeitigen Gegenwart. Der vergangene Augen-Blick wird mit dem gegenwärtigen Augen-Blick aligniert, zur Deckung gebracht.[66] Wie ein Glanz oder Gegenlicht durchdringt auch er die Zeit und öffnet sie für eine künftige Gegenwart. Der direkte Blick in die Kamera schafft eine Schnitt- bzw. Andockstelle – und damit die Möglichkeit einer erneut zu glückenden Korrespondenz.

---

65 Marc Vernet weist daraufhin, dass der Ausdruck „der Blick in die Kamera" (Le regard à la camera) schlecht gewählt sei, da er einen Effekt, der bei der Projektion des Films entsteht, mit Blick auf die filmische Produktion beschreibt, vgl. Marc Vernet: Le regard à la caméra. Figure de l'absence, in: Jacques Aumont, Jean-Paul Simon, Marc Vernet: État de la théorie II, Iris, no. 2, 1983, S. 31–35, hier: 33.

66 Vgl. ebd., S. 32.

Neben den Flicker- und Glanzeffekten zeigt die hohe Frequenz, mit der in AS I WAS MOVING AHEAD ... die Blicke in die Kamera erscheinen, dass Mekas eine filmische Welt erschafft, die zu ihm (und zu uns) spricht – den Blick erwidert. Der geglückte Dialog oder der Blick einer nicht mehr fremden Welt zurück war in LOST LOST LOST das Kriterium der gefühlten Integration am neuen Ort: „After a while the streets begin to talk back to you and you are not a stranger any longer, but this takes years."[67] Die Stimme von AS I WAS MOVING AHEAD ... spricht in den ersten Akten aus der Nachtschicht oft von „Einsamkeit" und adressiert im Kummer, Liebeskummer *sie* – wohl Hollis –, die in vielen Bildern sichtbar ist: „And I sit here alone and far from you and it is night and I am reflecting on everything all around me and I am thinking of you."[68] Hollis blickt in die Kamera ... die Kinder, Freunde, Passanten – und wieder Hollis' Blick. Wenn das klassisch-narrative Kino den direkten Blick in die Kamera verbietet, weil er die subtile Integration der Zuschauer:innen (via Schuss-Gegenschuss) in die filmische Struktur und Diegese stört, so stellt sich hier die Frage, ob Mekas sich durch all die Blicke in seine Kamera in seinen eigenen Film integriert, sich in ihm aufhält wie in einem sozialen Netzwerk, in gemeinsamen, glücklichen Zeiten.

Abb. 3.18

Das Eintreffen des Blicks des Andern kann mit Jean-Paul Sartre als ein Ereignis von existenzieller Dimension verstanden werden – als ein *Erlebnis*[69], das meine Versunkenheit im Sinne eines *Für-mich-Seins* oder meiner Selbstbezogenheit auf radikale Weise unterbricht.[70] Nach Sartre manifestiert sich in dem auf mich gerichteten Blick die Subjektivität des Anderen und damit jene Dimension, die sich einem erkennenden Zugriff durch mein eigenes

67 Jonas Mekas im Interview mit Scott MacDonald (1984), S. 95.

68 Ders. im Voice-over von AS I WAS MOVING AHEAD ... (2000), Chapter 3.

69 Jean-Paul Sartre: Der Blick (le regard, 1943), in: Das Sein und das Nichts. Versuch einer phänomenologischen Ontologie, Hamburg 1991, S. 457–538, hier: 480 (Das deutsche Wort *Ereignis* steht im französischen Original).

70 Ebd., S. 480–481.

Bewusstsein entzieht. Den Blick des Anderen beschreibt er als Einbruch einer „Anwesenheit des Andern“[71] oder „fremden Freiheit“[72] in den Binnenraum meiner Innerlichkeit. Eine Art Blendung lasse sowohl die Ordnung meines eigenen Sehfelds zerbersten und – für die Dauer des Blicks – meine Innerlichkeit erlöschen. Auf diese Weise würde ich das Erscheinen des Blicks als das „Auftauchen eines ekstatischen Seinsbezugs“[73] erleben. Diese existenzielle Dimension, in die mich der Blick des Anderen wirft, ist zugleich das *Erlebnis der Gleichzeitigkeit*, das ich für mich allein nicht haben kann. Dafür ausschlaggebend sei, dass der Blick des Anderen einen Moment der zeitlichen Konkretion herbeiführt: einen Moment der Identifikation oder auch verzeitlichenden Stillstellung meiner Selbst: „Insofern ich den Blick des Anderen erfasse, verleiht er meiner Zeit eine neue Dimension. Als Gegenwart, die durch den Anderen als meine Gegenwart erfasst wird, hat meine Anwesenheit ein Außen.“[74] Der Blick des Anderen bedeutet nach Sartre einerseits die Erfahrung eines Kontrollverlusts, andererseits aber auch die Teilhabe an einem sich in der gleichzeitigen Gegenwart manifestierenden Affektionszusammenhangs, der mich und den Anderen ergreift.[75] Mekas' Kultur der *Glimpses* setzt das cartesianisch-vernunftbasierte Verhältnis zur Welt des Sichtbaren außer Kraft, um einen ebensolchen Affektionszusammenhang zu generieren.

3.3 Der Wert des Unbeschwerten vor dem Hintergrund des Grauens

3.3.1 *Das Abenteuer („cela qui m'advient“)*

Durch ihren Live-Effekt unterscheiden sich Mekas' flirrende Augenblicke grundsätzlich von jenen fotografischen Bildern, die sich Roland Barthes auf seiner Suche nach dem unterscheidenden „Wesensmerkmal“ der Fotografie zu Gemüte führt.[76] In seinem Essay *Die helle Kammer* von 1980 hat Barthes die indexikalische Qualität der Fotografie – ihre Qualität als Lichtabdruck oder Ausprägung qua Berührung durch Licht – mit ihrer potenziell affektiven

71 Ebd., S. 485 ff.

72 Ebd., S. 494.

73 Ebd., S. 483.

74 Ebd., S. 481.

75 Zum Erlebnis des Blicks als Affektionszusammenhang vgl. Axel Honneth: Die Gleichursprünglichkeit von Anerkennung und Verdinglichung. Zu Sartres Theorie der Intersubjektivität, in: Bernard N. Schumacher (Hg.): Jean-Paul Sartre. Das Sein und das Nichts, Berlin 2016, S. 135–157.

76 Roland Barthes: Die helle Kammer, Bemerkungen zur Photographie (La chambre claire, 1980), Frankfurt am Main 1985, S. 11.

Kraft verknüpft, mit der Beobachtung, dass die Sichtung gewisser Fotografien je nach psychischer Disposition zum Zeitpunkt der Betrachtung eine persönliche Reaktion auslöst; in seinem Fall das Gefühl der Melancholie.[77] Dazu führt Barthes aus, was auch für Mekas' Bilder aus dem Leben zunächst gilt: dass das Grundprinzip des physikalischen Konnexes zwischen Bild und Referent impliziert, dass ersteres keinen absoluten, sondern „einen singulären und besonderen"[78] Wert besitzt. Das fotografische Zeugnis bezieht sich auf etwas ganz Konkretes: auf eine Person, Sache, Landschaft – auf jene einzigartige Konstellation, die unter raumzeitlichen Bedingungen entstand, an einen einzigen Standpunkt gebunden war und sich unter den jeweiligen Lichtverhältnissen darbot. In dieser radikalen Singularität sieht Barthes die Spezifik des fotografisch hergestellten Bildes: „Die Fotografie ist das absolut *Besondere*, die unbeschränkte, blinde und gleichsam unbedarfte *Kontingenz*, sie ist das *Bestimmte* […], kurz die *Tyche*, der *Zufall*, das *Zusammentreffen*, das *Wirkliche* in seinem unerschöpflichen Ausdruck […]."[79] Die Weise, wie Mekas seine Bilder organisiert – *by chance* – und ins Verhältnis zum Voice-over stellt, macht ebendiese radikale Kontingenz und Singularität des indexikalischen Moments zum Thema. Weder erzählen die Bilder durch ihre Abfolge ein Ereignis nach, noch lassen sie Mekas' Biografie rekonstruierbar werden. Sie fallen vielmehr zu – wie jene Augenblicke, die er vor Ort mit seiner Kamera ergreift und bildet.

Im Anschluss an die Definition der Fotografie als das „absolut *Besondere*" oder die „unbedarfte *Kontingenz*" stellt Barthes einen Bezug zwischen der Fotografie und dem buddhistischen Wirklichkeitsbegriff her – ein Bezug, der auch für die *Glimpses* geltend gemacht werden kann, insbesondere für die direkten Lichter, Lichtreflexe, Glanzeffekte in AS I WAS MOVING AHEAD … Ein System der allseitigen Wechselwirkungen, gegenseitigen Bedingtheiten und Abhängigkeiten – auch zwischen wahrnehmender Instanz und Erscheinung – ist mit der Vorstellung verknüpft, dass die Wirklichkeit und ihre Elemente keinen Wesenskern aufweisen, nicht feststehen und nicht entziffert werden können. Gleichsam leer von einer eigenen Existenz bestehen sie in erster Linie in *Beziehung*. „Um die Wirklichkeit zu bezeichnen, spricht der Buddhismus von *sunya*, dem Leeren oder besser noch von *tathata*" – „dem so und nicht anders Beschaffenen, dem bestimmten Einen: *tat* bedeutet im Sanskrit *dieses* und erinnert an die Geste des kleinen Kindes, das mit dem Finger auf etwas weist und sagt: ta, da, das da! Eine Photographie ist immer die Verlängerung dieser Geste; sie sagt: das da, genau das, dieses eine ist's! und sonst

77 Vgl. ebd., S. 89–100.
78 Philippe Dubois: Der fotografische Akt (1998), S. 49.
79 Roland Barthes: Die helle Kammer (1980/1985), S. 12.

nichts."[80] Aus diesem Grunde sei der Sinn der Fotografie ein „stumpfer Sinn", durch den sie nicht in den philosophischen Diskurs überführt werden könne.[81] Über und über sei sie mit Kontingenz beladen, deren transparente und leichte Hülle sie sei. „Zeige deine Photographien einem anderen; er wird sogleich die seinen hervorholen und sagen: ‚Sieh, hier, das ist mein Bruder; das da, das bin ich als Kind' und so weiter."[82] Die Fotographie sei immer „ein Wechselgesang von Rufen wie ‚Seht mal! Schau! Hier ist's!'; sie deutet mit dem Finger auf ein bestimmtes Gegenüber und ist an diese reine Hinweis-Sprache gebunden."[83]

Diese Hinweis-Sprache definiert auch As I Was Moving Ahead ..., in erster Linie durch die Direktadressierung der *Glimpses*. Immer wieder betont das Voice-over nicht nur die Tatsache, dass dieser Film von nichts und vom Nichts handelt, sondern auch, dass seine Bestandteile unbedeutend seien: „insignificant moments of my life [...] totally insignificant, but great."[84] Mücken schwirren im Gegenlicht und Kinder hüpfen auf dem lichtdurchfluteten Gehsteig mit und gegen den Rhythmus der Bilder. Durch die emphatisch gesteigerte Sichtbarkeit trivialer Motive verschiebt dieser Film das Konzept der Bedeutung auf doppelte Weise. Zum einen wird die durch die westliche Kunst tradierte Vorstellung der Wertigkeit von Bildinhalten invertiert – das Leben der Insekten, Blumen, Kinder, Momente beim Picknick mit Freunden, ein Sonnenstrahl wird gegenüber den traditionell als „great" gefeierten, „großen" Dingen bevorzugt, gegenüber heroischen Akten oder historischen Momenten.[85] Zum anderen liegt die Bedeutung nicht in einem symbolisch codierten Gehalt – in dieser Hinsicht sind die Bilder eher leer – sondern in einer affektiven Wahrnehmung als einer Form der Interaktion zwischen Subjekt und sichtbarer Welt.

Der Protagonist von As I Was Moving Ahead ... wählt seine Bilder in der Nachtschicht wie im Tagwerk, aus der „Laune des Augenblicks" heraus: „With no plan, just according, just to the *whim of the moment* what I felt that moment that I should be filming this or that, without knowing why."[86] Damit macht er

---

80 Ebd.

81 Zum Begriff des *stumpfen Sinns* vgl. Roland Barthes: Der dritte Sinn. Forschungsnotizen über einige Fotogramme S.M. Eisensteins, in: Der entgegenkommende und der stumpfe Sinn (1982/1990), S. 47–66, hier: 50, 53–64.

82 Roland Barthes: Die helle Kammer (1980/1985), S. 13.

83 Ebd.

84 Jonas Mekas im Voice-over von As I Was Moving Ahead ... (2000), Chapter 4.

85 Zur patriarchalen Konzeption von *greatness* vgl. Linda Nochlin: Why have there been no great women artists? (1971), in deutscher Übersetzung: Warum hat es keine bedeutenden Künstlerinnen gegeben? in: Beate Söntgen (Hg.): Rahmenwechsel. Kunstgeschichte als feministische Kulturwissenschaft, Berlin 2001, S. 27–66.

86 Jonas Mekas im Voice-over von As I Was Moving Ahead ... (2000), Chapter 2.

ein affektives, äußerst subjektives Reagieren zum Maßstab seiner Bildauswahl. Nach der Methode spontaner Betroffenheit lässt auch Roland Barthes seinen Autor handeln.[87] Angesichts der radikalen Kontingenz der Fotografie und ihrer „Zwangsläufigkeit (keine Photographie ohne irgend etwas oder irgend jemanden)", die sie „in die maßlose Unordnung der Dinge – aller Dinge dieser Welt" treiben würde, verfällt der Autor in eine Art Ohnmacht: „Warum gerade diesen einen Gegenstand, diesen einen Augenblick wählen (photographieren) und nicht eher einen anderen?"[88] Aus dem Zustand der Überforderung heraus macht er sich selbst zum „Maß des photographischen Wissens:"[89] Die Anziehungskraft, die bestimmte Fotos auf ihn ausüben, spezifiziert er als ein *Abenteuer*[90] im Sinne von „çela qui m'advient."[91] Er macht dies zum Leitfaden seiner Untersuchung. Auf diese Weise verschiebt Barthes seine Lektüre von der Oberfläche und Materialität der Fotografie hin zur Psyche des *spectators* und erklärt die an sich leere bzw. tautologische Fotografie zur Projektionsfläche für eine je subjektive Identifikation.[92] Als solche erweist sich das fotografische Bild als „technisches Analogon" des Wiederholungszwangs, der durch die Unbezwingbarkeit eines Traumas bestimmt wird.[93] „Was die Photographie endlos reproduziert, hat nur einmal stattgefunden: Sie wiederholt mechanisch, was sich existenziell nie mehr wird wiederholen können." Das Ereignis weist „niemals über sich selbst hinaus auf etwas anderes: Sie führt immer wieder den Korpus, dessen ich bedarf, auf den Körper zurück, den ich sehe."[94]

Anlass dieser Identifikation oder ihr springender Punkt ist ein Element der Fotografie – jenes „absichtslose Detail", das Barthes das *punctum* nennt.[95] Durch seine Sprungkraft und direkte Form der Adressierung ist es mit Mekas' *Glimpse* vergleichbar. Das *punctum* reißt sich in der Rezeption von seinem Kontext auf der Oberfläche los und stößt im *spectator* etwas an, das in Barthes Fall mit dem Tod seiner Mutter, der dem Schreiben seines Essays vorausgegangen war, in Verbindung gebracht wird. Das objektive Detail trifft auf eine

87 Roland Barthes: Die helle Kammer (1980/1985), S. 18.

88 Ebd., S. 14.

89 Ebd., S. 17.

90 Ebd., S. 26.

91 „çela qui m'advient" (was mir widerfährt, mir zustösst), in: Roland Barthes: La chambre claire (1980), S. 38.

92 Vgl. Margaret Olin: Touching Photographs. Roland Barthes's „Mistaken" Identification, in: Representations, Vol. 80, 2002, 1, S. 99–118, hier: 100.

93 Jan Gerstner: Das andere Gedächtnis. Fotografie in der Literatur des 20. Jahrhunderts, Bielefeld 2013, S. 51, 88; zum Wiederholungszwang vgl. Sigmund Freud: Jenseits des Lustprinzips (1920), in: Gesammelte Werke, Bd. III, London 1967, S. 1–69, hier: 26, 31.

94 Roland Barthes: Die helle Kammer (1980/1985), S. 12.

95 Ebd., S. 57.

traumatische Konstellation. Dabei ist die traumatische Wirkung der Fotografie nicht auf eine traumatisierende Qualität des fotografisch Dargestellten zurückzuführen. Vielmehr speist sie sich aus den beiden Wesenszügen des *punctum* – dem Detail und der Zeitlichkeit. Das *punctum* springt durch die Zeiten, indem es das Damals der in der Zeit fixierten Lichtspur versichert („Es-ist-so-gewesen“[96]) und mit dem Jetzt seiner Betrachtung verknüpft. Zwischen diesen zwei Zeiten bleibt Barthes' Betrachter gefangen – die Betrachtung der Fotografie wird den geschlossenen Zeitraum nicht durchbrechen, denn das Foto selbst und was es zeigt, stecken fest. Erst das Schreiben (des Essays beispielsweise) wird den Kreislauf durchbrechen und – im Fall des Autors von *Die helle Kammer* – Trauerarbeit leisten.

Die Wirkung von Mekas' *Glimpses* ist komplementär. Im Gegensatz zum *punctum*, das den Autor Barthes in eine Wunde sticht und den psychologischen „Reizschutz“, der das Wahrnehmungsbewusstsein vor zu großer Erregung bewahren soll,[97] durchbricht, bilden Mekas' *Glimpses* Teile dieses Reizschutzes aus und überblenden Wunden nach und nach. Im Live-Effekt des *Glimpse* wird jene Distanz punktuell überwunden, die in Mekas' erster Filmaufnahme nach der Ankunft auf dem neuen Kontinent als (medien-)ontologischer und epistemischer Riss zwischen (filmendem) Subjekt und (gefilmter) Welt inszeniert und durch sein Bekenntnis zu einem Leben mit der Kamera gleichsam verfestigt wurde.

Im *Glanzsehen*, das Mekas mit seiner Kamera kultiviert und durch seine Flicker-Technik produziert, zeichnet sich eine Dimension des Blickens ab, die als passive Hingabe ans Sichtbare und als Reaktion auf dessen Verlockungen und Reize zu verstehen ist. Diese Hingabe beschreibt er als ekstatischen Zustand, als eine Form des selbstvergessenen, versunkenen Handelns, das ihn mit seiner Kamera im Hier und Jetzt verankert: „You are just in that moment and I had it many times. And I had it also just by myself, you don't need anybody else. It just comes, it's not chosen, it just comes.“[98] Beim Sichten des Materials am Schneidetisch erkennt der Filmemacher Muster – ihm leuchtet ein, dass er als Mensch mit seiner Kamera keineswegs voraussetzungslos agiert.

> […] I began to understand that in reality, that specific detail, in the first place, attracted my attention […] I singled out that specific detail with my total being, with my total past […] In my film diary, I thought […] I was capturing life, bits of it, as it happens. But I realized […] that when I am filming, I am also reflecting. I

96 Ebd., S. 86.

97 Vgl. Sigmund Freud: Jenseits des Lustprinzips (1920/1967), S. 26, 31.

98 Jonas Mekas im Gespräch mit Benn Northover: Techniques of Ecstasy (2010).

> thought I was only reacting to the actual reality. I do not have much control over reality at all, and everything is also determined by my memory, my past.[99]

Wenn Mekas im ekstatischen Zustand filmt, auf was „seine Finger, seine Augen reagieren,"[100] so stellt sich bei der Visionierung seines Materials die Frage nach den strukturellen Voraussetzungen des psychischen Apparates, von dem diese vorsätzlich intensionslos erstellte filmische Fabrikation zeugt. *Weshalb* filmt Mekas, was er filmt? Ist doch, nach Freud, gerade die freie Assoziation ein Ort der Analyse, wo sich Freiheit und Notwendigkeit auf komplexe Weise miteinander verknoten.[101] Mit Lacan drängt sich die Frage auf, was sich im *Glimpse* als Ort einer emphatisch gesteigerten Sichtbarkeit an *Signifikantem* zeigt – was an sich nichts genuin Sichtbares sein muss.[102] Es ist die Frage nach dem „Etwas", das im Außen oder im Anderen „Antwort gibt,"[103] nach der „signifikanten Struktur", die sich ins Sichtbare „eingerollt" zeigt.[104] Was offenbart sich denn im blinden Fleck, im *Glimpse*, in der Ekstase? Welche Bedeutung (*Signifikanz*) hat das, wovon er sich belichten lässt, das, was ihn anblitzt, anblickt? Diese Fragen ziehen in diesem Fall die Frage nach dem Motiv mit sich, wobei der Begriff des Motivs im Sinne des zu identifizierenden Bildinhaltes wie auch im Sinne der Motivation oder des Beweggrundes verstanden werden kann.

Abb. 3.19

99 Ders.: The Diary Film (1972), S. 192.

100 „The ecstasy of filming, just filming, life around me, what I see, to what I react, to what my fingers, my eyes react, this moment, now, this moment when it's all happening, ah, what ecstasy!" Jonas Mekas im Voice-over von As I Was Moving Ahead ... (2000), Chapter 8.

101 Vgl. Jean Laplanche/Jean-Bertrand Pontalis: Das Vokabular der Psychoanalyse, Frankfurt am Main 1972, S. 77–79.

102 Vgl. Jacques Lacan: Die vier Grundbegriffe der Psychoanalyse, Seminar XI (1973), Weinheim/Berlin 1980, S. 26.

103 Ebd., S. 113, 205.

104 Andreas Cremonini: Über den Glanz (2005), S. 247.

3.3.2 *Übersehenes und Common Places*

As I Was Moving Ahead … versammelt Bilder, die in der akademischen Tradition in Kunst und Film aufgrund ihrer Motive auf den niedrigsten Rang verwiesen worden sind: Szenen in der Küche und im Wohnzimmer, Aufnahmen von spielenden Kindern, Porträts von Katzen, Blumen, Vasen, Früchten, Picknicks mit Käse und Wein im Gras, hüpfende, flatternde, fliegende Vögel und Freizeitaktivitäten. Im Alltag unscheinbaren Stillleben und Genre-Szenen verleiht Mekas' Glanz- und Flimmertechnik einen Überschuss an Sichtbarkeit, sie werden zum Spektakel, zum visuellen Ereignis. Das in der Kunst- und Filmgeschichte grundsätzlich Unterrepräsentierte verschränkt sich mit dem im Alltag Übersehenen und wird durch eine visuelle Intensität aufgewertet. Diese Intensität wird durch die Glanz- und Lichteffekte erzeugt, wie auch dadurch, dass die hochfrequente Unterbrechung des Sichtbaren, die im Kino normalerweise unterhalb der Wahrnehmungsschwelle passiert, selbst sichtbar wird. Durch den Flicker und die darin wiederkehrende *Eklipse* wird die Sicht auf die Motive und Details zugleich gestört und intensiviert – denaturalisiert und damit ihrer Selbstverständlichkeit beraubt. As I Was Moving Ahead … macht deutlich, dass die hier auf- und ausgezeichneten Momente vor dem Hintergrund der tickenden Uhr und gestundeten Zeit wichtig, wertvoll, des Sehens und Erlebens würdig und alles andere als selbstverständlich sind. Das scheinbar Selbstverständliche soll aufleuchten, bewusst wahrgenommen werden – einleuchten.

Auf die Frage nach der *signifikanten Struktur*, die sich in As I Was Moving Ahead … ins Sichtbare *eingerollt* zeigt, lässt sich vor diesem Hintergrund vorerst antworten: Die gewählten Motive und ihre Erscheinungsweise zeugen davon, dass der Protagonist des Films schöne Alltagsmomente nicht als selbstverständlich, sondern als etwas ganz Besonderes erachtet – des Lobs und Feierns würdig. Die Stimme im Voice-over macht in den ersten Akten immer wieder deutlich, dass die dem Film vorangestellte Trennung von seiner geliebten Lebenspartnerin einen Abgrund aufgerissen hat, der alte Wunden und Erinnerungen an erlebte Grausamkeiten in Europa öffnet. Vor dem Hintergrund des Krieges werden ein unbeschwerter Alltag und in Liebe geteilte Momente zum kostbarsten Gut.

Abb. 3.20

Wenn nach Lacan die *tychische* Bestimmung nur innerhalb einer bestimmten Struktur gilt und allein für jenes Subjekt signifikant ist, das in dieser Struktur befangen ist,[105] so stellt sich mit Blick auf AS I WAS MOVING AHEAD … die Frage nach der Bedeutung der Andockstellen, die Mekas durch die *Glimpses* produziert. Denn anders als Barthes *puncti* adressieren Mekas' *Glimpses* nicht ausschließlich ihn selbst. In der öffentlichen Projektion des Films gehen uns diese filmisch kondensierten Augenblicke aktiv an. Wir werden angeblitzt, belichtet, angefunkelt und erhalten das Angebot, in den *Flow* des Films einzusteigen … „As we were moving ahead …" und aufzuschnappen, was uns ‚etwas sagt', was einleuchtet, was uns besticht. Im Laufe von AS I WAS MOVING AHEAD … nehmen die Passagen zu, in denen Mekas im Voice-over eine direkte Beziehung zu den Zuschauer:innen herstellt und zudem eine Kongruenz mit den Betrachter:innen ausspricht:

> My dear viewers, it's midnight now. I am talking to you and it's very, very late in my little room … These are images that have some meaning to me but may have nothing to you at all. Then, suddenly I thought [laughs]: there is no image that wouldn't relate to anybody else. I mean, all images around us that we go through our lives, and I go filming them, they are not that much different from what you have seen or experienced. All our lives are very much alike. Ahh … my dear Blake. Just a drop of water. We are all in it and nothing, there is no big difference, essential difference between you and me.[106]

Die Passagen, in denen er mit seinem „you" eine konkrete Person – seine eigene Frau – adressiert, verschwinden im Laufe des Films allmählich und weichen der Direktadressierung eines öffentlichen Publikums. Dadurch erfährt auch der gesprochene Text eine radikale Außenwendung, die der Direktadressierung der *Glimpses* auf der Bildspur entspricht.

In Bezug auf diese unterstellte Kongruenz ist von Bedeutung, dass die Motive, die AS I WAS MOVING AHEAD … bewegen und bevölkern, zwar etwas Einblick in Mekas' privates Leben geben, nicht aber viel und niemals sein ‚Innerstes' nach außen kehren. Vielmehr haben sie den Charakter von Gemeinplätzen (oder *Lin-zeichen*, wie Pasolini sie im Kontext einer möglichen Alltagskommunikation mit Bildern beschrieben hat).[107] Für seine Filme sammelt er jene Momente heraus, die ihn mit einer großen Gemeinschaft

105 „Das, was sich wiederholt, ist tatsächlich immer etwas, was sich – und dieser Ausdruck sagt schon genug über sein Verhältnis zur Tyche – wie durch Zufall ereignet. In diesem Punkt dürfen wir als Analytiker:innen uns aus Prinzip nie täuschen lassen." In: Jacques Lacan: Die vier Grundbegriffe der Psychoanalyse (1973/1980), S. 84; weiteres zur *Tyche*, S. 59–62, 75–76.

106 Jonas Mekas im Voice-over von AS I WAS MOVING AHEAD … (2000), Chapter 4.

107 Pier Paolo Pasolini: Das Kino der Poesie (1965/1977), S. 50.

verbinden – kulturelle Konstanten, kleinste gemeinsame Nenner, *common places* wie Wind und Wetter, Sonnenauf- und Untergänge, der Anblick eines geliebten Menschen, Kinder – gemeinschaftsstiftende Motive, die schon die Filme der Lumière-Brüder in Bewegung versetzt hatten und als Postings in den sozialen Netzwerken noch immer zum Teilen Anlass geben: SCÈNES D'ENFANTS (1897), PREMIERS PAS DE BÉBÉ (1896); REPAS DE BÉBÉ (1895), BAL D'ENFANTS (1896), LA PETITE FILLE ET SON CHAT (1899), LE DÉJEUNER DU CHAT (1895); REPAS DES CHATS (1896) etc. Es sind soziale Alltagsrituale wie Essen, Trinken und Spazieren, REPAS EN FAMILLE (1896), NEW YORK, PATINEURS AU PARC CENTRAL (1896) – Alljahresrituale wie Geburtstagspartys, Lebensrituale wie eine Taufe oder eine Hochzeit: ENTRÉE D'UNE NOCE À L'ÉGLISE (1897). Mekas' *Glimpses* stellen diese populären Motive nicht nur in ihrer sinnlichen und persönlichen Dimension heraus, sondern auch in ihrer radikal singulären und flüchtigen Qualität – so, wie sie im Leben widerfahren, zufallen, vergehen und in ähnlicher Form wiederkehren. Hartmut Bitomsky schreibt in *Das Kino und der Tod*: „Jeder weiß, dass sein Leben ein Sonderfall ist, eine Ausnahme unter zahllosen anderen Ausnahmen, ein Beispiel, das nicht exemplarisch ist, zufällig abgezweigt vom breiten, allgemeinen Lebensstrom." Der Tod sei eine Klammer, der die Parenthese schließt. „Das Individuum ist durch seine Begrenztheit konstituiert. Es gibt größere Einheiten als die der Biografien."[108] Auf solche größeren Einheiten lassen Mekas' Filme schließen – durch die wiederkehrenden Kleinigkeiten, die Mekas unablässig aus seinem eigenen Leben destilliert – sie fallen aus ihnen heraus, zufällig und fragmentarisch, doch nicht ohne Bezug zu einem Ganzen.

Abb. 3.21

108 Hartmut Bitomsky: Das Kino und der Tod II, in: Ernst Karpf, Doron Kiesel, Karsten Visarius (Hg.): Kino und Tod. Zur filmischen Inszenierung von Vergänglichkeit, Marburg 1993, S. 81–88, hier 85.

Während Mekas im Voice-over eine Übereinstimmung mit dem Publikum formuliert – „All our lives are very much alike" –, sehen wir Momente eines Ausflugs zum Grand Canyon, der nicht nur den Protagonisten und seine Familie angelockt hat. Als touristische Attraktion mit hohem Affektionspotential ist dieser Schauplatz äußerst populär. Wie alles andere, was Mekas filmisch aufbereitet, ist der Grand Canyon ein Bildmotiv des Amateurs. Als Filmemacher aus dem Underground begegnet Mekas dem Motiv ohne ironische Distanz. Er nimmt es ernst – als eines, das ihn, wie all die anderen, die dort sind und waren, im wörtlichen Sinne des *Motivs* bewegt und überwältigt. Dabei findet er einen spezifisch filmischen Ausdruck für seine „Verschossenheit ins Objekt."[109] Durch seine Filmkunst zeigt er das populäre Motiv in einer angeeigneten, erlebten Form und bewahrt es durch die Schilderung des Eindrucks von Lebendigkeit vor dem Klischee. Der filmische Flicker verbindet sich mit dem Flimmern der heißen Luft, mit Staub und Sand. Gleißendes Licht blitzt auf glatten Steinen auf. Aufnahmen von Kakteen und Trockengewächsen flackern ineinander vor dem roten Felsen. Schnelle Über- und Doppelbelichtungen heizen die Stimmung auf und vermitteln sowohl die hohen Temperaturen des Ortes als auch die Begeisterung des Subjekts. Der Canyon taucht auf, verschwindet, erscheint wieder – als flüchtige Impression oder Fata Morgana, wie sie letztlich auch der Film auf der Leinwand ist. Doch anders als das konventionelle Kino zielt die Sequenz nicht auf mediale Selbstvergessenheit. Die hintereinandergeschalteten Einzelbilder als generative Matrix der Bewegungsillusion treten nicht wie gewöhnlich hinter die kinematografische Illusion zurück, sondern bleiben als diskontinuierliche Impulse spürbar.

3.3.3 *Die kleine Form*

In AS I WAS MOVING AHEAD ... erscheinen die Motive in stark prozessierter Form – als filmspezifisch destillierte, kondensierte Augenblicke, die abrupt auftauchen und uns vermutlich „etwas sagen". „Tausendmal haben wir das gesehen: das Erstaunen einer jungen Katze vor einem Gegenstand, den sie nicht kennt, [...] und trotzdem ‚erstaunlich'."[110]

> Das Kätzchen
> Beschnuppert
> Die Schnecke[111]

---

109 Edmund Husserl: Cartesianische Meditationen. Die Krisis der europäischen Wissenschaften und die transzendentale Phänomenologie, Hamburg 1992, S. 179.

110 Roland Barthes: Die Vorbereitung des Romans (1978–1980/2008) S. 130.

111 Haiku von Coyaud Saimaro.

Durch ihren trivialen Gehalt einerseits und ihre strenge Form andererseits, die sich vor allem den harten Schnitten verdankt, tragen Mekas' *Glimpses* Züge von Haikus, jener in Japan populären Gedichtform in drei Zeilen, die Roland Barthes als „Schau ohne Kommentar"[112] bezeichnet hat. Mekas hat sein filmisches Schaffen selbst mit der japanischen Gedichtform in Verbindung gestellt[113] und macht den Vergleich explizit, wenn er in LOST LOST LOST zwei längere Sequenzen als Haiku-Sequenzen betitelt. Bezeichnend ist, dass diese Passagen pointiert den Un-Sinn zelebrieren (Fools' Haiku) und damit auf eigensinnige Weise jene Haiku-Konzeption stützen, die Roland Barthes verteidigt. Er betont, dass diese Gedichtform vor einer Auslegung und Interpretation als westlich-intellektueller Übergriff geschützt werden müsse. Denn durch seine Schlichtheit und Knappheit sei das Haiku „wie ein höflicher Gastgeber, der es [uns] gestattet, sich mit seinen Eigenheiten, Werten und Symbolen bei ihm niederzulassen".[114] Als „literarischer Zweig" des Zen sei das Haiku jedoch dazu bestimmt, „die Sprache auszuschalten, jene Art innerer Radiophonie zu brechen, die unablässig in unserem Innern sendet [...]".[115]

Wenn es im Haiku darum ginge, „auf die Wurzel des Sinns einzuwirken, um zu erreichen, dass sich der Sinn nicht erhebt, sich nicht verinnerlicht, sich nicht einschließt, nicht ablöst, sich nicht ins Unendliche der Metaphern, in den Sphären des Symbols verliert"[116], dann beschreibt Barthes diese Form des Gedichts als eine Art Stillleben, als ein „Bild, das [...] sozusagen intensiv stumm" ist und „offenkundig antihermeneutisch: Es bringt die Deutung zum Stillstand".[117] Der Sinn will „erschüttert" werden zugunsten einer „So-heit, jap. Sono-mana = So wie es ist".[118] Auch im frenetischen Schlussgesang von AS I WAS MOVING AHEAD ... vollzieht sich diese Absage an eine westlich-intellektualisierende Form der Interpretation. Der Protagonist insistiert darauf, dass er nichts über das Leben wisse, außer, dass er diese Augenblicke von Schönheit und Glückseligkeit gesehen und erfahren hat: „... I do not know; I do not know. Where I come from and where do I go? I do not know [...] I know nothing about life. But I have seen some glimpses of beauty and happiness ..."[119] Mit einer Variation dieses Satzes wird im Finale genau das bekräftigt, was der Film über fünf Stunden hinweg auf der Bildspur ans Publikum herangetragen

112 Roland Barthes: Das Reich der Zeichen, Frankfurt am Main 1981, S. 113.

113 Vgl. Jonas Mekas: my films are like haiku poems (2017)

114 Roland Barthes: Das Reich der Zeichen (1981), S. 94.

115 Ebd., S. 102.

116 Ebd., S. 103.

117 Roland Barthes: Die Vorbereitung des Romans (1978–1980/2008) S. 111.

118 Ders.: Das Reich der Zeichen (1981), S. 98; ders.: Die Vorbereitung des Romans (1978–1980/2008) S. 141.

119 Jonas Mekas im Voice-over von AS I WAS MOVING AHEAD ... (2000), Chapter 12.

hat: filmisch kondensierte, in ihrer Sinnlichkeit gesteigerte Augenblicke des Lebens, die nichts weiter preisgeben als das, was sie sind. „I do not know what life is – I'm only celebrating what I see", „They tell me I should be searching, but I am only celebrating what I see".[120]

Abb. 3.22

In verschiedenen Definitionen des Haiku wird betont, dass es in nächster Nähe zum Leben, zum Beispiel während eines Haiku-Spaziergangs skizziert wird.[121] As I Was Moving Ahead ... Während Mekas in seinem Leben voranschreitet, erntet er mit seiner Kamera Haikus. Zeitlebens übt er sich darin, *gute* Haikus zu ernten und teilt eine Auswahl mit dem Publikum. Barthes definiert das Haiku als „exemplarische Form der Aufzeichnung der Gegenwart = minimaler Äusserungsakt, kleinste Form, Satzatom, das ein Element des ‚wirklichen' gegenwärtigen, gleichzeitigen Lebens notiert, (markiert, konturiert, glorifiziert: mit einer fama versieht)".[122] Dabei sei entscheidend, dass es die Bewegung nicht stabilisiert: „Es zerlegt die Natur, abstrahiert nicht von ihr." Wie in der Fotografie sei auch der Referent des Haiku immer besonders: „Kein Haiku beschäftigt sich mit etwas Allgemeinem." Das Haiku sei: „[...] die Kunst der Kontingenz (lat: contingere: zufallen, zufällig eintreten, eintreffen, sich treffen) → Kunst der Begegnung."[123] Nebenbei und mitten aus dem Leben erscheinen Mekas' *Glimpses*, beiläufig – und dennoch eindrücklich: ein reifer Apfel in der Sonne, ein Baum im Wind, eine Blume am Wegrand, eine bevölkerte Straße um die Mittagszeit, eine irritierte Katze, ein streunender Hund, ein Windstoß, Wolkenhimmel. Kaum hätte man dieser Winzigkeit Beachtung geschenkt. Durch den filmisch erzeugten Glanz und Flicker erhält

---

120 Ebd.

121 Vgl. z.B. Arata Takeda: Überschwang durch Überschuss. Probleme beim Übersetzen einer Form – am Beispiel des Haiku, in: arcadia. 42/1, 2007, S. 20–44, hier: 31; Annika Reich: Was ist Haiku? Zur Konstruktion der japanischen Nation zwischen Orient und Okzident, Münster 2000, S. 7.

122 Roland Barthes: Die Vorbereitung des Romans (1978–1980/2008) S. 61.

123 Ebd., S. 101–102.

die kadrierte Kleinigkeit des Diesseits die Leichtigkeit einer Erscheinung und einen Hauch von Transzendenz.

> Ich komme über den Bergpfad
> Ach! Das ist köstlich
> Ein Veilchen[124]

Als spirituelles Pendant der *Beschreibung*, die Roland Barthes als typisch westliches Genre anführt – und die auch in Bezug auf Thoreaus „Ekstasen der Genauigkeit"[125] zutrifft – nennt er die *Kontemplation*. Die Kunst des Haiku sei der Kontemplation entgegengesetzt. Sie entspreche dem *Satori* des Zen, das nichts mit einer „erleuchteten Versenkung in Gott" zu tun habe, sondern das „Ergriffensein von der Sache als Ereignis" bedeute.[126] Im Haiku sei „alles sofort gegeben"[127] – es ist, was *fällt* in jenem *whim of the moment*, von dem sich der Protagonist von AS I WAS MOVING AHEAD ... ergreifen lässt.[128] Der Film bringt die Einsicht erst hervor – durch die kleine Form, die sowohl Mekas' *Glimpse* als auch das Haiku auszeichnet. Im Haiku wie auch in Mekas' *Glimpse* fallen Rezeption wie Produktion zusammen: Der fragile Augenblick wird sowohl wahrgenommen wie auch durch die Zergliederung als Form der spontanen Analyse überhaupt erst hergestellt. Es sei „die Verbindung einer (nicht begrifflichen, momenthaften) ‚Wahrheit' und einer Form." Barthes betont dabei nicht nur die strenge Form des Dreizeilers – drei Verse zu fünf, sieben und fünf Silben –, sondern misst der Kürze der Aussage als Rahmung das größte Gewicht bei: Die kleine Form sei ein „Wahrheitsgenerator".[129]

> Der Winterwind weht
> Die Augen der Katzen
> Blinzeln[130]

„Ein (gutes) Haiku macht klick (tilt), bringt eine Erleuchtung → löst etwas aus, zu dem es nur einen Kommentar gibt: „Das ist es!"[131] Oder aber: „Das Haiku ist

---

124 Matsuo Bashô, in: Roland Barthes: Die Vorbereitung des Romans (1978–1980/2008) S. 99.

125 Stanley Cavell: The Senses of Walden (1972/1992), S. 44; vgl. Elisabeth Bronfen: Stanley Cavell (2009), S. 127.

126 Roland Barthes: Das Reich der Zeichen (1981), S. 105, 106.

127 Ders.: Die Vorbereitung des Romans (1978–1980/2008) S. 131.

128 Jonas Mekas im Voice-over von AS I WAS MOVING AHEAD ... (2000), Chapter 2 und 12.

129 Roland Barthes: Die Vorbereitung des Romans (1978–1980/2008) S. 64.

130 Yamata Bashô, in: Haiku: Japanische Dreizeiler, Stuttgart 2010, S. 152.

131 Roland Barthes: Die Vorbereitung des Romans (1978–1980/2008) S. 138; *tilt* ist auch der technische Fachausdruck für ein *Kamera-Nicken*, eine Kameraschwenk von oben nach unten oder umgekehrt.

das, was *tilt* macht, eine Art kurzfristiges, einmaliges und kristallklares Läuten, das sagt: *Gerade hat mich etwas berührt.*“[132] Mekas' Kamera nickt ihrem Gegenstand zu – ein Barthscher Tilt im Sinne eines *Das-ist-es*, ein handgemachter Schwenk, ein abrupter Zoom oder ein Sprung ins Close-Up, der das Gezeigte gleichsam weckt – sowie das Flickern, Flackern, das selbst dem stillsten oder kleinsten Leben auf die Sprünge hilft. Was Mekas in den *Glimpses* filmisch formuliert, ist die schiere Anerkennung von etwas, das im Alltag kurz auf- und einleuchtet: „Im Haiku will ich nichts fassen, mich keiner Sache bemächtigen; stattdessen gibt es so etwas wie eine sinnliche Falte, das glückliche Einverständnis mit dem Aufleuchten des Realen, mit plötzlich affektiven Wendungen, Gefühlsumschwüngen.“[133]

Abb. 3.23

3.3.4 *Losgelöst: Suspendierte Augenblicke*

Als Besonderungen *beliebiger* Augenblicke aus dem alltäglichen Leben sind Mekas' *Glimpses* – medienreflexiv gewendet – pointierte Auszeichnungen jener Momente, die der Film dank seiner mechanischen Natur auf spezifische Weise einzufangen und auszudrücken weiß: sinnlich-körperlich verankerte, zufällige Fragmente von Zeit und Raum. Im Gegensatz zu Fotografien sind sie der Eigenbewegung des Films ausgeliefert – und damit jener unhintergehbaren Zeitlichkeit, die auch das Leben prägt. Als Momente aus den Niederungen seines alltäglichen Lebens sind sie Inbilder der Immanenz – sofern unter dem Immanenten das verstanden wird, was innerhalb der Grenzen leiblicher Erfahrung zugänglich ist. Zugleich bleibt jedoch die Frage nach der Herkunft dieser *Glimpses* offen: Die lokalen Blendungen reißen sowohl den natürlichen Raum der Wahrnehmung als auch jeden zeitlichen Zusammenhang auseinander. Neben der Bezogenheit – dem Wechselspiel von Blick und Glanz – ist es gerade diese Diskontinuität, die die Glimpses prägt und ihnen

132 Roland Barthes: Die Vorbereitung des Romans (1978–1980/2008) S. 98 (Hervorhebungen im Original).

133 Ebd., S. 125.

einen ekstatischen Charakter verleiht. Es ist eine räumliche und zeitliche Unverbundenheit, wie sie Barthes dem Haiku zuschreibt: „*Losgelöst* wäre das Schlüsselwort des Haiku."[134] Wenn der *Glimpse* zufällt, wenn er einleuchtet, blendet, setzt er sämtliche raumzeitlichen Zusammenhänge außer Kraft. Was in diesem Augenblick der Gegenwart erscheint, wirkt gewissermaßen autonom. Die Wahrnehmungen des Alltags erscheinen auf der Kinoleinwand nicht nur abgetrennt von narrativen und chronologischen Ordnungen, sondern auch losgelöst von jenem affizierten Subjekt, dem sie ihre Existenz und Struktur verdanken.

In seinem ersten Kinoband rekapituliert Gilles Deleuze zwei oppositionelle Konzeptionen von Bewegung, die Henri Bergson in seinem 1907 erschienenen Buch *Die schöpferische Evolution* anführt – im Kontext seiner zentralen Frage nach der verbindenden Eigenschaft alles Lebendigen und dem bestimmenden Merkmal des Lebens.[135] Die eine Konzeption von Bewegung, die Deleuze mit Bergson hervorhebt, geht auf die Antike zurück und bestand darin, den Fluss des Lebens anhand von „transzendenten Formelementen (Posen)" zu rekonstruieren. Diese Posen sind im Sinne Platons „intelligible Momente: Formen oder Ideen, die selbst ewig und unbeweglich sind" und als End- oder Kulminationspunkte *Quintessenzen* einer zeitlichen Periode ausdrücken sollen.[136] Für den Geist der Antike hätte sich Bewegung im geregelten Übergang von einer Form zur anderen manifestiert, „das heißt in einer Ordnung von Posen oder hervorgehobenen Momenten [...]". Mit der wissenschaftlichen Revolution der Neuzeit wurde Bewegung nicht mehr auf herausgehobene Momente, sondern auf jeden beliebigen Moment bezogen: „Soweit die Bewegung überhaupt noch zusammengesetzt wurde, tat man dies nicht mehr von transzendenten Formelementen (Posen) aus, sondern anhand immanenter materieller Elemente (Schnitte)".[137] Statt einer „intelligiblen Synthese" sei eine „sinnlich anschauliche Analyse der Bewegung" vorgenommen worden. „Die dialektische Ordnung von Stellungen" sei durch die „mechanische Abfolge beliebiger Momente" ersetzt worden, durch die Aneinanderreihung von nicht gestellten Momentaufnahmen zugunsten des Eindrucks einer durchgängigen Bewegung. Der Film als jüngster Abkömmling dieser „technologischen Linie" sei ein System, „das die Bewegung als Funktion eines beliebigen Augenblicks reproduziert, das heißt in Abhängigkeit von Momenten in gleichem Abstand, die so ausgewählt

134 Roland Barthes: Die Vorbereitung des Romans (1978–1980/2008) S. 140.

135 Gilles Deleuze: Das Bewegungs-Bild (1983/1997); Henri Bergson: Schöpferische Entwicklung (1907/1912).

136 Gilles Deleuze: Das Bewegungs-Bild (1983/1997), S. 16, 17.

137 Ebd.

werden, dass der Eindruck von Kontinuität entsteht."[138] Oder – mit Mary Ann Doane im Anschluss an Walter Benjamin: Das Kino trat im Kontext der ereignis- und zufallsgeprägten, schockhaften Erfahrung der Moderne als jene Technologie auf, die sich fähig erwiesen hat, das Beliebige und Zufällige zu repräsentieren.[139]

Abb. 3.24

Mit dem Zufallsprinzip der *Glimpses* zielt As I Was Moving Ahead ... einerseits auf den *beliebigen* (geliebten und alltäglichen) Moment, andererseits auf seine feierliche Hervorhebung. Diese Hervorhebung ist nicht dem Umstand geschuldet, dass die Momente „auffallende oder singuläre Punkte einer Bewegung" sind, wie Deleuze es für die neuzeitliche Auffassung beschreibt.[140] Vielmehr wird der zufällige und radikal singuläre Moment durch seinen Glanz zu jenem „Aktualisierungsmoment einer transzendenten Form", wie er für die antike Auffassung geltend gemacht wurde.[141] As I Was Moving Ahead ... benutzt den beliebigen Moment nicht für die Wiedergabe einer durchgängigen Bewegung, sondern befreit ihn aus dieser klassischen Funktion. Durch das manuelle Einzelbildverfahren wird eine nüchterne Wiedergabe dessen, was vor der Kamera erscheint, verweigert. Statt einer Analyse der Bewegung nimmt Mekas' filmische Handschrift die Verdichtung eines Eindrucks vor, was den beliebigen Moment zum auserwählten Augenblick verklärt und durch das funkelnde Flickern intensiviert. Diese Befreiung des Moments aus seiner klassischen Eingebundenheit in die Bewegung führt zu seiner Suspension. So nähert sich in As I Was Moving Ahead ... der beliebige, alltägliche Moment jenen *Quintessenzen* an, die Deleuze mit Bezugnahme auf Platon hervorgehoben hat.[142] In ihrer radikalen Singularität und Kontingenz

138 Ebd., S. 18.

139 Vgl. Mary Ann Doane: The Emergence of Cinematic Time (2002), S. 22–25.

140 Gilles Deleuze: Das Bewegungs-Bild (1983/1997), S. 19.

141 Ebd.

142 Ebd., S. 17.

formulieren die Momente und Motive – potenziell ewig zirkulierend – einen Anspruch auf Wahrheit und intersubjektive Gültigkeit.

Mekas unterlegt seinem filmischen Lebenswerk einen Mythos, der seine Ästhetik und Technik des Splitterns sowie den Antrieb seiner unermüdlichen filmischen Praxis begründet. Im Voice-over seines Films PARADISE NOT YET LOST (also known as OONA'S THIRD YEAR) aus dem Jahr 1979 gibt er diesen zu erkennen:

> But there is this tale I was told once that when Adam and Eve were leaving paradise and Adam was sleeping in the shadow of a rock. Eve looked back and she saw the globe of paradise exploding into millions of tiny bits and fragments. And it rained. It rained into her soul and that of the sleeping Adam: the little bits of paradise. The rest was gone. The paradise was gone. I don't think Eve ever told this to Adam.[143]

Auf der Bildspur rieselt Regen, starker Regen, der die Durchsicht stört. Vergnügte Kinder, spiegelnde Pfützen – alles ist tropfnass. Dann erscheint ein Zwischentitel mit dem Hinweis: „These are the fragments of Paradise." Und die Bilder strömen weiter, zeigen dies und jenes aus dem Alltag – gepflückte glückliche, *beliebige* Momente, schöne Winzigkeiten: ein Sonnenstrahl, der nach dem Regen blendend durch die Wolken bricht, ein Stück Regenbogen, Kinderschuhe, Blumen, Beeren, rote, gelbe, grüne Blätter. Charakteristisch für die „Fragmente aus dem Paradies" ist ihre Ambivalenz. Zum einen sind sie filmisch fabrizierte Augenblicke, die in Mekas' Filmen zirkulieren – zugleich sind sie genau das, was sie uns zeigen: Augenblicke aus dem Leben, die jede:r vielleicht ähnlich kennt. Für den Verlust der Ganzheit gibt es kein Substitut. Dies zeigen Mekas' Filme, indem sie uns in keine heile Welt verführen und keine im klassischen Sinne Hollywoods in sich abgeschlossene, imaginäre Welt präsentieren. Seine Filme zeugen nicht von der Sehnsucht nach einem verlorenen Ort,[144] sondern von der Überzeugung, dass das Paradies immanent ist. In Form von *Glimpses* kann es hier und jetzt erfahren werden: durch subjektive Investitionen in den gegenwärtigen Moment.

---

143 Jonas Mekas im Voice-over von PARADISE NOT YET LOST, (R: Jonas Mekas, USA 1979)

144 David E. James' These ist, dass die zusammenfassende Erzählung der Tagebuchfilme der Versuch sei, Litauen (und damit auch seine Kindheit) zurückzugewinnen („the summary narrative of the diary films ist the attempt to regain Lithuania"), vgl. David E. James: Film Diary/Diary Film (1992), S. 158.

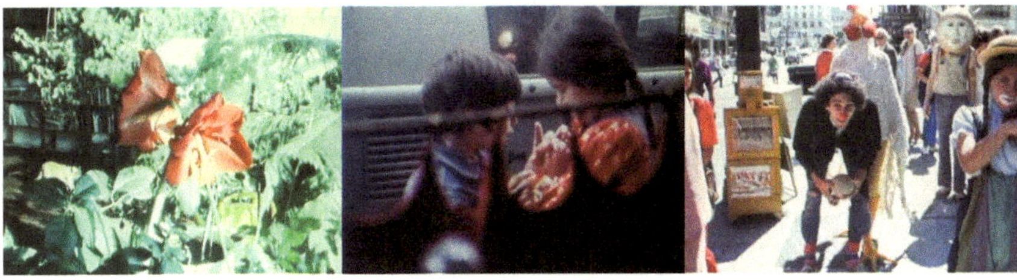

Abb. 3.25

As I Was Moving Ahead ... zeichnet sich durch gegenläufige Strömungen und Stimmungen aus. Vor dem Hintergrund der schmerzhaften Trennung mit Hollis Melton, die alte Wunden aufreißt, und des schonungslosen Vergehens der Zeit wird die unermüdlich kultivierte Kunst der *Glimpses* als eine Form des Widerstands erkennbar – als Möglichkeit, das Leben glücklich zu bestreiten. Zwischen den *Glimpses of Beauty* und *Moments of Happyness* – den Aufzeichnungen schöner Kleinigkeiten aus dem Alltag: zwischenmenschlicher Gesten, Zuneigungen, erster Schritte eines Kindes – erscheint wiederholt eine Texttafel mit dem Hinweis: This Is a Political Film. Mit dem Einzelbild als kleinster Einheit des Kinos und Motiven aus dem persönlichen Alltag, die ihn mit anderen Menschen und seiner Umwelt verbinden, setzt Mekas den Verletzungen seines Protagonisten etwas entgegen. Diese haben ihren Ursprung in jenem beispiellos gewaltvollen und grotesken Ringen um Macht und Herrschaft, das sich ohne Rücksicht auf Bevölkerung und Umwelt Bahn bricht. Als ‚große' und ‚bedeutsame' Ereignisse dominieren die Kämpfe um Herrschaft nicht nur die öffentlichen Medien, sondern liefern auch den Stoff, aus dem das ‚große Kino' und die kanonisierte Kunstgeschichte schöpft. Durch ihr Insistieren auf die subjektiv durchdrungenen Stillleben und friedlichen Genrebilder verweigern sich Mekas' Filme dieser hierarchischen Ordnung der Repräsentation und bieten dem Kleinsten, Alltäglichsten und Unscheinbarsten eine Plattform. Keine Kämpfe werden reproduziert, keine Dramen inszeniert, kein ‚starker Mann', kein Held gefeiert. Mekas' Filme feiern das Kleine als das Große – und kehren damit eine etablierte Werteordnung um.

> [...] The ecstasy of a child making the first steps. The incredible importance of that moment of a child making his first steps. Or the importance, the incredible importance of a tree in the spring suddenly all in blossoms, all in blossoms. The miracle, miracles of everyday, the little moments of Paradise that are here now, next moment maybe they are gone. Totally insignificant but great.[145]

145 Jonas Mekas im Voice-over von As I Was Moving Ahead ... (2000), Chapter 5.

Nicht nur mit den kleinsten Einheiten – Einzelbildern, ersten Schritten – sondern auch mit ausgesprochen positiv erlebten Wirklichkeiten treten Mekas Filme gegen Schmerz und Gewalt an: mit Bildern voller Leichtigkeit und liebevoller Zuwendung, mit Humor und Hochgefühl und glücklichen Empfindungen. Diese Bilder wurden aus dem *Underground* in den potenziell ewigen Kreislauf der Bilder eingespeist. Mekas' Filme projizieren, schleudern die geglückten Augenblicke auf die Screens ... dort rieseln sie vorbei, blenden auf und ab, leuchten ein, prallen ab oder glücken erneut. Sie werden ignoriert, beglücken, affizieren, nerven, keimen, fruchten, blitzen auf und schlagen ein, verlöschen – und leuchten wieder auf. Fragmente, Bündel, Einzelbilder werden aus dem Screening herausgetragen – und wirken vielleicht nach. So wird und bleibt der nächste kleine, schöne, glückliche Moment vielleicht besonders wertvoll.

Abb. 3.26

Dank

Dieses Buch ist eine umfassende Überarbeitung meiner Dissertation, die vor vielen Jahren (im November 2013) an der philosophisch-historischen Fakultät der Universität Basel angenommen wurde. Für die Begutachtung und kritische Lektüre der Qualifikationsarbeit, die langjährige Unterstützung auf meinem beruflichen Weg sowie die Neubegutachtung dieses Buchs danke ich Ralph Ubl. Ute Holl gilt mein Dank für ihre Anregungen und kritischen Anmerkungen. Susanne Leeb danke ich für jene entscheidende Frage, die meine Neufassung endlich zu einem Abschluss brachte – und für die Weise, wie sie mich beflügelt hat. Vinzenz Hediger danke ich für seine Anfrage, das Buch in die Reihe *Film-Denken* aufzunehmen und Beate Söntgen für allerlei pragmatische Hinweise und ihre Unterstützung auf meinem Weg in die akademische Unabhängigkeit.

Jonas Mekas ist in der Zwischenzeit verstorben. Die Nachricht überbrachte mir David E. James, dem ich viel verdanke – neben seinen Texten und Gesprächen auch den Willen, dranzubleiben. Ich bin sehr dankbar für die Begegnungen mit dem Protagonisten dieses Buchs – 2011 im Centre Georges Pompidou Paris und 2013 im ZKM in Karlsruhe. Unsere letzte Begegnung hat im Voice-over von Kelly Richardson Dokumentarfilm Fragments of Paradise (USA 2022) eine flüchtige Spur hinterlassen. Mein besonderer Dank gilt Sebastian Mekas für seine Großzügigkeit, die es mir ermöglichte, die Screenshots aus Lost Lost Lost, Walden und As I Was Moving Ahead … unkompliziert zu teilen. Nicole Reinhard danke ich für ihre Einladung zu *100 Jahre Mekas* im Filmpodium Zürich, die einen wichtigen Impuls zur Fertigstellung dieses immer wieder unterbrochenen Projektes gab, sowie Volker Pantenburg für das Gespräch an jenem Abend. Mein tiefer Dank gilt meinen Eltern, Marianne und Felix Kuhn, denen ich wertvolle Anregungen zu diesem Buch verdanke – und die es mir überhaupt ermöglicht haben, mich im Leben und in der Arbeit zu entfalten.

Ich danke meinem Bruder Severin Kuhn, der mit seinem klaren (Kamera-) Blick und scharfsinnigen Verstand stets die richtigen Fragen stellt, und den folgenden Personen, die mich inspiriert und in freundschaftlicher Verbundenheit durch diesen langen Prozess begleitet haben: Matthias Wittmann, Maria Conen, Vania Zschokke, Simon Koenig, Karin Rothfahl, Colin Manrouy, Simone Lüscher, Oliver Brandt, Cecile Tourneur, Eva Ehninger und andere mehr. Dieses Buch erscheint in liebevoller Erinnerung und Dankbarkeit an Maja Naef, die uns viel zu früh verlassen hat. Ich vermisse unsere Gespräche über den experimentellen Film und das Leben, das damit zusammenhängt.

Isabel Zürcher danke ich für das Lektorat, dem Schweizerischen Nationalfonds und der Freiwilligen Akademischen Gesellschaft für die finanzielle Ermöglichung dieser bilderreichen Publikation. Mein Dank gilt auch Lorenz Engell, Oliver Fahle, Vinzenz Hediger und Christiane Voss für die Aufnahme in die Reihe *Film-Denken*, Henning Siekmann von Brill | Fink für den entscheidenden Impuls, mit dem die Publikation auf den Weg gebracht wurde, und Emilia Kröger sowie Patrick Tegethoff für ihre umsichtige Begleitung.

Christian Knörr widme ich dieses Buch. Dank deiner umfassenden Unterstützung, deiner Liebe, (Un-)Geduld, optimistischen Gelassenheit, deinem scharfen (Kamera-)Blick und kritischen Verstand sowie dank deiner Kunst zu leben ist dieses Buch überhaupt erst möglich geworden – wie so vieles andere. Inzwischen ist unser Kind Elie Kasimir geboren und ein grosses Stück herangewachsen. Mekas' Filme haben meine Wahrnehmung dieses in jeder Hinsicht großartigen Ereignisses und Erlebnisses tief geprägt.